트랜서핑의 비밀

Трансерфинг реальности :
Ступень IV. Управление реальностью
Ступень V. Яблоки падают в небо.
by Вадим Зеланд

성공을 선택하는 테크닉 TRANSURFING

트랜서핑의 비밀

바딤 젤란드 지음 | 박인수 옮김

정신세계사

트랜서핑의 비밀

ⓒ 바딤 젤란드, 2008, 2009

바딤 젤란드 짓고, 박인수 옮긴 것을 정신세계사 정주득이 2010년 3월 22일 처음 펴내다.
편집주간 이균형, 김우종이 다듬고, 김윤선이 꾸미고, 경운출력에서 출력을, 한서지업사
에서 종이를, 영신사에서 인쇄와 제본을, 기획 및 영업부장 김영수, 하지혜가 책의 관리를
맡다. 정신세계사의 등록일자는 1978년 4월 25일(제1-100호), 주소는 03965 서울시 마포
구 성산로4길 6 2층, 전화는 02-733-3134, 팩스는 02-733-3144, 홈페이지는
www.mindbook.co.kr, 인터넷 카페는 cafe.naver.com/mindbooky이다.

2024년 10월 21일 펴낸 책(초판 제16쇄)

ISBN 978-89-357-0326-5 04320
      978-89-357-0309-8 (세트)

읽는 이들에게

존경하는 독자 여러분!

이제 당신의 눈앞에 《리얼리티 트랜서핑》의 네 번째 책이 놓여 있다. 그동안 《리얼리티 트랜서핑》 시리즈는 독자들에게 많은 반향을 일으켜왔다. 일상적인 현실에서 사람들은 상황과 환경의 지배를 받고, 사건의 진행 과정에 이렇다 할 만한 영향력을 행사하지 못한다. 삶은 그저 눈앞에서 우발적으로 '벌어진다'. 그런 삶은 넋 놓고 꾸는 꿈과도 같다. 사건들은 스스로 알아서 흘러갈 뿐, 당신이 무엇을 원하는지 또 무엇을 원치 않는지에는 전혀 관심이 없다. 이 피할 수 없는 숙명을 극복하기란 불가능한 것처럼 보인다. 그러나 사실은 뜻밖에도 그런 상황을 벗어날 수 있는 놀라운 출구가 존재한다. 사람은 자신이 거울의 환상 속에 갇혀 있음을 상상조차 못하고 있는 것이다.

현실은 두 가지 형태로 존재한다. 손으로 만질 수 있는 물질적 측면의 세계와, 지각의 한계 너머에 있으나 똑같이 객관적으로 존재하는 비물질적 측면의 세계가 그것이다. **어떤 의미에서 세상은 가장자리가 없는 무한 크기의 이중거울이라고 할 수 있다. 그 한쪽 면에는 물질세계가 있고 다른 쪽 면에는 비물질적인** 가능태 공간**이 펼쳐져 있는 것이다.** 가능태 공간은

● 가능태 공간(space of variations)

트랜서핑에서는 현실의 무한한 가능태可能態는 모종의 정보장情報場 속에 데이터로서 저장되어 있다가 어떤 과정을 통해 선택되어 물질 차원의 현실로 발현된다고 보고, 이 정보의 장을 가능태 공간이라고 부른다.

인간의 삶은 물질의 움직임과 마찬가지로 원인과 결과의 사슬에 지나지 않는다. 한 사람의 삶은 시나리오와 무대장치를 바꾸어놓는 어떤 사건이 일어나기 전까지는 하나의 트랙을 따라 평범하게 흘러간다. 그러다가 운명이 커브를 틀면, 전혀 다른 인생트랙을 따라 움직이기 시작하는 것이다.

이처럼 운명이 커브를 틀어 인생트랙이 바뀌게 하는 과정을 내가 스스로 선택할 수 있음을 깨달을 때 운명을 지배할 수 있는 힘이 생긴다. 이것이 인생의 파도를 골라 타는 트랜서핑(trans-surfing)의 핵심이다.

모든 발생 가능한 사건의 시나리오를 보존하고 있는 정보체(informational structure)다. 가능태는 좌표평면 위에 놓일 수 있는 점의 위치가 무한한 것처럼 그 수가 무한하다. 거기에는 과거에 존재했고 지금 존재하고 앞으로 존재할 모든 것이 기록되어 있으며, 꿈과 투시, 직관적 지식과 깨달음은 그곳으로부터 우리를 찾아온다.

거울에 홀린 사람은 거기에 비친 그림자를 진짜 현실이라고 믿는다. 이같은 거울 효과는 외부세계가 독자적으로 존재하며 조종 불가능한 것이라는 환상을 만들어낸다. 그에 따라 삶은 타인이 정해놓은 규칙을 따라야 하는 게임처럼 돼버리고 만다. 물론 자신에게 벌어지고 있는 사건들에 영향을 미치려는 시도를 이리저리 해볼 수는 있지만, 당신에게는 한 가지 중요한 것이 빠져 있다. — 주사위에서 빠져나와 주사위를 던지는 사람이 되는 방법을 아무도 말해주지 않았던 것이다. 그렇지만 환상을 털어버리고 깨어나 주위를 둘러보기만 하면 놀라운 일이 벌어지기 시작한다.

당신은 사건의 흐름에서 벗어나, 현실의 수많은 측면들을 반짝반짝 비추면서 천천히 돌아가는 거대한 만화경의 중심에 서 있다. 당신은 이 현실의 한 측면이며, 그와 동시에 그로부터 떨어져서 독립적으로 존재한다. 그와 꼭 같이, 꿈속에서 깨어 있으면서 이제는 꿈이 당신을 좌지우지하는 것이 아니라 당신이 꿈을 좌지우지할 수 있다는 것을 알아차릴 때, 당신은 자신의 '독립성'을 깨닫게 된다. 이 책에서는 거울 속 그림자의 환상에서 벗어나 거울의 백일몽에서 깨어나는 방법을 이야기한다.

사람의 사념 에너지는 특정한 조건하에서 가능태 공간의 어떤 섹터들을 물질화시킬 수 있다. **트랜서핑에서 '영혼과 마음의 일치'라고 부르는 상태에서는** 외부의도**라는 신비한 힘이 탄생한다.** 트랜서핑을 시도해보고 스스로 체험한 사람들은 깜짝 놀라며 이렇게 말한다. ― 그들이 의도한 것이 불가사의한 방법으로 실현되었으며, 현실이 정말 말 그대로 눈앞에서 확 바뀌어버렸다고.

말하자면, 주변 사람들이 별다른 이유도 없이 갑자기 다정하게 대해주기 시작한다든가, 전에는 가망 없이 꽉 닫혀 있는 것처럼 보이던 문이 갑자기 활짝 열린다든가 하는 것이다. 여기서 당신은 가장 흥미로운 현상을 관찰할 수 있다. '무대장치의 뉘앙스'와, 수면의 동심원과 같은 '현실의 파문'이 바뀌는 것이다. 당신의 세계의 층은 잃어버렸던 신선함을 회복한다. 어렸을 때 먹었던 아이스크림의 맛이 되살아나고, 청춘시절의 희열에 찬 희망을 새롭게 되찾는다. 그러나 그 무엇보다 좋은 것은 내면에서 느껴지는 자유로움이다. 그것은 자기 신조에 따라 삶을 영위할 수 있는 특권이다.

이런 일이 가능하다는 게 참 이상하긴 하지만 여기에는 아무런 신비도 없다. 이 모두가 현실이다. 그러니 이 책에서 읽은 것을 실제로 시험해보고 너무 놀라고 기뻐서 하늘로 날아오르지 않도록, 땅에다 발을 꼭 붙이고 있기를 바란다.

● 외부의도와 내부의도

자신만의 힘으로써 무엇을 하고자 하는 의도, 즉 우리가 '의도'라는 말을 들었을 때 흔히 떠올리는 그 의미를 트랜서핑에서는 '내부의도'라고 한정하여 부른다. 예를 들어 내부의도는 길가의 사과나무를 뽑아내고 배나무로 바꿔 심는 식의 행동으로 이어진다. 이와는 달리, 눈에는 보이지 않지만 우리의 외부에서 작용하고 있는 어떤 의도가 분명히 있다. 이것이 '외부의도'다. 외부의도는 사과나무에 직접 손을 대지 않는다. 그대신, 가능태 공간에서 사과나무가 있는 길이 아니라 배나무가 있는 길을 '선택'함으로써 미래에 배나무가 심어진 길가를 걸어가도록 해준다. 즉 가능태 공간의 사과나무가 있는 트랙 대신 배나무가 있는 트랙이 물질화되게 하는 것이다.

제1장

그림자와 춤추기

의도의 기원

새로운 것도 시간이 지나면 어쩔 수 없이 일상적인 것으로 변해가는 것처럼, 사람과 주변 세상의 관계도 그러하다. 현실은 하늘의 구름처럼 끊임없이 그 모습을 변화시킨다. 그러나 그 변화의 속도는 가능태 공간에서 물질적 실현의 움직임을 느낄 수 있을 만큼 그렇게 빠르지는 않다. 구름의 움직임과 형태 변화도 저속촬영한 장면들을 고속으로 돌려볼 때만 눈에 띄듯이 말이다.

변화의 신선함은 일순간 삶에 활기를 주기는 하지만 그도 마찬가지로 이내 희미해진다. 비범했던 일들이 평범한 것으로 바뀌고, 잔치의 기쁨은 일상 속에 파묻혀 희미하게 사라져버린다. 따분하다…….

수사학적인 질문을 하나 던져보자. — 따분함이란 대체 무엇인가? 이 질문에 알기 쉽게 대답하기는 어렵다. 따분함과 싸우는 법을 설명하기가 훨씬 더 쉬울 것이다. 영혼과 마음은 단조로운 일상에서 벗어나기 위해 특별한 감동을 불러일으키는 온갖 놀이를 고안해낸다. 장난감은 따분함을 벗어나는 데 쓰이는 좋은 수단이다. 놀이는 그보다 더 좋다.

놀이기구 타는 것 외에도 숨바꼭질, 술래잡기 등등 여러 형태의 재미있는 장난들이 아이들에게 인기를 얻는다. 사람은 자라면서 더욱더 복잡한 오락거리를 고안해낸다. ― 스포츠 경기에서부터 가상현실에 이르기까지. 심지어 다양한 직업 형태들도 본질적으로는 다름 아닌 놀이다.

아무리 그래도 정말 그 많은 직업들이 다 그렇단 말인가? 자, 전혀 놀이라고 볼 수 없는 직업이 있으면 한 번 이름을 대보라. 사람이 어떤 일을 한다면 그는 어떤 식으로든 놀이를 하고 있다는 사실에 주목할 필요가 있다. 어른들은 대범한 척하면서 뽐내는 투로 아이들이 하는 일을 '놀이'라고 부른다. 그러나 그들 또한 자기의 일이라고 부르는 것에 중요성을 부여해놓고 그것을 가지고 놀고 있는 중이다.

사람들은 자신이 하는 일에 전적인 책임감을 느끼며 거기에 몰두한다. 아이에게 뭘 하냐고 물어보라. 그러면 그 아이는 진지하게, 그리고 아마도 화를 내면서 대답할 것이다. "놀고 있잖아요!" 어른이 일을 하고 있을 때 옆에서 방해해보라. 그는 분개하며 말할 것이다. "난 지금 중요한 일을 하고 있단 말이요!"

그것 보라. 놀이는 진지한 일인 것이다. 놀이를 하지 않을 때 아이는 무엇을 하는가? 보통은 그냥 어영부영 시간을 보낸다. 그러면 성인들은 어떠한가? 어영부영 빈들거린다. 그러나 일이 없으면 곧 지루해지고 따분함이 찾아온다. 그 때문에 또 다시 어떤 놀이든 붙잡고 싶어지는 것이다.

그렇다면 놀이는 단지 따분함을 벗어나기 위해서 필요한 것인가? 놀이는 대체 무엇 때문에 필요한 것일까? 질문을 달리 바꿔보자. ― 이 따분함, 곧 감동 결핍의 원인은 무엇인가?

사실 이 질문은 겉보기처럼 평범한 질문이 아니다. 놀이에 대한 애착의 근저에는 이 세상만큼이나 오래된 필요성이 자리 잡고 있다. 생명체가 가장 원초적으로 요구하는 것은 무엇일까? 생존, 자기보존의 본능? 우리의 고정관념은 그렇게 형성되어 있지만, 그것은 올바른 대답이 아니다. 아마 번식, 종족보존의 본능이 아닐까? 그러나 그 또한 맞지 않는 대답이다. 그렇다면 대체 뭐란 말인가?

가장 원초적인 본능은 자신의 삶을 어떤 식으로든 스스로 통제하고 조종하고자 하는 욕구다. — 여기에 모든 존재의 행동의 근저에 놓여 있는 기본 원리가 있다. 자기보존, 번식 등을 포함한 나머지 모두는 이 원리의 결과로서 나온 것이다. **말을 바꾸면, 모든 존재의 삶의 목표와 의미는 현실의 조종에 있다.**

그러나 주변 세계가 당신과 무관하게 존재하고, 완전히 통제불능 상태로 당신에게 적의를 품고 대든다면 현실을 조종하기란 불가능하다. 먹을 것을 빼앗고 당신을 편안한 구석에서 내몰고 심지어 당신을 잡아먹으려는 사람들이 언제나 있기 마련이다. 당신이 삶을 사는 게 아니라 삶이 당신에게 제멋대로 일어나고 당신은 거기에 대해 아무것도 할 수 없을 때, 그것은 모욕적이고 두렵기까지 하다. 바로 여기서 주변세계를 통제해야 한다는 절박하고 종종 무의식적인 필요성이 생겨나는 것이다.

사태의 이 같은 갑작스런 반전은 많은 사람들에게 뜻밖의 놀라운 일로 보일 수도 있다. — "아니, 어떻게 그럴 수가 있지? 여태껏 자기보존 본능이 가장 근본적인 동기라고 의심 없이 믿어왔는데, 그것이 더 근본적인 무엇의 결과일 뿐이라니!"

그렇지만 이것은 처음 들었을 때만 이상하게 느껴지는 것이다. 잘 살펴보면, 생명체는 무슨 일을 하든 (생존과 번식을 포함하여) 모두가 주변 현실을 스스로 통제하려고 애쓰고 있다는 것을 알 수 있다. 바로 여기에 근본적인 동기가 있고, 온갖 생명체의 행동 근거가 되는 모든 의도의 원천이 있다.

행동하지 않는다는 것은 곧 통제하지 않는다는 의미가 된다. 따라서 ─ **따분함 그 자체는 존재하지 않는다. ─ 오로지 현실을 조종하고자 하는 끊임없고 꺼지지 않는 갈망만이 있을 뿐이다.** 어떻게든 현실을 자신의 의지에 복종시키려는 것이다. 이런 의미에서 놀이는 현실을 조종하는 모델로서 역할을 한다.

예컨대 어떤 새들은 솔방울 같은 나무열매를 갖고 놀기를 좋아한다. 솔방울은 독립적으로 존재하는, 조종되지 않는 현실의 일부분이다. 그러나 새가 그 솔방울에 놀이라는 속성을 부여하자마자, 그 현실의 일부분은 조종 가능한 것으로 변한다.

탈것을 타고 가는 것 ─ 이 또한 일종의 조종이다. 현실은 나를 태우고 달린다. 그러나 내가 원하는 대로 움직인다. 다른 모든 놀이도 정도의 차이는 있지만 역시 이런 규칙에 따른다. ─ '내가 원하는 대로 일이 벌어질 것이다.' 놀이의 시나리오는 어느 정도 미리 정해져 있어서 상황을 미리 예측해볼 수 있다. 물론 주도권을 쥐기 어려운 놀이들도 있다. 하지만 모든 놀이는 결국 일어나는 모든 일을 자신의 의지에 복종시키는 행위로 귀결된다.

눈앞의 광경을 구경하는 관찰자에게도 그것은 현실을 조종하는 모델을 제시해주는 하나의 놀이로 보인다. 음악, 책, 영화, 텔레비전 ─ 이 모두가 영혼과 마음을 위한 놀이기구다. 스트레스에 잔뜩 시달린 사념의 행렬이 멈추고, 멋진 음악과 마음을 사로잡는 이야기가 나래를 펼치고 날아오른다. 영화 속 주인공에게 무슨 일이 일어나든 그것은 모두가 너무나 익숙한 현실일 뿐이다. 그래서 관찰자는 아무 걱정 없이 상상을 즐길 수 있는 것이다.

현실을 가지고 노는 이 놀이는 잠잘 때도 멈추지 않는다. 영혼과 마음은 꿈의 공간 속에서 즐거움을 찾는다. 꿈의 공간에서는 현실이 의도의 가벼운 숨결에도 유연하게 잘 복종한다.

마지막으로, 또 하나의 가능한 방법으로서 공상놀이가 있다. 사람은 단지 조종놀이를 하기 위해서 존재하지 않는 현실을 꾸며낼 수도 있다. 기상천외한 판타지들이 그것이다. 그런 공상은 현실로 실현되기 전까지는 평범하지 않은 것으로서 존재할 수 있다. 그것은 멀리 있다. 반면 평범한 현실은 가까이에 있긴 하지만, 동시에 그것은 접근하기가 아주 어렵다. 거기에 어떤 영향을 미치기가 힘든 것이다.

일반적으로 이런 놀이들은 따분함을 해결할 목적으로 만들어지는 것이 아니다. 날마다 하는 일상적인 일은 따분한 게 아니라 뜻대로 조종되지 않기 때문에 평범한 것이다. 그것은 '내가 원하는 대로 일이 벌어진다'는 법칙에 복종시키기 어렵다. 그래서 사람들은 그런 현실에서 벗어나 단순하고 예측 가능한 놀이로 도피하려고 하는 것이다.

우리는 불가피한 현실을 모두 벗어나지는 못한다. 인간의 삶은 상황과 조건, 사회에서 그가 처한 처지에 묶여 있다. 현실은 대부분 자신의 의지와는 상관없이 펼쳐진다. '원하는' 것마다 거기에는 "안 돼"라는 말이 붙어 있다. "그걸 줘"라는 말에는 "못 받을걸"이라는 대답이 돌아온다. 이런 조건 아래서 도대체 무엇을 시도해볼 수가 있단 말인가?

사람들은 보통 한 가지 방식으로만 행동하는데, 그것은 바라는 것을 이루기 위해 노력하면서 주변 세상에 직접 영향을 미치려고 애쓰는 것이다. 바로 접촉해서 행하는 직접적인 행동은 조종의 한 형태다. 그러나 그것은 결코 효과적인 방법이 아니며, 유일한 방법도 아니다.

우리는 다른 방법으로 접근할 것이다. ― 우리는 뒷짐을 지고 가만히 앉아서 세상이 우리의 소망을 위해 스스로 움직이도록 만든다. 앞으로 이어지는 이야기는 모두 그러한 방법론에 관한 것이다. 트랜서핑은 직접적인 행동을 하지 않고 현실을 조종하는 테크닉이다. 다만 놀이에서처럼 가상으로 하는 게 아니라 진짜 그렇게 하는 것이다.

불운의 법칙

현실을 조종하는 법을 배우려면 최소한 현실이 형성되는 메커니즘을 이해하고 있어야 한다. **사람들은 각자 가장 직접적인 방법으로 자기 세계의 층을 창조하고 있다.** 그러나 사람들은 대부분 이런 일이 어떻게 일어나는지를 이해하지 못한다.

사람은 '모든 일이 내가 원하는 대로' 되기를 열망하면서 그것을 위해 노력한다. 그는 자신의 단순한 원칙을 세상에 적용하려고 애쓴다. — 내가 방향을 바꾸면 나는 그쪽으로 간다. 내가 압력을 가해 누르면 그 자리가 움푹 들어간다. 그러나 세상만은 왠지 말을 들으려 하지 않는다. 한 술 더 떠서, 내가 어느 한쪽으로 방향을 잡으면 세상은 전혀 다른 쪽으로 방향을 틀어 달아나버린다.

이렇게 생각해볼 필요가 있다. — 현실이 그토록 말을 듣지 않는 것은 다른 방법으로 접근할 필요가 있다는 뜻이라는 것. 어쩌면 현실은 전혀 다른 법칙을 따르고 있는지도 모르지 않는가? 그러나 사람은 멈춰 서서 주위를 한 번 둘러보려고 하지도 않고 계속 자신의 방식만 밀고 나간다.

그런 '창조 작업'의 결과로 '모든 것이 내 뜻대로 안 되는' 세상의 층이 형성된다. 내 뜻과는 반대로 대부분 '내가 원하지 않는 일만' 일어난다.

뭔가 요상하고 꼬여 있고 뒤틀리고 변덕스러운 현실이다.

때로는 세상이 나에게 악의를 품고 분풀이를 하고 있는 듯이 느껴진다. 뭔가 알 수 없는 힘이 불쾌한 사건들을 마구 끌어오고 있는 것 같다. 근심 걱정은 그대로 실현되고, 나쁜 예감은 딱 맞아떨어진다. 우리가 정말 싫어하는 것, 피하려고 애를 쓰는 것은 고집스럽게 우리를 뒤쫓아온다. 왜 그런 것일까?

《리얼리티 트랜서핑》제1∼2권에서, 특히 싫어하고 꺼리는 마음이 강렬할 때 '원치 않는 것을 얻게 되는' 메커니즘을 이미 이야기했었다. 뭔가를 증오하고 두려워할 때, 당신은 오로지 진심으로 그렇게 하지 않는가? 바로 그것이 당신에게 외부의도를 넘치도록 풍부하게 공급해주는 것이다.

영혼과 마음의 일치에서 나오는 **사념 에너지는 가능성을 현실로 바꿔준다.** 말을 바꿔서, 영혼의 느낌이 마음의 생각과 하나로 일치하면, 방사되는 사념 에너지의 매개변수와 일치하는 가능태 공간의 섹터가 물질화된다는 것이다.

그러나 이것이 불길한 예상이 실현되는 유일한 원리는 아니다. 일반적으로 문제가 없는 삶이 보통의 평범한 삶이다. 만일 균형을 깨뜨리지 않고 가능태의 흐름을 따라 나아가면 만사는 아무런 걸림 없이 평온하게 펼쳐질 것이다. 자연은 쓸데없이 에너지를 낭비하는 것을 좋아하지 않으며 음모를 꾸미려는 꿍꿍이도 없다.

바람직하지 않은 상황과 사건들은 잉여 포텐셜이 주변의 에너지 환경에 왜곡을 일으키고, 의존적인 관계가 상황을 더욱 악화시킨 결과로도 일어난다.

잉여 포텐셜은 어떤 것에 대해 지나친 중요성을 부여할 때 발생한다. 그리고 의존적인 관계는, 사람들이 자기를 다른 사람과 비교하고 대비시

● 영혼과 마음의 일치

당신이 내린 선택의 결과를 내다볼 수 있는 것은 오직 당신의 영혼뿐이다. 만약 당신의 마음이 '이대로 가다가는 큰일 나겠다'고 생각하고, 당신의 영혼 또한 그런 파국을 내다보고 있다면, 그것은 어김없이 현실 속에 등장할 것이다. 영혼과 마음이 함께 동조한 것은 꼭 실현되고야 말기 때문이다. 그러므로 당신은 부산스런 마음을 가라앉히고, 자신의 영혼이 어떤 선택에 긍정적 신호(느낌)를 주는지를 늘 살펴야 한다. 당신의 영혼은 당신이 무엇을 해야, 무엇을 가져야 행복할지를 그냥 안다. 지금까지의 방식을 뒤집어서 영혼의 순수한 의도에다 자신의 마음을 복종시킨다면, 당신은 원하는 일이 저절로 벌어지는 행운의 흐름 위에 올라타게될 것이다.

● 잉여 포텐셜과 균형력

만약 당신이 무언가를 밤낮으로 갈구한다면, 당신의 마음은 강렬한 '에너지의 불균형'을 초래하게 된다. 하지만 우주의 에너지 법칙은 당신이 어떤 결과를 얻든 상관하지 않는다. 우주의 입장에서는, 당신의 욕망을 충족시키든 포기시키든, 그저 안정된 균형 상태로 되돌아가면 그뿐이다. 이것이 바로, 부추겨진 욕망들이 종종 우리를 정반대의 현실로 데리고 가는 이유이다. 외부의 그 어떤 대상이나 사건에도 지나친 중요성을 부여하지 말라. 내면의 그 어떤 기준이나 판단, 목표에도 지나친 중요성을 부여하지 말라. 무언가를 끌어오려는 힘겨운 노력으로 에너지의 기압차(잉여 포텐셜)를 발생시킨다면, 곧 평형 상태를 유지하려는 우주의 균형력이 가동될 것이며, 그때 당신에게는 어떤 선택권도 주어지지 않을 것이다.

키면서 '당신이 이것을 해주면 나는 저것을 해주겠다'는 식의 조건을 내세우기 시작할 때 사람들 사이에서 생겨난다.

왜곡된 평가가 다른 것과 비교되지 않고 혼자서만 독립적으로 존재할 때는 잉여 포텐셜 자체는 그다지 염려할 것이 못 된다. 그러나 어떤 대상에 대해 인위적으로 높여진 평가가 다른 것과 비교되는 순간부터 양극성이 생겨나고, 그것은 균형력의 바람을 불러일으킨다.

균형력은 발생한 양극성을 제거하려고 애쓴다. 균형력의 활동은 대부분의 경우 그 양극성을 창조한 사람에 대항하여 작용한다.

다른 것과 관련 없이 독립적으로 존재하는, 조건 없는 포텐셜의 예를 들어보자. ― '나는 너를 사랑한다, 나는 나를 사랑한다, 나는 너를 싫어한다, 나는 나를 싫어한다, 나는 착하다, 너는 나쁘다.' 이런 평가들은 비교와 대립에 근거하지 않는 한 자기충족적이다.

이제 의존적인 관계에서 만들어지는 포텐셜의 예를 보자. ― '네가 나를 사랑한다면 나도 너를 사랑한다, 너희들 누구보다도 내가 더 훌륭하므로 나는 나를 사랑한다, 내가 더 착하므로 너는 나쁘다, 네가 나쁘니까 나는 착하다, 나는 누구보다도 나쁜 사람이기 때문에 나는 나를 싫어한다, 너는 나처럼 행동하지 않아서 역겹고 혐오스럽다.'

첫째 보기와 둘째 보기의 평가들 사이에 놓여 있는 차이는 대단히 큰 것이다. 비교에 근거한 평가는 양극성을 발생시킨다. **균형력은 대립하는 양극을 서로 맞부딪치게 하는 방법으로써 불균형을 제거한다.** 자석의 N극과 S극이 서로를 끌어당기는 것도 이와 똑같은 현상이다.

바로 그런 이유 때문에 불쾌한 일들이 초대라도 받은 듯이 성가시게 삶 속으로 끼어드는 것이다. 예컨대, 전혀 어울리지 않는 남녀가 만나 마치 서로에게 벌이라도 주려는 듯 결혼을 해서 부부가 된다. 모임에 가보면 어딜 가나 당신을 괴롭히는 사람이 꼭 한 사람씩은 있다. 머피의 법칙은 이런 속성을 가지고 있는 것이다. 그래서 악랄한 이웃은 공동생활에서 빼놓을 수 없는 하나의 필수조건이 되어버렸다.

괴롭히는 이웃사람의 예는 양극성 효과를 잘 보여주고 있다. 이 문제는 평범한 것임에도 불구하고 형이상학의 영역에 가장 직접적인 관련을 가지고 있다. 문제는 어떤 사람이 다른 사람의 평안한 삶을 방해한다는 데 있다. 그런데 왜 그러는 것일까? 언제 어디에서나, '착한' 사람이 조용히 살도록 가만 놔두지 않는 '나쁜' 사람들이 꼭 있는 이유는 무엇일까? 왜 사람들은 두 편으로 갈려서 대치하고 있는 것일까? 하지만 만일 "당신은 어느 편에 속합니까?"라는 질문을 받으면 극소수의 사람들만이 자신을 나쁜 편에 속한다고 생각할 것이다. 당신의 이웃들도 대부분 당신과 똑같이 정상적인 사람들일 뿐인 것이다.

한쪽으로 치우치는 경향성은 균형력의 바람을 일으키는데, 그것은 당신이 싫어하는 쪽으로 불게 된다. 바람의 방향은 '당신이 싫어하는 모든 일이 당신에게 일어난다'는 '잔인한' 원리에 따라 결정되는 것이다.

누군가는 이렇게 반박할 수 있으리라. ― "젠장, 균형력은 무슨 놈의 균형력? 그냥 그 사람들이 양심을 잃어버린 것뿐이야. 그게 다야. 골치 아픈 개똥철학을 들먹이긴." 그러나 나는 지금 이것이 공허한 철학이 아님을 입증해 보이려고 한다.

이웃집 사람이 당신을 짜증나게 한다고 가정하자. 그런데 혹시 당신은 그를 짜증나게 하지 않는가? '절대로' 아닐 것이다. 왜 그런가? 당신은 이렇게 말할 것이다. "그자들은 원래 그렇게 나쁜 사람들이지만 우리는 그런 사람이 아니거든요." 그러나 좋은 사람도 나쁜 사람도 원래는 존재하지 않는다. 모든 평가는 비교와 대조에서 나오기 때문에 상대적인 것이다.

그런데도 왜 당신은 이웃을 화나게 만들지 않는 것일까? 당신이 예상치 못한 놀라운 대답을 들려주겠다. — **이웃이 당신에게 짜증내지 않는 이유는, 그들은 당신을 무시해버리고 있기 때문이다.** 당신은 또 이렇게 말할지도 모른다. "바로 그거예요! 그들이 그런 식으로 몰염치하기 때문에 나쁘다는 거예요."

이런 관계 속에서 당신은 양극성을 발동시키게 된다. 당신은 새로운 불행을 계속해서 끌어당기는 전자석과 같아진다. 하지만 이웃은 당신에 대해 별 흥미가 없기 때문에 당신과 그들 사이는 물과 기름의 사이와도 같다. 그들은 당신에게 상대적인 평가를 부여하면서 의존적인 관계를 맺고 싶은 생각이 전혀 없다. 그런 의미에서 그들은 당신을 무시하고 있는 것이다. — **그들은 당신에게 중요성을 부여하지 않으며, 당신을 그들 세계의 층에 포함시키지 않는다.** 그래서 고통받지 않는 것이다.

이웃은 자신의 일에 열중해 있고, 당신에게 특별한 주의를 기울이지 않는 한 당신과의 관계에서 양극성을 갖지 않는다. 그러나 당신이 그들과 같지 않다는 것이 밝혀지는 순간부터 그들은 이웃으로서의 당신의 존재에 의미를 부여하고 비교하기 시작한다. 만일 그것이 그들을 흥분시키고 성질을 건드린다면 당신도 이제 그들을 짜증나게 만들기 시작하는 것이다. 당신은 착한 이웃에서 못된 이웃으로 전락하고 만다.

더 나쁜 일들이 계속해서 벌어질 것이다. 당신은 자신의 어떤 행동이 누군가를 괴롭힐 수 있다는 것을 상상도 못하지만 그 행동은 이웃에게 불쾌감을 일으키기 시작한다. 당신은 자기도 모르게 이웃을 짜증나게 만들 것이다. 그와 똑같이 지금 당신의 이웃은 자신이 당신을 화나게 하고 있다고는 생각조차 하지 않는다.

예컨대 공동주택에서 소음은 가장 골칫거리다. 당신이 그것을 못마땅

해할수록 그것은 더더욱 당신을 못살게 굴 것이다. 조용한 삶은 당신에게 만 필요한 것이 아니라 당신의 이웃도 바라는 것이다. 그것이 에너지를 적 게 소모하는 삶이다. 고요를 깨뜨리는 것은 언제나 비정상적인 것이며, 그 것은 텅 빈 곳에서는 일어나지 않는다. 그러면 그 에너지는 대체 어디에서 오는 것일까?

이웃이 일으키는 소음은 당신을 균형에서 벗어나게 만든다. 그러면 당 신은 이웃을 조용히 (혹은 소리치며) 증오하게 되고, 당신의 분개는 때맞추 어서 그 에너지의 원천 역할을 하게 된다. 거기서 양극성을 일으키는 의존 적 관계가 발생하는 것이다. '저 시끄러운 사람들, 미워 죽겠네!'라는 격 한 감정이 강력한 자석을 창조한다. 그 자석은 계속해서 새로운 불쾌한 자 극들을 당신 쪽으로 끌어당긴다.

당신의 집 근처에 시끄러운 이웃들이 또 나타나기 시작한다. 그리고 이 전의 이웃은 기다렸다는 듯이 특별히 당신의 화를 돋우기 위한 것처럼 보 이는 새로운 장비를 갖출 것이다.

또 하나 고려해야 할 것은, 당신 이웃의 다른 이웃들도 저마다 기여를 하며, 만일 고요를 깨뜨린 자에 대한 감정적 반응이 서로 일치한다면 그 효 과는 더욱더 배가된다는 점이다.

이웃의 문제는 시끄러운 소리 하나만이 아니다. 당신이 주로 혐오하는 모든 대상이 문제가 된다. 이웃은 당신 집 앞을 쓰레기로 어지럽힐 수도 있 고, 불쾌한 냄새를 풍기거나 현관 입구의 벽에 낙서를 해댈 수도 있다. 그 리고 이웃을 향한 혐오감은 일반적인 인간을 향할 때와 마찬가지로, 물난 리나 화재와 같은 훨씬 더 강력한 결과를 촉발시킬 수도 있다.

다른 모든 경우에도 이와 유사하게 일종의 불운의 법칙이 작용한다. 특 별한 중요성이 부여되어 있는 대상이나 특성은 반대되는 성질을 가진 대상을 자기 쪽으로 끌어당긴다.

그런데 중요성은 잘 알려진 것처럼 비교와 대조에 의해 강화된다. 만일 어떤 것이 하나의 극성을 갖게 되면 반드시 다른 극성이 거기에 나타나야만 한다. 양극성은 불쾌한 일을 끌어당기는 자석을 만들어낸다. 증오를 불러일으키는 모든 것이 끌려온다. 짜증나게 하는 모든 일이 늘 따라다닌다. 지독히 싫어하는 모든 일이 벌어지고 만다. 여기에 신기할 것은 하나도 없다. 이것은 법칙이다.

양극성은 에너지 환경을 왜곡시키고 균형력의 회오리바람을 불러일으킨다. 그 결과 현실은 찌그러진 거울을 보는 것처럼 일그러진 상으로 비친다. 사람들은 어떤 원인이 균형을 깨뜨리는지를 이해하지 못하여, 양극성을 제거하려 하지는 않고 주변세상과 싸우려고만 대든다.

하지만 우리는 오직 트랜서핑의 기본원리만 실천하면 된다. — **자신은 자기 자신으로, 다른 이들은 그들 자신으로 존재하도록 놓아두라.** 세상을 모든 방향으로 풀어놓아야 한다. **꽉 쥐고 있던 손을 느슨하게 풀어놓으라.**

자신의 욕구에 집착하면 할수록, 반대되는 모든 것을 끌어당기는 자석은 더욱더 강력해진다. 말 그대로 다음과 같은 일이 벌어진다. — 당신은 세상의 멱살을 잡고 있고, 세상은 거기서 벗어나려고 안간힘을 쓰면서 당신에게 저항하고 있다.

억압하고 저항하는 것은 아무짝에도 쓸모가 없다. 상황은 더욱 악화될 뿐이다. 그렇게 하는 대신 트랜서핑의 법칙에 따라 상황에 대한 자신의 태도를 의식적으로 바꾸어야 한다.

예컨대, 하다못해 잠시만이라도 이웃을 머릿속에서 지워버리고 싶다면, 그들을 비난하기를 그치고 그저 그들이 아예 존재하지 않는 것처럼 여겨보라. 이렇게 혼잣말을 하라. '이젠 신경 *끄고* 가만 내버려두자!' 그들을 그냥 당신 세계의 층으로부터 내던져버리라.

당신이 그들에게 붙여놓은 '태도'의 흡착판을 떼어내는 데 성공하는 순간, 양극성은 사라지고 이웃은 당신을 괴롭히는 짓을 서서히 멈출 것이다. 한 걸음 더 나아가서, 당신이 의존적인 관계를 완전히 잘라내 버린다면 신기한 일이 일어날 수도 있다. ― 그 귀찮기만 하던 이웃이 당신의 가장 절친한 친구가 되는 것이다.

악의를 품은 세상

가만 보면 '머피의 법칙'이 존재한다는 사실은 그 자체만으로도 이상한 일이 아닌가? 왜, 도대체 무슨 이유로 세상이 그렇게 몹쓸 짓을 한단 말인가? 아니면 그것은 그냥 선입견이거나 미신이 아닐까? 아니다. 그렇지 않다. 아무튼 그런 경향성은 정말 존재하며, 그 법칙을 피할 수 있는 구석은 눈을 닦고 찾아봐도 없다. 다행히도 트랜서핑 모델은 그 법칙의 원인을 밝혀줄 뿐만 아니라 거기서 벗어날 방법도 가르쳐준다.

트랜서핑의 원리는 정확히 작용하며, 그것만 따르면 원인을 알 수 없는 많은 문제에서 벗어날 수 있다. 당신은 꽉 쥔 손아귀에서 힘을 빼고 '세상의 멱살 잡기'를 멈추기만 하라. 그러면 세상도 우호적으로 변해서 당신의 말을 잘 따르게 된다.

'세상을 놓아주지 않는' 사람은 자석처럼 반대 극성의 모든 것을 자기에게로 끌어당기게 될 것이다. 그러나 머피의 법칙은 아직 다가 아니다. 반대되는 것들이 서로 마주치면 그 충돌은 악화일로를 걷는다.

이름 자체에 그 핵심이 담겨 있는 유명한 정반합正反合(독일어로 These,

Antithese, Synthese. 헤겔의 변증법을 도식화한 것. 역주)의 법칙은 이미 일반 학교에서 가르치는 보편지식이 되어 있다. 볼가 강은 카스피 해로, 미시시피 강은 멕시코 만으로 흘러든다. 그러나 그것은 그처럼 단순한 일만이 아니다. 문제를 한 번 제기해보자. ― 대체 이 법칙이 존재하는 이유는 무엇인가?

정$_正$과 반$_反$이 하나로 정합하는 원인은 우리가 이미 밝혀보았다. ― 균형력은 그들을 맞부딪치게 함으로써 균형을 회복한다. 그런데 왜 실제로는 대립하는 두 측면이 대치상태에만 하염없이 머물러 있는 것일까?

그 반대로 되어야 ― 맞부딪쳐서 서로를 상쇄시키고 평형상태로 돌아가야 ― 할 것 같은데 말이다. 그러나 그렇지 않다. 대립하는 양측은 마침내 맞부딪쳐서 '싸우기' 전까지는 서로를 건드려 '자극하려고' 할 것이다. 그리고 이 싸움꾼들이 서로 완전히 떨어지지 않는 한 그런 상태는 끊임없이 지속될 것이다.

그 예를 찾으려면 멀리 갈 필요도 없다. 세상이 하루에도 여러 차례씩 사람의 신경을 건드린다는 것은 당신도 확인할 수 있다. 물론 사람마다 그 정도는 다를 것이다. 하지만 일반적으로 말해서 그 핵심은 모두 이것이다. **― 어떤 일이 당신을 어느 순간 균형을 잃게 만들 수 있다면, 그 일은 마치 악의를 품은 것처럼 꼭 일어나고야 만다는 것이다.**

다음과 같은 일이 벌어진다. 어떤 것을 지나치게 걱정하거나 고민하면서 침울해져 있으면 비록 일부분이라고 해도 당신의 신경은 곤두서 있게 된다. 그때 마치 그것과 연결되기나 한 것처럼 광대 같은 어떤 사람이 나타나서 당신의 신경을 더욱 날카롭게 만들려는 듯 시끄럽게 지껄이면서 폴짝폴짝 뛰어다닌다. 당신은 흥분하고 그 광대는 온통 미쳐 날뛴다.

화를 돋우는 방법은 얼마든지 있다. 당신이 어디론가 급하게 서두르며

늦을까봐 조바심을 낼 때면 거기도 광대가 나타나 손뼉을 치면서 소리 지른다. "자, 서둘러. 어서 가야지!"

이 순간부터 매사가 당신에게 대항하기 시작한다. 사람들은 우아하고 품위 있는 걸음걸이로 당신의 길을 가로막아서 당신이 지나가지 못하게 만든다. 당신은 최대한 신속하게 문을 지나가야 하는데, 게으른 사람들이 문 앞에 진을 친 채 거의 움직이지도 않는다. 자동차도로에서도 같은 상황이 벌어진다. 마치 모든 일이 일부러 그렇게 준비한 것처럼 보인다.

물론, 원래 조급할 때는 세상이 온통 느려터진 것처럼 느껴지는 것일 뿐이라 생각할 수도 있다. 그러나 분명한 징조들이 나타난다. — 엘리베이터나 자동차가 고장 나고, 버스는 연착하고, 도로가 갑자기 막힌다. 여기에는 이미 악의적인 뭔가가 객관적으로 존재하는 것이다.

다른 예를 또 들 수 있다. 당신이 어떤 일에 대해 걱정하거나 스트레스를 받을 때면, 주위의 사람들도 당신을 짜증나게 하는 바로 그런 짓거리를 벌인다는 것이다. 게다가 그것도 당신이 좀 편안히 있으려고 하는 바로 그 순간에 말이다.

아이들은 조용히 있다가도 갑자기 정신없이 난장판을 일으키기 시작한다. 옆에 있던 누군가가 당신을 화나게 만든다. 또 다른 사람들은 길을 가로막는가 하면 문젯거리를 가지고 와서 당신을 괴롭힌다. 여기저기서 장애물들이 마구 튀어나온다. 당신이 누군가를 기다리고 있다면 그는 아주 늦장을 부린다. 보고 싶지 않은 사람이 있으면 그가 꼭 나타난다. — 이런 등등의 일들이 벌어지는 것이다.

불쾌감이 쌓일수록 외부로부터 오는 스트레스는 점점 더 강해진다. 스트레스가 강해질수록 더 많은 사람들이 당신을 괴롭힌다. 흥미로운 것은, 그들도 의도적으로 그렇게 하는 게 아니라는 점이다. 그들은 그런 행동이 다른 누군가를 괴롭힐 수 있다는 생각을 하지 못한다. 그런 행동의 원인은 어디에 있는 것일까?

인간의 무의식적인 심리에는 많은 맹점이 있다. 사람들이 대부분의 경우 무의식적인 동기로 움직인다는 것이 이상하지 않은가? **그러나 그보다 더 놀라운 것은, 무의식적인 행동동기를 만들어내는 그 힘이 사람의 마음 안에 있지 않고 외부에 있다는 점이다.**

그 힘은 보이지는 않지만 실재하는 에너지-정보적 실체, 즉 살아 있는 존재들의 사념 에너지로부터 태어나는 펜듈럼이다. 펜듈럼에 대해서는 《리얼리티 트랜서핑》 제1권에서 이미 많은 이야기를 했다. 갈등의 에너지를 수확할 수 있는 곳에는 언제나 펜듈럼이 나타난다.

펜듈럼이 의식적으로 뭔가를 꾸며내는 의도를 사용할 수 있다고 생각하지는 말라. 펜듈럼은 단지 양극성을 에너지장의 불균형으로 감지하고, 거기에 거머리처럼 달라붙어 에너지를 빨아먹으려 할 뿐이다. 하지만 이것은 아직 약과다.

정말 끔찍한 것은, 그것이 갈등의 에너지를 먹어 치우기만 하는 것이 아니라, 어떻게든 사람들로 하여금 그 에너지를 더 많이 만들어내도록 행동하게끔 꼬드긴다는 점이다.

펜듈럼은 차고 넘치도록 에너지를 빨아들이기 위해 무슨 짓이든 다 한다. 펜듈럼은 사람들을 보이지 않는 줄로 잡아당겨 꼭두각시 인형처럼 조종한다. 펜듈럼이 정확히 어떤 방법으로 사람의 동기에 영향을 주는지는 모르지만, 그것은 대단히 효과적으로 작용한다.

인간의 깨어 있는 의식은 펜듈럼도 접근하기 어려워하는 대상이다. 하지만 펜듈럼은 그럴 필요가 없다. 잠재의식에만 접근해도 충분히 에너지를 수확할 수 있기 때문이다. 대체로 모든 사람은 각자의 수준에서 눈 뜬

● 펜듈럼

어떤 집단의 생각이 한 방향으로 초점 맞추어지고, 그 결과로 각자의 사념 에너지의 매개변수가 동일해질 때 하나의 구조체가 생겨난다. 에너지의 바다 한가운데서 하나의 독자적 에너지체인 '에너지 펜듈럼'이 만들어지는 것이다. 이 구조체는 독자적인 생애를 시작하고, 그 창조에 참여한 사람들을 자신의 법칙에 복종시킨다. 펜듈럼(진동추)은 자신의 진동수에 동조하는 지지자를 계속 끌어 모아서 그들로부터 더 많은 에너지를 뽑아내고, 그 힘으로 더욱 더 강력하게 진동한다. 게다가 다른 펜듈럼들과도 끊임없이 경쟁하고 충돌하므로, 우리는 특정 펜듈럼에 깊이 속박되어 있을수록 더 많은 갈등과 혼란, 반목과 실패를 경험하게 된다. 지금 당신이 믿고 있는 모든 가치는 무수한 펜듈럼들로부터 강요된 것이다.

채로 잠들어 있다. 사람은 많은 일을 의식이 풀려 있는 상태에서 기계적으로 처리한다. 깨어 있는 의식을 가지고 이렇게 명징하게 알아차리지 못한다. ― '나는 지금 잠들어 있지 않으며, 내가 무엇을 하고 있고 왜 그렇게 하는지를 분명히 알고 있다.'

특히 집에 있거나 군중 속에 있을 때는 의식의 각성도가 낮다. 집에 있을 때는 높은 수준의 자기통제가 필요하지 않기 때문에, 사람은 이완되어 있고 거의 잠들어 있다. 오히려 집밖의, 인간관계라는 좁은 범위 안에서만 의식이 가장 활동적이고 자기통제적인 상태에 있다. 큰 단체에서는 사람의 행동이 다시 제멋대로가 되기 쉽고, 그뿐 아니라 대중의 충동적인 힘에 휘말려들기 쉽다.

펜듈럼의 작용을 보여주는 가장 단순한 예를 들어보자. — 당신이 어떤 사람의 뒤를 따라 걷다가 그를 앞서려고 한다. 앞서가기 위해 당신이 왼쪽으로 가려고 하면, 그 사람도 갑자기 같은 방향으로 걸음을 옮긴다. 마치 당신을 가로막기라도 하려는 듯이 말이다. 이번엔 당신이 오른쪽으로 앞지르려고 하면 그 사람도 또 무심코 같은 쪽으로 방향을 바꾼다.

무엇이 그 사람으로 하여금 방향을 바꾸게 만드는 것일까? 그는 당신을 보고 있지도 않은데 말이다. 게다가 당신이 그를 지나쳐가든 말든 그것이 그에게 무슨 상관이 있겠는가? 어쩌면 그가 어떤 식으로든 등 뒤에서 누군가가 가까이 오는 것을 느끼고, 본능적으로 '경쟁자'를 앞으로 보내주지 않으려고 한 것일까? 이런 생각이 들 수도 있지만 실상은 그렇지 않다. 살아 있는 자연에서의 본능에 대해 이야기하자면, 경쟁심은 상대방의 얼굴을 서로 마주보고 있을 경우에만 나타난다. 그것은 경쟁심이 아니라 펜듈럼이다. — 길 걷던 사람이 방향을 바꾸게 한 원흉은 바로 펜듈럼인 것이다.

길을 걸을 때, 사람은 똑바로 걸으려면 어떻게 걸어야 할지 따위는 생각하지 않는다. 걷는 방향에 관한 한 그는 잠들어 있다. 그래서 그의 걸음은 펜듈럼에 의해 저절로 이쪽저쪽으로 방향이 흔들린다. 방향을 선택하는 동기는 잠재의식에 놓여 있다. 그 순간에는 잠재의식이 통제되지 않고 있고, 그래서 펜듈럼이 접근할 수 있는 가능성이 열려 있는 것이다.

그때 당신은 그에게 접근하면서 그를 앞지르려고 했다. 사실 작기는 해도 그 또한 갈등이기는 마찬가지다. 그래서 펜듈럼이 이 갈등의 에너지를 더 크게 만들기 위해 그 사람으로 하여금 무심결에 발걸음을 옆으로 옮기게끔 유도해서 당신의 길을 막음으로써 상황을 더 악화시킨 것이다.

그러나 한편, 펜듈럼은 의도적으로 행동하지 않는다. 펜듈럼은 의식적인 의도를 갖지 않기 때문이다. 그와 마찬가지로 균형력도 무의식적으로 자신의 일을 수행한다. 다시 한 번 강조한다. — 여기서 지금 말하고 있는 것은 그 메커니즘이 아직 명확히 드러나지 않은 어떤 현상에 대한 것이다. 어떤 실체의 사려 깊은 지적 행동에 관한 것이 아니다. 우리는 오직 개별적인 현상과 에너지정보 세계의 자연법칙을 살펴보고 있는 것일 뿐이다.

주어진 상황에서 어떤 펜듈럼이 작용하고, 그것이 어디서 왔으며 어떻게 접근에 성공하는지, 그리고 에너지 차원에서 실제로 무슨 일이 일어나는지를 추론하는 것은 아무런 의미가 없다. 어차피 우리는 그것을 끝까지 알아낼 수가 없다. 중요한 것은 단 한 가지 결론뿐이다. — **균형력이 서로 대립해 있는 것들을 맞부딪치게끔 만들어놓으면 펜듈럼이 나서서 일어난 갈등의 에너지를 더 키우기 위해 무슨 짓이든 다 한다는 것이다.** 이것이 펜듈럼의 법칙이다.

가족 간의 다툼이든 국가 간의 전쟁이든 간에, 펜듈럼의 끝없는 싸움은 모두가 바로 이 법칙에 따라 일어난다. 대립이 발생하면, 일시적이고 형식적인 화해를 포함해서 무슨 일이 일어나든 간에 그 이후의 모든 사건은 갈등이 악화되는 쪽으로 펼쳐질 것이다.

펜듈럼의 법칙이 작용하는 곳에서는 멀쩡한 정신도 힘을 잃는다. 바로 그 때문에 개인과 마찬가지로 한 국가의 행동까지도 종종 정상적인 정신의 범위를 벗어나고 마는 것이다. **갈등 상황에서 인간의 동기는 펜듈럼의 지배력 아래 놓이게 된다.**

이럴 때 자신의 지난 행위가 몽롱한 꿈처럼 인식되는 기이한 현상이 일어난다. '내가 정신을 어디다 놓고 있었지? 어떻게 그런 짓을 할 생각을 했을까?' 그것은 의식이 명징하지 않은 상태에서 행동해서 그런 것이다. 오로지 사태가 벌어지고 난 다음, 의식이 비로소 외부의 영향력에서 벗어났을 때에야 일어난 모든 일에 올바른 평가를 내릴 수 있게 된다.

가까운 사람들이 서로 싸우고 헤어진다. 성격이 서로 안 맞는다고 믿기 때문이다. 하지만 행복할 때, 모든 일이 다 잘 될 때도 있었지 않은가? 그런데 그 사람이 아무런 이유도 없이 갑자기 돌변해서 적대적으로 행동하기 시작한다. 얼마 전까지만 해도 그런 행동은 그 사람과는 어울리지 않는 것이었다. 당신도 그런 상황을 겪어본 적이 있지 않은가?

실제로는 누가 변한 것이 아니라, 펜듈럼의 강요를 받아서 자기도 모르게 전혀 용납될 수 없는 행동을 한 것이다.

펜듈럼은 서로 대립해 있는 사람들의 잠재의식 속에 들어 있는 동기를 조종한다. 그리고 그 조종의 방향은 갈등 에너지를 증폭시키는 쪽으로 맞춰진다. 사람은 무엇이 자기를 대결구도로 몰아가고 있는지를 알지 못한 채 전혀 부적절하고 비합리적인 행동을 하게 된다.

특히, 이해할 수 없을 만큼 잔인한 범죄에서 이런 현상을 찾아볼 수 있다. 훗날 피고석에 앉은 범죄자는 자신의 지난 행위를 돌이키면서 주눅이 든 채 당혹스러워 한다. ― "제 정신이 아니었어요." 그것은 거짓말이 아니다. ― 정말 그랬던 것이다. 범죄자 자신에게도 그것은 정말 뜻밖의 일인 것이다. 그는 자신의 행위를 끔찍한 악몽처럼 느낀다.

펜듈럼의 올가미에 주의가 사로잡히면 잠은 더욱더 깊어진다. 어떤 단체들, 예컨대 군대, 정당, 종교단체 등에서는 사고와 행동방식에 관한 고정관념이 형성된다. 이것이 사람을 '잠재워' 놓으면 그 사람의 잠재의식은 펜듈럼 앞에 완전히 개방된 채 펜듈럼의 좀비 zombi (자기의지 없이 무기력하게 남의 명령을 따르는 사람. 역주)처럼 움직이게 된다. 그리하여 객관적으로 볼 때는 전혀 이해할 수 없는 일들이 벌어지는 것이다.

사람들은 왜 단지 다른 신을 숭배한다는 이유만으로 자기와 비슷한 사람들을 그토록 잔인하게 죽이는가? 누구에게 방해가 되기에 그러는 것일까? 그 때문에 참혹한 전쟁도 겪어야 한다. 수십, 수천, 수백만 명이 죽는다. 자기보존 본능은 어디로 갔단 말인가? 부와 영토를 확보하기 위한 전쟁은 이해할 수 있다고 치더라도, 믿음 때문에 싸우는 것은 무엇으로 설명하겠는가?

누구나 평화를 생각하지만 전쟁은 멈추지 않는다. 모두들 신은 유일하다고 생각하지만 종교 간의 갈등은 끊이지 않는다. 선, 정의, 평등 등등의 관념들은 끝없이 댈 수 있다. 모두 다 이해할 수 있는 사상이지만, 멀쩡한 정신은 간 데 없고 언제나 승리하는 쪽은 악이다. 악은 대체 어디서 오는가?

악의 보편적 원천은 다름 아닌 펜듈럼이다. 조금만 들여다보면 이 사실이 분명히 보일 것이다. ― 그 무엇과의 어떤 대립에서 무슨 일이 일어나든지 상관없이, 모든 것은 갈등의 에너지를 키우기 위한 방향으로 움직여간다. 행여 싸움이 잦아든다 해도 그것은 잠시일 뿐, 나중에 더 크게 벌이기 위한 것이다.

물론 다양한 종류의 펜듈럼이 존재하며 모두가 파괴적이지만, 그 정도는 다양하다. 그중 많은 수는 전혀 해롭지 않다. 예컨대, '트랜서핑'이라는 펜듈럼은 현실에서 실제로 무슨 일이 일어나고 있는지에 대해 더 많은 수의 사람들이 숙고하게 하기 위해 꼭 필요한 펜듈럼이다.

모든 펜듈럼으로부터 완전히 해방되어야만 하는 것은 아니라는 말이다. ― 그것은 거의 불가능하다. 중요한 것은 꼭두각시 인형이 되지 말라는 것이며, 자신의 이익을 위해 펜듈럼의 조직을 이용할 수 있도록 의식적으로 행동하라는 것이다. 그렇다면 그 영향력에서 어떻게 벗어날 수 있을까?

깨어나서 알아차리라. ― 펜듈럼이 어떤 식으로 당신을 조작하고 있는지

를. 무슨 일이 일어나고 있는지를 이해하는 것 ─ 그것만으로도 이미 반은 이룬 것이다. 펜듈럼의 영향력은 의식의 깨어 있는 정도에 반비례한다. 당신이 눈을 뜬 채 백일몽을 꾸고 있는 한, 펜듈럼은 당신을 얼마든지 자신의 영향권 속에 가둬둘 수 있다.

무엇보다도, 개인적으로 당신에게 필요한 일이 아니라면 펜듈럼의 파괴적인 싸움에 끼어들지 말라. 당신이 만일 군중 속에 있다면, 행동의 무대에서 객석으로 내려와 주위를 둘러보고 잠에서 깨어나라. ─ '내가 여기서 뭘 하고 있지? 나는 지금 상황을 명료하게 알아차리고 있나? 이것은 왜 필요하지?'

백일몽에서 깨어나는 것은 이처럼 절대적으로 명징해야 한다. ─ **'지금 나는 잠들어 있지 않고, 내가 무엇을 하며, 왜 그렇게 하는지를 명확히 알고 있다.'** 이렇게 상황을 명료히 알아차리고 있다면 만사는 순조롭게 풀려나갈 것이다. 만약 그렇지 않다면 아주 작은 갈등 상황에서도 당신은 꼭 두각시 인형에 불과한 것이다.

당신이 뭔가에 짜증을 낼 때 일은 더욱 복잡하게 꼬인다. 그럴 때, 당신의 신경이 곤두서 있는 동안은 계속 광대가 눈앞을 폴짝폴짝 뛰어다닐 것이다. 이것은 십중팔구 당신의 주의가 펜듈럼의 올가미에 사로잡혀 있음을 뜻한다. 펜듈럼으로부터 벗어나기 위해서는 무심한 경지가 되어야 한다. 그러나 이것은 어려운 일이다.

예를 들어보자. 이웃사람이 당신이 끔찍이도 싫어하는 음악을 크게 틀어놓고 당신의 성질을 돋우고 있다. 당신이 해야 할 일은 어떤 방법으로든 펜듈럼으로부터 '벗어나는' 것이다. 거기에 반응하지 않고 무심해지는 것은 실제로는 거의 불가능하다. **감정을 죽이는 것은 도움이 안 된다.** 그러는 **대신 당신의 주의를 딴 곳을 돌려야 한다.**

자신의 음악을 한 번 들어보라. 너무 크게 틀지는 말고 이웃의 음악을 덮을 수 있을 만큼의 음량으로 들으라. 또 주의를 돌릴 수 있는 다른 방법들도 생각해보라. 다른 데에 마음을 몰두하기에 성공한다면 이웃은 차차 조용해질 것이다.

다른 경우도 마찬가지다. 만약 '광대가 날뛴다면' 그것은 당신의 주의가 어떤 올가미에 걸려들었다는 것을 뜻한다. 펜듈럼의 게임에 말려든 것이다. 게임의 목적은 갈등 에너지를 증폭시키는 데에 있다. **올가미에서 벗어나 자유를 얻으려면 주의의 스위치를 전환해야 한다.**

전반적으로 보자면 상황이 그리 심하게 나빠지는 않다. 눈을 뜬 채 잠들어 있지만 않다면 뭔가가 '악의를 품고 달려드는' 일은 없을 것이다. 하지만 어떤 이들은 이 모두가 다 헛소리라고 생각할 수도 있다. 물론 어떤 존재가 당신을 조종하고 있다는 생각을 받아들이기란 쉽지 않다. 그것을 받아들이든 말든 그것은 개인적 선택의 문제다. 그리고 무턱대고 믿어야 할 것도 아니다. 스스로 관찰해보고 결론을 내리라.

펜듈럼의 규칙

이 세상에서 우리는 가는 곳마다 성性에 관련된 직접 혹은 간접적인 정보들과 부딪치게 된다. 트랜서핑 모델에서는 성에 관한 주제도 다른 많은 주제들과 마찬가지로 일반적인 관점과는 다른 측면에서 바라본다. 사람들이 인정하든 하지 않든, 성은 사람들의 개인적인 삶에서 대단히 중요한 역할을 한다. **더 정확히 말하면 성 자체가 아니라 그것에 대한 태도가 중요한 것이다.** 성생활을 하든 하지 않든 관계없이, 때때로 사람들의 마음속에서 그런 태도가 돌발적으로 표출되어 나온다.

일반적으로 여기에서는 중립적인 입장이란 존재할 수 없다. 자연의 존재는 어떤 식으로든 자신의 입장을 갖게 된다. 어떤 사람은 불인정, 격분, 조소, 거부 등의 형태로 태도를 표출한다. **또 다른 사람의 경우에는 태도가 의도로 바뀐다. 그리고 그 의도가 실현되지 않거나 성공적이지 않을 때 그 사람의 심리는 온갖 콤플렉스를 만들어내거나, 혹은 트랜서핑의 용어로 부정적인** 슬라이드**를 갖게 된다.**

성의 문제는 모두는 아니라 하더라도 대단히 많은 사람의 심리를 자극하는 것이 사실이다. 또 아주 많은 사람들이 그것에 대해 이런 저런 콤플렉스를 갖고 있다. 여기에 펜듈럼이 적지 않은 역할을 한다. — 펜듈럼들은 가능한 모든 방법을 동원해서 당신이 불완전하고 문제가 있다는 관념을 주입하려고 애쓴다. 그리고 당신은 정말로 자신에게 문제가 있다고 믿게 된다. 당신은 그렇게 믿는 사람이 당신 혼자가 아니라는 것을 상상조차 하지 못한다.

당신에게는 삶의 내밀한 구석에 괜찮지 않은 일들이 꽤나 많이 있는데 다른 사람들은 모두 제대로 된 삶을 살고 있다고 생각한다면, 당신은 심한 착각에 빠져 있는 것이다. 이 환상은 펜듈럼이 대중매체를 통해 교묘하게 만들어낸 것이다. 펜듈럼은 당신에게, 섹스와 관련된 모든 일에서 아무런 문제도 없는 것처럼 보이는 사람들만을 골라 보여주고 있다는 사실을 알아차리라.

축구경기장 가득 사람들을 모아놓고 거기서 '뭔가 일이 잘 풀리지 않는' 사람들은 모두 밖으로 나가라고 한다면, 아마도 남아 있을 사람은 손가락에 꼽을 수 있을 정도가 될 것이다. 갑자기 텅 비어버린 거대한 경기장의 한가운데에 자신이 서 있다고 상상해보라. 주위를 이리저리 둘러봐야

● 슬라이드

인간은 주변세계를 백 퍼센트 객관적으로 인식할 수가 없다. 이것은 슬라이드 영사기와도 비슷하다. 당신 주변의 세계는 당신만이 가지고 있는 '슬라이드'를 통과하면서 스크린에 맺혀 인식된다. 예컨대 당신이 스스로를 매력적이지 않다고 생각한다면, 다른 사람들의 우호적인 미소는 비웃음으로 보이고 귓속말은 당신을 흉보고 있는 것 같다. 문제는, 우리의 마음과 영혼은 부정적인 슬라이드에 쉽게 동의하여 그것을 어김없이 현실로 실현시킨다는 것이다. 열등감을 느낀다면 열등감을 느껴야 할 증거가 더 많이 발견된다. 이러한 작용은 당신이 그 슬라이드에 지나친 중요성을 부여하기를 그치거나, 긍정적인 슬라이드를 만들어내는 쪽으로 방향을 돌릴 때까지 계속된다.

만 남아 있는 몇 안 되는 '정상인'들이 눈에 들어온다. 그런 정도의 비율인 것이다.

자신의 성공을 자랑하는 당신의 친구들이 허풍을 떨지 않고 사실대로 말한다면, 그들에게도 분명 문제가 있음을 확신할 수 있을 것이다. 그들은 그 문제를 주변사람들뿐만 아니라 자기 스스로에게도 들키지 않으려고 아주 조심조심 감추고 있다.

여기서는 프로이트를 떠올릴 필요조차 없다. 그는 우리 시대에 '섹스'가 얼마나 광적으로 변할지를 알지 못했을 것이다. 그저 이런 질문을 스스로 던져보기 바란다. ─ 자연의 완벽한 질서 속에 놓여 있는 그 단순한 기능을 둘러싸고 왜 그렇게 많은 문제들이 일어나고 있는 것일까?

이 질문에 대한 대답은 전혀 예상치 못한 곳에서 만날 수 있다. 그것은 플래시 몹flash mob(이메일이나 휴대폰 연락을 통해 약속장소에 모여 아주 짧은 시간 동안 황당한 행동을 한 뒤, 순식간에 흩어지는 불특정 다수의 군중 – 역주)이라는 현상과 어느 정도 관련이 있는데, 플래시 몹이 뭔지 모른다면 다음을 상상해 보라.

화창한 어느 날, 당신은 사람들로 북적거리는 거리나 광장에 나와 있다. 모든 것은 늘 그렇듯이 평범한 일상 그대로다. 그런데 그때 갑자기 난데없이 수십, 아니 수백 명의 사람들이 우산을 들고 나타나 정말 비가 오는 것처럼 착각하도록 일제히 우산을 편다. 그곳을 지나던 '정상적인' 사람들은 어안이 벙벙하여 입을 딱 벌리고 멈춰 서고, '비를 맞는 사람'들은 한껏 비를 즐기고 있다.

이 같은 대규모의 장난을 조직하는 것은 대단히 쉬운 일이다. 서로 잘 알지도 못하는 온라인 모임의 회원들이 인터넷을 통해서 약속을 한다. 특정한 시간과 장소에 모여 신호가 떨어지면 어떤 괴상하고 엉뚱한 행동을 동시에 실행하자고 사전모의를 하는 것이다.

이런 행동을 할 때 무슨 일이 일어날까? 아시다시피 한 그룹의 사람들이 동일한 방향으로 생각을 하기 시작하면 펜듈럼이 만들어진다. 플래시 그룹은 이렇게 생각한다. — '보세요. 우리는 모두 우산을 가지고 있단 말입니다!' 거기를 지나가던 나머지 사람들은 당황해서 입을 다물지 못한다. '쟤들은 도대체 뭐지?' 한 무리의 사람들의 동일한 사념방사는 공명현상을 창조하며, 펜듈럼은 그 공명 에너지를 포식한다.

플래시 펜듈럼은 가장 짧게 지속되는 것으로서, 불타오른 뒤 곧 꺼져버린다. 그래서 아무에게도 해를 입히지는 않는 것이다. 그런 무해한 펜듈럼의 예들은 더 오래 지속되는 파괴적인 펜듈럼이 어떻게 발생하고 어떻게 행동하는지를 우리에게 보여주고 있다.

사람들이 하나의 방향으로 에너지를 방사하도록 하려면 무엇이 필요할까? 사고와 행동의 틀을 정해주면 된다. **규칙을 만들어주는 것이다.** 물론 펜듈럼이 규칙을 만드는 게 아니라, 사람들이 스스로 규칙을 만든다. 펜듈럼은 의식적으로 의도를 실현시킬 능력이 없다. 펜듈럼들은 그저 저절로 발생하는 것이다. 규칙이 만들어지면 그것은 펜듈럼을 탄생시킨다. **펜듈럼의 규칙은 인간이 고안해낸 것들 중 가장 무시무시하고 해로운 것이다.** 그 규칙은 이렇게 말한다. ─ "내가 하는 대로 따라하란 말이야!"

일반적으로 사고와 행동의 틀은 모두 펜듈럼의 규칙으로 귀결된다. 관찰해보면 이 규칙이 끊임없이 작용하고 있음을 알 수 있다. 물론 규칙이 항상 해로운 결과를 일으키는 것은 아니다. 예컨대 축구경기장에서 축구광들의 물결은 플래시 펜듈럼을 일으키고 그것은 공명 에너지를 먹어치우지만, 그것 때문에 잘못되는 사람은 아무도 없다.

콘서트홀에서 펜듈럼은 관객들의 에너지를 배불리 먹는다. 여기에서도 해로운 것은 없다. 그러나 무대 위의 예능인들이 얼마나 자주 펜듈럼처럼 행동하는지 주의를 기울여볼 필요가 있다. 그들은 온 힘을 다해 펜듈럼의 규칙을 가지고 대중을 흔들어놓으려고 애쓴다. ─ "자, 두 손을 높이 올려봐요! 이제 모두 함께 불러봅시다!" 관중들은 신이 나서 손뼉을 친다. 이 에너지는 한 사람 한 사람에게는 보잘것없는 것이지만 공명을 이루면 콘서트홀 위에 떠 있는 거대한 괴물을 창조하게 된다.

만일 펜듈럼이 이 에너지를 포식하지 않는다면 그 예능인은 말 그대로 하늘로 솟아오르게 될 것이다. 그러나 그는 그중 작은 부스러기만 받고 나머지 모두는 펜듈럼이 가로채고 만다. 사람들이 '내가 하는 대로 따라해!'라는 괴물의 규칙을 따르고 있는 한, 괴물은 계속 살아남아 있다.

그래서 어쨌다는 건가? 무시무시한 일은 아무것도 일어나지 않았잖은가? 사실상 플래시 펜듈럼은 해로운 것은 아니다. 그렇다면 그것이 섹스와는 어떤 관련이 있다는 것일까?

우리는 성(sex)이라는 주제에 대해 이야기하기 시작해서 플래시 몹으로 건너왔다. 그들 사이의 공통점은 무엇일까? 아마도 당신은 그것이 어떻게든 에너지와 관련되어 있다고 생각했을 것이다. 사람들이 섹스에 몰입할 때는 그 공명 에너지를 받아 삼키는 플래시 펜듈럼이 발생하는 것이 사실이다. 고대로부터 사람들은 '성행위 장면'이 벌어질 때 그 위에 떠 있는 어떤 에너지적인 실체를 의식해왔고 또 그런 실체가 있음을 알고 있었다.

트랜서핑 모델의 틀에서 우리가 플래시 펜듈럼이라고 부르는 그 실체는 여러 다양한 민족의 전승에서 감정적으로 채색된 이미지와 연결지어져 왔다. 그 하나의 예는 '악마(Satan)에게 홀린다'는 것이다. 어떤 오컬트 수행법의 추종자들은 사람이 성행위를 할 때는 악마적인 난잡한 향연을 벌이는 정묘세계의 다양한 존재들을 끌어들이는 모종의 에너지가 방사된다고 굳게 믿는다.

겉보기야 어쨌든 당신은 이런 모든 이야기에 불안을 느낄 필요가 없다. 플래시 펜듈럼은 당신에게 아무런 해도 입히지 못하기 때문이다. 그 펜듈럼은 당신이 내뿜는 에너지를 받아먹을 뿐이다. 그 이상은 아무것도 없다. 그러나 문제는 다음과 같은 사실에 있다. 중요한 것은 현대적 형태의 섹스를 펜듈럼과 하나로 맺어주는 것은 펜듈럼의 규칙이라는 사실이다. 그 규칙은 이렇다. ―"내가 하는 대로 따라해!"

대중매체의 기술이 발달함에 따라 펜듈럼의 규칙도 더욱 완전한 지배력을 갖추게 되었다. 사람들의 심리는 매 순간 사고와 행동의 틀을 주입시키려는 은밀하고도 가장 효과적인 작업에 내맡겨지고 있다. 나는 여기서

'좀비zombi'라는 단어를 쓰지 않으려고 애쓰고 있지만, 사실상 모든 설명이 그 단어로 쏠리고 있음을 부인하기 어렵다.

현대의 대중매체와 오락산업은 하나의 단순한 원리에 근거하고 있다. ― 다른 사람들이 어떻게 성공하고 있는지 보라. 그리고 그들을 모델로 삼아 따라하라. **그들이 당신에게 보여주고자 애쓰는 것은 모두 '이것이 성공의 모델이다'라는 것이다.** 당신은 이것을 잘 알고는 있겠지만, 그런 선전이 때로는 분명하게, 때로는 은밀하게 얼마나 큰 영향력을 미치는지는 생각해보지 못했을 것이다.

그것은 특히 친밀한 상호관계에 관한 모든 것에 관련되어 있다. **여기에는 그런 상호관계가 어떠해야만 한다는 고정관념이 아주 강하게 자리 잡고 있다.** 그 주제에 관한 모든 출판물과 영상물들이 표준을 만족시키는 관계들을 본보기로 보여준다.

내가 어떤 음모나 의도적인 선전에 대해 이야기하고 있다고 생각하지 마시라. 사실 어떤 고정관념의 틀을 남에게 심어주는 것을 자신의 목표로 삼는 사람은 아무도 없다. 모든 것은 저절로 일어나는 것이다. 사람의 마음속에는 늘 이런 생각이 일어나기 마련이다. ― '내가 잘 하고 있는 것일까?' 언제나 비교의 필요성이 존재한다. 성공이란 비교에서 오는 상대적인 것이니까. 그래서 다른 이의 성공을 보게 되면 그것을 모델로 삼으려는 경향이 자연스럽게 일어나는 것이다.

친밀한 관계, 특히 섹스는 기본적으로 가깝고도 폐쇄적인 범위에서 일어난다. 그 결과 '우리 사이는 모든 것이 잘 되고 있어'라는 확신의 필요성이 생기는 것이다. 만일 누군가가 파트너가 없거나 더욱이 이전에 파트너가 없었다면, 그는 조급하게 표준적인 파트너를 찾기 시작한다. 당연히 대중매체는 넓은 선택의 폭을 지닌 다양한 표준들을 제시하면서 사람들의 필요성을 충족시켜준다.

그런 식으로 이미지와 행동양식에 대한 대중적인 고정관념이 형성된다. 예를 들어 그는 멋진 '근육질'이고 그녀는 매혹적으로 '섹시'하다. 그들을 보고 그들처럼 하라. 만약 당신이 그 표준에 끌리지 않는다면 그것은 당신에게 뭔가 문제가 있다는 뜻이다.

이런 규칙들이 파괴적인 힘을 가지고 있다고 상상하기란 쉽지 않다. 내가 펜듈럼의 규칙이 인류가 고안해낸 것들 중 가장 무시무시한 것이라고 말하면, 아마도 당신은 내가 문제의 중요성을 지나치게 부각시키고 있다고 생각할 것이다. 천만에. 나는 최대한 절제해서 말하고 있다.

갈라선 남녀들의 숫자는 아주 많다. 좌절감에 빠진 부부의 수는 아마더 많을 것이다. 궁극적으로는 섹스에 대한 불만족이 불화의 주된 원인이다. 나머지 원인은 이 불만족으로 인해 생긴 결과이거나, 아니면 그 불만족을 서로 솔직하게 고백하기 싫어하는 사람들이 만드는 핑계일 뿐이다.

불만족은 두 사람이 펜듈럼의 규칙을 따르는 데서 기인한다. 그들은 표준에 따라서 반드시 이러저러하게 행위해야 한다고 알고 있다. 펜듈럼의 규칙은 이렇게 말한다. ─ **"나처럼 해!"** 그것은 '자신을 바꾸고 자기를 버리라'는 말이다. 사람들은 세워져 있는 표준에 자신을 맞추려고 애쓴다. 그러나 그 결과 찾아오는 것은 영혼의 불편함과 불만족뿐이다.

섹스에 문제가 있는 사람이 저지르는 실수는 자신이 어떤 역할을 하려든다는 점이다. 문제는 아주 단순하다. 그는 많은 표본들 중에서 자기에게 가장 어울리는 모델을 하나 택하고 파트너에게도 하나를 골라준다. 그는 자기의 역할을 시작하면서 자신의 기대를 파트너에게 투사한다. 그런데 놀랍게도 그는 이 역할을 정확히 트랜서핑의 원리에 따라 하고 있다. 관객의 역할을 하는 것처럼 따로 떨어져 지켜보는 것이다. 자기와 파트너를 끊임없이 표준모델과 비교하고 있기 때문이다. 참 잘 하고 있는 것 아닌가?

하지만 결국 잘 되는 것은 하나도 없다. 섹스의 본질은 이완과 해방과 몰입을 요하는 것이기 때문이다. 섹스란 아무런 역할도 갖지 않고 완전히 놀이에 몰입하는 순간이다. **정상적이고 자연스러운 섹스는 다른 사람들이 정해진 대로 어떻게 하는지를 곁눈질하지 않고, 당신 자신이 스스로 정한 규칙대로 하는 놀이다.**

더구나 사랑과 섹스의 관계에 대해서는 여러 가지의 관념이 뒤섞여서 혼란이 크게 일어나고 있다. 이 위선적인 "사랑을 한다(make love)"라는 말을 들으면 때로 구역질이 난다. 그냥 "섹스를 한다"고 말하는 게 더 좋지 않은가 말이다. 섹스는 사랑이 아니다. 그리고 사랑은 섹스가 아니다. 이 둘은 과연 양립할 수 없는 것일까? 섹스와 사랑은 서로 모순 없이 함께 있을 수 있다. 하지만 한 번 더 말하자면, 사랑은 섹스가 아니고, 섹스는 사랑이 아니다.

이들은 함께 있을 수도, 따로 떨어져 있을 수도 있다. 그러나 펜듈럼의 규칙은 자연스럽게 사랑하고 섹스하는 것을 방해한다. 펜듈럼의 규칙을 따르면서 인위적으로 사랑과 섹스를 혼동하려고 애쓰는 사람들이 성적인 관계에서 불행을 겪는 것은 당연한 일이다. 그런 혼동의 결과로 꼴사나운 잡종이 나오는 것이다.

표준과 규칙에 신경을 꺼버린다면 사실 모든 일이 아주 간단하다. **한가운데 영점이 있고 왼편으로 갈수록 애정이 커지고, 오른편으로 갈수록 공격성이 커지는 눈금저울을 상상해보자.** 바늘이 왼편으로 기울면 사랑이고 오른편으로 기울면 섹스다. 이 말이 당신의 마음에 들지 않을지 모르지만 어쨌든 섹스란 부드러운 애정이라기보다는 공격에 훨씬 더 가깝다.

그러나 많은 사람들은 이 '악마 같은' 본능이 깨어날 때 부끄러워하거나 두려워한다. 그들은 그것이 자연에 거스르는 일이라고 생각한다. 정상적인 두 사람이 만나서 처음에는 아주 일상적인 행동을 하지만, 점차 두 사람의 눈에 탐욕스러운 눈빛이 번뜩이고 그들은 틀에 맞지 않는 일을 벌이기 시작한다……. 그런데 그 틀이란 게 대체 무엇이란 말인가?

바로 여기서 펜듈럼의 규칙이 힘을 발휘하는 것이다. 한편으로는 일반적으로 받아들여지는 규칙의 틀이 존재한다. 그것을 깨기란 쉽지 않다. 다른 한편, 그 틀 안에서는 섹스로부터 만족을 얻는 것이 불가능하다. 그런데 사람들은 규칙과 만족 둘 다를 가지려고 하는 것 같다. 그들은 표준에 맞추려고 자신의 역할을 하기 시작한다. 사람들은 동물적인 본능이 깨어나는 것을 두려워하여 정해놓은 틀과 그들에게 필요한 것처럼 느껴지는 의례적인 형식으로 섹스를 희석시켜버린다. 이것은 어떤 경우에도 일종의 구속 상태를 불러오게 되어 있다. 그 코뚜레를 벗어던져야 하지만 펜듈럼의 규칙은 그러도록 가만 놔주지 않는다. 그와 반대로 저울의 바늘이 공격성 쪽으로 멀리 가려고 하면 "그런데 당신 나 사랑해?"라며 애정을 확인하게 만든다.

그러니 그 행위 장면 속에는 언제나 연기하고 있는 두 명의 관객이 존재하는 것이다. 그들은 스스로 자초하여 걸려버린 통제의 줄에 꼭두각시처럼 매달려 있다. 대체 무얼 하는 것일까? **그들은 바늘을 때로는 왼쪽으로, 때로는 오른쪽으로 끌어당기려고 온 힘을 다해 애쓰고 있다.** 그럴 게 아니라, 무엇보다도 펜듈럼의 규칙에 침을 뱉고, 마음의 관념 대신 영혼의 느낌에 따라 바늘이 자유롭게 흔들리며 뛰놀 수 있도록 허용할 필요가 있다.

그러다 보면 머지않아 동물적인 수준까지 타락할 것이라고 반박하는 사람이 있을지 모른다. 여기에는 또다시 펜듈럼의 규칙이 작동하고 있는 것이다. 인간성이 끝나고 동물 수준이 시작되는 경계선을 누가 만들었단 말인가? 문제는 경계선 자체에 있는 것이 아니다. 다른 사람의 규칙을 따르지 않고 스스로 자신의 규칙을 정해야 한다는 점이 중요하다. 당신은 인간이므로 인간성과 예절에 대한 자기만의 판단기준을 가질 권리가 있다.

성생활에 문제가 있는 사람, 특히 서로 사랑하는 사람들을 위해 내가 이 모든 이야기를 쓰고 있음을 이해해주시기 바란다. 펜듈럼의 규칙을 따라가지 않도록 의식적으로 제어를 하듯이 바늘을 의식적으로 놓아주는 것이 문제 해소를 위해 필요한 전부다.

섹스에 아무런 어려움을 느끼지 않는 부류의 사람들도 있다. 문제를 있는 그대로 바라보고, 개념을 혼동하지 않으며, 무엇을 얻고 싶은지를 명료하게 의식하고 그것을 파트너에게 솔직하게 말한다면 사실 많은 문제들이 그냥 사라져버린다. 마음만 열면 삶은 곧바로 단순해지고 쉬워진다. 아마 당신의 파트너에게도 은밀한 욕망이 많이 있을 것이다. 그래서 한쪽이 어떤 것을 원하는데 다른 쪽이 그것을 원하지 않는 경우가 발생할 수 있다. 그런 경우에는 어떻게 해야 할까?

가장 먼저, 프레일링의 첫째 원리를 언제나 기억해야 한다. **받으려는 의도를 거부하고 그것을 주려는 의도로 바꾸라. 그러면 당신은 거부한 그것을 얻게 된다.** 이 위대한 원리는 정확히 작용한다. 그런 일이 어떻게 일어나는지를 당신이 모르더라도 말이다.

둘째로, 어떤 식으로든 펜듈럼의 규칙을 완전히 거부하고, 그것을 트랜서핑의 규칙으로 바꿔야 한다. 트랜서핑의 규칙은 이렇다. **자신은 자기 자신으로, 다른 이들은 그들 자신으로 존재하도록 놓아두라.**

당신도 이미 알듯이, 성적 관계에서 만족을 얻으려면 스스로 해방되어 자유로움을 느껴야 한다. 열등감과 같은 콤플렉스의 형태로 잉여 포텐셜을 가지고 있으면 사람은 자유로움을 느낄 수가 없다. 아무리 이완하려고

● 프레일링

　프레일레fraile란 각자의 영혼이 가진 주파수의 특성, 즉 영혼의 소망이다.(저자가 만든 말로 어원은 밝혀지지 않았다.) 프레일링frailing이란, 자신의 내부의도와 상대방의 내부의도를 충돌시키는 대신, 자신의 내부의도를 버리고 상대방의 내부의도가 먼저 실현되도록 허용하며 그의 주파수에 동조해주는 트랜서핑의 인간관계 방식이다. 이처럼 그들이 자신의 내부의도를 실현하도록 허용한다면, 당신이 내려놓았던 내부의도는 외부의도로 전환되어 저절로 실현되어버린다. 그가 원하는 것, 그에게 결핍된 것, 그에게 필요한 것, 그에게 동기가 되는 것, 그의 흥미를 일으키는 것을 알아내어 진심으로 동조해주라. 그러면 그는 자연스러운 반작용으로서, 당신이 사양했던 그것을 당신에게로 가져다주는 데 일조할 것이다.

애를 써도 균형력이 그것을 허용하지 않는 것이다.

　그러나 긴장의 가장 큰 부분은 잉여 포텐셜보다는 의존적인 관계의 결과로 일어난다. 사람들의 내부의도는 주는 것보다는 주로 받는 것에 맞춰져 있다. 그러다 보니 흔히 파트너에게 자신이 기대하는 역할을 투사하게 된다. 그것은 타인에게 그 자신으로서 존재할 수 있도록 허용하지 않는 것이다.

　아시다시피 의존적인 관계는 양극성을 낳고, 그것은 결국 모든 것을 망쳐놓는 균형력을 불러온다. 트랜서핑의 규칙은 의존적인 관계에 의해 만들어진 양극성을 즉각 해소시켜버린다. 그래서 콤플렉스에서 벗어나는 데 성공하지 못하는 경우에도 트랜서핑의 규칙을 따르기만 하면 긴장이 곧장 눈에 띄게 해소되는 것이다.

자기를 자기 자신으로 존재하도록 허용한다는 것은 완벽하지 않은 모든 결점과 함께 자신을 있는 그대로 받아들인다는 의미다. 다른 이들을 그들 자신으로 존재하게 한다는 것은 그들에게 투사한 자기의 기대를 벗겨낸다는 의미다. 그렇게 하면 서로가 다른 것을 욕망하는 상황은 오묘한 방법으로 신기하게 저절로 해결되어버린다.

다시 한 번 반복하자면, 필요한 것은 오직 펜듈럼의 규칙을 거부하고 그것을 트랜서핑의 규칙으로 대체하여 프레일링의 첫째 원칙에 의도를 맞추는 것이다. 파트너와 함께 이대로 실행한다면 당신에게는 더 이상 아무런 문제도 발생하지 않을 것이다. 이것이 어떤 원리로 그렇게 되는지를 정밀하게 추론하는 것은 심리학자들에게 맡겨놓기로 하자. 우리는 그저 하기만 하면 되는 것이다. 그것이 전부다.

그런데 대체 펜듈럼에게 규칙이 왜 필요하단 말인가? 플래시 펜듈럼의 경우에는 이것이 쉽게 이해된다. 그들은 공명 에너지를 먹고산다. 그러므로 그들에게는 행동이 동시에 일치되는 것이 필수적이다. 그렇다면 추종자들의 일치된 행동을 요구하지 않으면서도 장기적으로 존속하는 펜듈럼은 왜 그런 것일까?

우선 펜듈럼의 규칙은 사고와 행동의 규준, 즉 '정상적인' 표준을 설정한다. 사람들은 펜듈럼이 그들에게 제안하는 것이 성공의 모조품이라는 것을 이해하지 못한다. 타인의 성공은 따라할 만한 본보기가 될 수 없다. 진짜 성공은 용감히 규칙을 깨뜨리고 자신의 길을 찾은 사람들에 의해서만 이루어질 수 있는 것이다.

다른 이의 발뒤꿈치만 좇는 사람은 지는 해를 붙잡으려고 영원히 발버둥치는 운명에 갇히고 말 것이다. 성공의 표준, 그것은 신기루다. 그러나 사람은 펜듈럼의 규칙이 자신을 환상의 거미줄에 꽁꽁 묶어두고 있음을 알지 못하거나, 혹은 알기를 원치 않는다. 환상은 종종 미지의 현실보다 더 달콤하고 편리하고 이해하기 쉽다. 세워져 있는 표준에 자신이 맞지 않는다는 사실을 직면할 때 사람은 영혼의 불편함을 느낀다. 실패 앞에서 두려움이 그를 압박한다. 그는 열등감에 빠진 채 적의로 가득한 세상 가운데 홀로 서 있음을 느낀다.

그는 무엇을 할 수 있을까? 그가 할 수 있는 하나의 가능성은 거부하기다. 그는 도달할 수 없는 표준에 대해 거부와 분노의 벽을 자기 주위에 둘러친다. 아니면 표준을 향한 추구를 계속할 수도 있다. 그는 펜듈럼의 규칙을 따르면서 자기를 변화시키고 조건의 상자 속으로 영혼을 구겨 넣으려고 애를 쓰지만 그래봤자 불만족만 남을 뿐, 아무런 소득도 없다. 불만족은 또다시 자기를 변화시켜야 한다는 악순환적 요구를 낳을 뿐이다.

표준 모델을 추구하기 시작하면 사람은 불만족과 좌절감의 에너지를 방사하게 된다. 그밖에 다른 수가 없다. 그것은 당나귀가 눈앞에 매달린 당근을 쫓아 빙빙 도는 것과 꼭 같다. 타인의 성공을 모델로 내세우는 파괴적 펜듈럼이 그 에너지를 먹어치우는 것이다.

거부의 벽도 역시 많은 에너지를 소모하게 만든다. 따르고 싶지 않은 규칙을 강요당할 때, 가는 곳마다 매 순간 주위에 보호막을 둘러치고 그것을 지탱한다는 것은 대단히 힘든 일이다.

그렇긴 하지만 어쨌거나 그 미로에서 빠져나가는 문은 반드시 있다. **그것은 펜듈럼의 규칙을 거부하고 자신의 길을 찾는 것이다. 이렇게 하는 사람은 정말 숨 막힐 듯 황홀하고 놀라운 내면의 자유를 얻는다.** 그런 사람은 언제나 있기 마련이다. 이런 자유에 가까이 다가간 한 독자의 편지를 그 예로 들어보겠다.

「저는 서른 살인데, 그동안 저에겐 한 번도 남자가 없었어요. 성문제 전문가들은 이것이 심각한 중증이라고 말합니다. 그렇지만 저는 왜 그렇게 말하는지 이해가 안 돼요. 25세가 될 때까지는 반드시 누군가와 잠을 자야 하고 처녀성은 도덕적인 고뇌의 원인이 될 뿐이란 말이 어떤 책에도 쓰여 있지 않다는 것을 저는 늘 믿어왔습니다. 저는 외모가 매력적인 편이고 가까운 사이도 아주 많았습니다. 그렇지만 성적인 관계를 갖고 싶은 생각이 없었어요. 생리학적으로 문제가 있어서 그런 것이 아니었습니다. 그 부분은 모두 정상이었어요. 그냥 함께 자고 싶은 남자를 아직 발견하지 못한 것뿐입니다. 그리고 최근에는 이 상태가 나에게 충분히 만족스럽다는 느낌이 많이 들어요. 왜 모든 사람이 육체적 사랑에 몰두해야 하죠? 저는 아니에요. 모두들 그렇게 생각하지만, 저는 그런 규칙을 따르지 않아요……. 저는 한 번도 대중적인 고정관념의 노예가 되어본 적이 없었어요. 하지만 그런 고정관념들 중의 어떤 것들이 저를 짜증나게 만들기 시작하는 것 같아요. 가끔 저는 자신이 정신적인 불구자가 아닌가 하고 느낄 때가 있어요. 제가 홀로 있다는 사실 자체가 저 자신의 자기평가에 어떤 영향을 주는 것은 아니지만, 저는 특별한 끌림도 없이 친밀한 관계를 맺는 것을 의식적으로 피하고 있어요. 저의 경우가 어떤 기피증 같은 증상인가요?」

여기에는 '다른 사람들과 다르다'는 데에 대한 두려움이 조금이나마 있기 때문에 나는 "자유에 가까이 다가간 독자"라는 표현을 썼다. 그러나 또한 적지 않은 내면의 힘과 독립성이 존재한다. 그리고 여기에는 아무런 기피증도 없다는 것을 알 수 있다. 단지 '나는 다른 사람들과 다르다'는 것에 대한 두려움을 놓기만 하면 된다. 오히려 그것을 기뻐해야 할 것이다. 물론 너무 지나치면 안 되지만 말이다. 필요의 수준을 낮추고 좀더 단순해지면 좋을 것이다.

온갖 곳에서 우리에게 퍼부어지고 있는 정보에 비추어 판단하자면 모든 사람이 섹스를 한다고 생각할 수도 있겠지만, 사실 이것은 환상일 뿐이다. 모두가 성적인 면에서 '적극적인 삶의 방식'을 영위하는 것은 아니며, 파트너가 전혀 없는 사람도 많다. 그러나 홀로 있음에 대한 두려움, 그리고 유별나다는 딱지가 붙을까봐 두려워하는 마음 때문에 사람들은 환상을 믿게 된다.

자유로운 정신을 지녔다는 도시, 파리를 예로 들어보자. 파리는 '외로운 영혼들의 도시'라는 명성을 얻어왔다. 사람들은 날마다 이른 아침부터 거리를 달리고 수없이 많은 카페로 기어든다. 그들은 대체 왜 그러는 것일까? 집에서 커피를 마시면 왜 안 되는 걸까? 그들이 그럴 수밖에 없는 것은 외로움이 그들을 집밖으로 몰아내기 때문이다.

펜듈럼이 자기의 규칙을 가지고 의도적으로 사람들의 집단을 복종시키는 것처럼 보일 수도 있다. 그러나 사실 복종시키는 것은 맞지만 그 규칙을 세우는 자는 펜듈럼이 아니다. **펜듈럼은 규칙 덕분에 존재한다!** 규칙이 펜듈럼을 낳는다. 규칙에 의해서 펜듈럼이 태어나고 나면 그때부터 펜듈럼은 자신의 '음흉한 작업'을 시작하는 것이다. 펜듈럼의 파괴적인 속성은 무엇보다도, 사람으로 하여금 진정한 행복을 얻을 수 있는 길로부터 멀찍이 벗어나게 만든다는 점에 있다.

사람들이 많이 지나다니는 거리를 상상해보라. 사람들은 각자 자신의 일을 보러 걸어가고 있다. 그런데 갑자기 검은 양복을 입은 사람들이 나타나서 사람들을 모두 줄을 세우고 군대처럼 행진하라고 강요한다. 누군가가 거기서 빠져나가려 애를 쓰지만 그들은 그를 거칠게 다루며 대열 안으로 되돌려놓는다. "거기 서! 어딜 가려고! 줄을 서란 말이야!"

〈매트릭스〉 같은 영화는 우연히 나온 게 아니다. 판타지들은 시간이 지나면 현실화되는 경향이 있다. 그리고 그 경향성은 점점 더 빨라지고 있다. 좀더 주의 깊게 들여다보면 판타지와 현실 사이에 벌어진 틈은 훨씬 더 줄어든다. 물론 〈매트릭스〉 영화에서처럼 사람들이 온몸에 튜브를 꽂고 배양기 속에 누워 있는 것은 아니지만, 그 비유는 현실과 아주 흡사한 것이다.

사람들에게는 그 강요된 대열이 현실인 것처럼 보인다. 그러나 사실대로 말하면, 반드시 대열 안에 서야 한다는 규칙이 환상이다. 대열에서 벗어나 자신만의 길을 향할 수 있다는 것이 진정한 현실인 것이다. 그러나 이 사실을 인식하는 것은 그렇게 간단한 일이 아니다. 사람들은 너무나 익숙하게 환상에 푹 젖은 채 살고 있기 때문에 제대로 잘 흔들어서 깨워줘야 한다. 혹은 카를로스 카스타네다가 말하는 것처럼 연결점(assemblage point)(육체와 에너지체가 연결되는 지점. 용어 사전 참조-역주)을 변경시켜서 어디가 현실이고 어디가 환상인지를 알게 해주어야 한다.

예컨대 장애인들은 선택의 여지가 없는 처지에 놓여 있다. 그들은 평생 자신의 열등함에 고통받아야 하거나, 아니면 펜듈럼의 규칙을 무시해야만 한다. 그가 만일 자신은 더 이상 잃을 게 없다는 것을 이해하게 된다면 표준 모델을 뒤쫓기를 거부하고 만족 속에서 살기 시작할 것이다. 휠체어를 타고 농구를 하는 장애인들이 마이클 조던을 흉내 내는 건장한 청소년들보다도 훨씬 더 행복하다. 그런 청소년들은 대열 속에서 걷고 있기 때문에 대열을 벗어난 장애인들보다 덜 자연스러워 보인다. 그리고 그들 중 누구도 제2의 마이클 조던이 될 수는 없을 것이다. 대열에서 벗어나야 한다는 것을 알아차리기 전까지는 말이다.

펜듈럼의 규칙을 깨는 자는 리더가 되거나 변절자가 된다. 어떤 사람은 스타가 되고 또 어떤 사람은 사회에서 추방된 불량배가 된다. 앞사람은 펜듈럼의 규칙을 깨뜨릴 수 있는 완벽한 권리가 자신에게 있음을 믿었고, 뒷사람은 그것을 의심했다. 어느 쪽이 되느냐는 오직 여기에 달려 있는 것이다.

스타는 스스로 태어나고, 그러면 펜듈럼은 그에게로 조명을 비춘다. 무리의 대열에서 빠져 나온 사람은 성공의 새로운 본보기를 창조해낸다. 펜듈럼은 개성을 용인할 수가 없지만, 떠오르는 스타를 바라보고 있는 펜듈럼으로서는 그를 자신의 총아로 만드는 것밖에는 다른 도리가 없다. 새로운 규칙이 생기면 대열은 방향을 바꾸어 새로운 스타를 따라가기 시작하는 것이다. 이해가 되는가?

대열에서 벗어나기 위해서는 그 방법을 알 필요가 있다. 그 검은 양복 입은 사람들과 맞서 싸우면 당신이 패한다. 펜듈럼과의 전투에서 당신은 언제나 패배를 맛볼 것이다.

싸우지 않고 대열에서 빠져나와야 한다는 것이 비법의 전부다. 가만히 빠져나와서 조용히 미소 지으며 검은 양복 입은 자들에게 작별의 인사로 손을 흔들어줄 수 있다. 그런 다음에 자신의 길을 향해가는 것이다. 그들은 당신을 대열로 몰아넣으려고 애를 쓰겠지만, 당신이 싸우기를 거부한다면 그들은 아무 짓도 할 수 없을 것이다.

그러나 이 간단한 진실을 이해하기 위해서는 자신의 세계관을 철저히 살펴볼 필요가 있다. 우리 세상에는 거꾸로 뒤집힌 것들이 많이 있다. 그런 의미에서 트랜서핑은 펜듈럼의 규칙을 거부하고 모든 것을 제자리로 회복시킬 수 있도록 도와준다.

자신이 매트릭스의 부속품처럼 박혀 있다는 생각 자체가 마음에 들지 않는 사람들이 분명 많이 있을 것이다. 잠에서 깨어나기를 원하지 않는 사람에게는 트랜서핑이 필요 없다. 우리는 누구나 자신이 선택하는 것을 얻는다. 환상 또한 선택이다. 환상이 더 마음에 든다면 누구나 그것을 가질 권리가 있는 것이다.

나는 누구에게도 아무것도 강요하지 않으며, 나 자신의 생각을 입증해 보이고자 하지도 않는다. 당신 스스로 자신의 경험을 통해서 이 모두를 시험해볼 수 있다. 난 다만 당신 곁을 지나가면서 이렇게 말할 뿐이다.

— 이보세요, 리얼리티 트랜서핑이란 게 있는데, 아시나요?

— 예? 그런데요?

— 저는 그리로 가고 있는 중이랍니다. 당신은 당신이 원하시는 대로 가세요. 그게 다예요.

조직을 위하여

펜듈럼이 어떤 일을 할 때, 그것은 모두 이미 일어난 갈등의 에너지를 더욱 증폭시키기 위해서 하는 것이다. 그것이 펜듈럼의 법칙이다. 에너지를 빨아먹으려는 펜듈럼의 싸움은 끊임없이 벌어진다. 그런데 이 모든 충돌은 보통 둘 또는 그 이상의 대립하는 조직체들 사이에서 일어난다. 전쟁, 혁명, 경쟁, 그리고 수많은 분쟁들이 그런 예다. 그렇지만 경쟁자에 대한 공격성과는 별개로, 펜듈럼의 독특한 특성은 자신의 존재가 의존하고 있는 조직을 보존하고 더욱 강화하려는 노력으로 나타난다.

살아 있는 자연의 일부로서 창조된 에너지-정보체(펜듈럼)는 일정한 조직이 출현함과 동시에 형태를 이루고 발전해간다. 펜듈럼은 그 조직이 얼마나 안정된 형태를 갖추었나에 따라 그 존재가 결정된다. **그래서 펜듈럼은 자신의 조직을 안정시키기 위해서라면 모든 일을 할 것이다.** 이것이 펜듈럼의 두 번째 법칙이다. 쉬운 예로 물고기 떼를 생각해보자. 물고기 떼는 스스로를 마치 하나의 유기체인 것처럼 여긴다. 만일 그것을 한 모퉁이에서 놀라게 하여 쫓는다면 모든 물고기가 동시에 방향을 틀어 같은 쪽으로 도망친다. 이런 동시성은 어디서 나오는 것일까?

만일 각각의 물고기가 옆 물고기의 움직임에 반응하는 것이라고 한다면 신호는 연결고리를 따라 순차적으로 전달되어야만 한다. 그러니 아무리 빠른 속도로 신호를 전달하더라도 반응 시간은 지연될 것이다. 그러나 물고기들의 경우에 시간은 전혀 지연되지 않는다. 물고기 떼의 규모가 매우 커진다 해도 변함없이 이전과 같은 동시성이 그대로 나타난다.

새들도 유사하게 행동한다. 몸집이 크지 않고 빠르게 나는 새들의 무리를 본 적이 있다면, 당신은 그들이 비행중에 놀라울 정도로 질서정연하게 동시에 일제히 방향을 바꾸는 것을 틀림없이 관찰했을 것이다.

어쩌면 여기에는 예컨대 텔레파시 같은 메커니즘이 작용했을 수도 있다. 그러나 이 현상에는 그럴 가능성이 거의 없다. 저수지 안 어딘가에 있는 물고기 떼 중에서 한 마리를 놀라게 하더라도 1미터 내에 위치한 다른 물고기들은 아무렇지도 않게 평온을 유지한다. 텔레파시와 같은 모종의

● **조직** structure

흔히 말하는 조직보다 광범위한 의미로서 인위적으로, 혹은 자연발생적으로 형성되어 펜듈럼을 만들어내는 모든 구조체를 가리킨다. (이 책에서는 문맥에 따라 구조, 구조체, 조직, 조직체 등으로 옮겼다.)

연결은 없다는 결론이 나오는 것이다. 신호는 가장 기본적인 조직체인 무리의 핵심으로부터만 전송된다. 그런데 혹시 신호가 전혀 전송되지 않는 것은 아닐까?

개미집을 예로 들어 좀더 높은 차원의 조직체를 살펴보자. 과학은 개미집이 어떤 방식으로 만들어지는지에 시원한 답을 주지 못하고 있다. 놀라운 것은, 개미집 안에서는 각자가 역할을 분담하고 있으나 계급 같은 것은 전혀 존재하지 않는다는 점이다. 그런데도 왜 모든 곤충은 마치 조직 내부에 있는 어떤 본부로부터 나오는 명령 같은 것을 따라 질서정연하게 움직이는 것일까?

개미들은 냄새나는 분비물인 페로몬으로써 서로 소통한다. 그 냄새가 통로처럼 쭉 이어져 있어서 집과 먹잇감 사이의 길을 찾을 수 있는 것이다. 하지만 대체 어떤 방식으로 모든 집단의 구성원에게 동시에 정보가 전달되는 것일까? 개미들 간에 어떤 더 높은 형태의 정보교환과 언어체계는 있을 수 없다. 다른 형태의 정보교환 방식이 있다면 뭣 때문에 냄새 같은 원시적인 방법을 사용하겠는가?

그렇다면 그 분리된 구성원들을 하나의 조직체로 통합시키는 것은 무엇일까? 바로 펜듈럼이다. 어떤 조직체가 형성되고 발전함과 동시에, 그 조직체의 운영과 유지를 담당하는 에너지–정보적인 실체가 생겨난다. 펜듈럼과 그 조직체의 구성원들 사이에 순행과 역행 양쪽 방향의 피드백 관계가 존재한다. 펜듈럼은 지지자들의 에너지를 소유하면서, 그들의 활동을 조종하고 그들을 하나로 통합하여 조직된 사회를 만든다.

어느 측면에서 보면, 이 조직체는 어떤 식으로든 자신을 스스로 조직하는 것처럼 보일 수도 있다. 그러나 이것은 사실이 아니다. 오직 물리학의 법칙이 적용되는 무생물의 자연에서만 자기조직성에 대해 말할 수 있다.

예를 들어 액체의 분자들은 결정이 생성되는 과정에서 격자 모양으로 정렬하며, 그와 같은 조직의 형성은 분자의 형태와 분자 간의 작용력에 의해 결정된다.

살아 있는 유기체들이 이 조직 안으로 통합되기 위해서는 그 조직체 외부에 존재하는 통합 요인이 있어야만 한다. 자, 바로 이 외부의 통합 요인으로서 펜듈럼이 등장하는 것이다. 펜듈럼이 어떻게 그런 역할을 할 수 있는지는 아직은 잘 모르지만, 겉으로 보기에 펜듈럼들과 살아 있는 유기체 사이에는 어떤 에너지-정보의 교환이 있는 것 같다.

통제하는 지배자인 펜듈럼은 살아 있는 유기체를 통합하는 모든 조직에 존재한다. 하지만 펜듈럼은 의식적인 의도를 갖지 않기 때문에 그 조직체를 스스로의 의도로써 조종한다고 말하기는 어렵다. 어떤 에너지-정보적인 존재의 의식은 논리연산법과 유사하다. 펜듈럼은 사람과 같은 식으로 어떤 의도를 실현시키는 것이 아니다. — 펜듈럼은 예컨대 프로그램이 자동설비의 작동을 조종하는 것처럼 조직체를 조종한다.

그러면 그 조직체의 요소들은 각각의 의식수준에 따라 '자동적'으로 움직인다. 살아 있는 유기체가 원시적일수록 자신의 동기와 활동에 대한 인식의 정도가 더 낮아진다. 만약 어떤 존재가 혼자서 따로 산다면 그의 활동은 자신 내부의 프로그램, 즉 본능에 의해 정해진다. 그러나 그 존재가 어떤 그룹에 통합될 때 그는 외부의 프로그램인 펜듈럼에 걸려들고, 펜듈럼은 그룹 전체의 행동방식을 조종하기 시작한다.

서로가 먹고 먹히는 세상에서 나타나는 '공격성'은 펜듈럼의 첫 번째 법칙의 결과로 일어나는 것이다. 공격성은 펜듈럼의 산물이기 때문에 살아 있는 자연의 필수요소가 아니며, 이것은 지구 행성의 곳곳에서 확인될 수 있다. 예를 들어 뉴질랜드에는 실제로 맹수가 없다.

지구별에는 안전한 환경을 확보하기 위해 연합해서 집단을 이루어야만 하는 거주자들이 아주 많다. 펜듈럼에게는 살아 있는 존재들을 조직체의 요소로서 통합시키는 것이 필수적인 일이다. 그 원리는 이렇다. ─ "자, 병아리들아, 살고 싶니? 그렇다면 나처럼 해."

또 인간은 관심사에 따라 집단으로 연합하는 경향이 있다. 그런 집단 안에서는 서로 좀더 쉽게 교제할 수가 있기 때문이다. 그런데 이상한 것은 그렇게 서로 교제하는 가운데 매우 많은 사람들이 큰 어려움을 겪는다는 사실이다. 인간관계가 겉으로는 자연스러워 보이긴 해도 그들은 내적, 외적인 다양한 이유로 극도로 긴장하고 있다.

더욱 친밀하게 접촉하기 위해서 사람들은 자신들을 하나로 묶어줄 수 있는 뭔가를 본능적으로 찾게 된다. 여기에서 펜듈럼의 안정화 기능이 등장하는 것이다. 대화를 나누는 동료들이 같은 쪽, 즉 펜듈럼 쪽으로 흔들릴 때 그들은 '하나의 파동으로 조율된 상태'가 되며, 공통의 언어를 쉽게 찾을 수 있다. 함께 담배를 피우거나 술을 마시고 파티를 하거나 등산이나 게임 등을 할 때 쉽게 친분관계를 맺을 수 있는 이유가 여기에 있다.

그러나 펜듈럼의 두 번째 법칙을 보여주는 좀더 주목할 만한 예는 문명사회의 발생이라고 말할 수 있을 것 같다. 당신은 도시가 왜 생겼는지를 생각해본 적이 있는가? 옛 사람들은 수만 년 동안을 들판에서, 그리고 유목 텐트에서 살았었다. 그런데 왜 갑자기 거대한 문명의 정착지를 건설했을까? 도대체 무엇이 그들로 하여금 수공업, 상업 또는 전쟁을 일으키게 했을까?

가장 오래된 도시는 피라미드와 나이가 같다. 그들 중 하나는 얼마 전 페루에서 발굴된 도시, 카랄이다. 이 잃어버린 도시는 거의 5천 년 전에 건설되었다. 사막의 중심에 있는 구릉들이 예전에는 피라미드였다는 것이 밝혀지면서 그중 하나의 크기가 이집트의 피라미드에 비해 뒤지지 않는다는 사실도 드러났다. 고고학자들은 발굴 결과 그 어떤 무기나 그릇도 발견할 수 없다는 사실에 놀라워했다. 사람들은 나무와 뼈, 돌로 만들어진 원시적인 도구를 사용했다.

그 도시인들은 목화를 심고, 고기 잡는 그물을 엮어 그것을 강가에 사는 사람들의 생선과 교환했다는 결론이 내려졌다. 그러나 이들은 시골에 주거지를 갖는 것이 가장 큰 성공이라고 생각했다. 카랄 주위에는 호신용 무기가 없었으므로 전쟁이 있었다는 이야기는 성립하지 않는다. 그렇다면 무엇이 도시를 구성하게 한 원리일까?

고대부터 사람들은 시골에서 살았고 원시적인 수공업을 하면서 물물교환과 같은 상업을 하고 부족 간의 전쟁을 치렀다. 이런 일들을 위해서는 석조 도시를 축조하고 피라미드를 건설할 필요가 없었다. 아마도 구성요소들이 펜듈럼을 따랐을 것이다. 더 정확히 말하면 펜듈럼의 안정화 기능에 복종했을 것이다.

그런 일이 어떻게 일어났는지는 정확하게 말할 수 없지만, 진실은 언제나 가까운 곳에 있다. 아마도 어떤 특정 시점에 그런 펜듈럼의 조직체가 자연발생적으로 나타나는데, 그 조직체 안에는 더 크게 발전하는 힘이 내재되어 있는 듯하다. 도시란 본질적으로 생산, 소비, 교환이라는 펜듈럼의 복잡한 위계질서가 아닌가? 그리고 만약 자기 스스로 조직하는 그 체계가 처음부터 안정적이었다면 그것은 더욱 발전하고 강화되었을 것이다. 조직의 진화와 발전은 복잡한 문명사회의 형성 과정에서 일어날 수 있다. 그리고 이 과정은 설계상의 어떤 결함이 거대한 조직체를 붕괴시키지 않는 한 계속 진행되는 것이다.

이야기할 것은 아직 많지만, 다시 우리의 삶으로 되돌아가 보자. 인간은 살아 있는 자연의 나머지 구성원들과 비교했을 때 '좀더 깨어난' 상태에 있다. 하지만 정말 인간은 언제나 자신의 행동을 명확히 알아차리고 있을까? 인간의 마음은 도시를 건설하고 복잡한 조직체와 메커니즘을 만들어내며, 세상을 연구할 수 있다. 그럼에도 불구하고 인간은 의식적 자각의 측면에서는 동물의 세계에서 크게 벗어나지 못했다.

인간의 모든 사회는 가족에서부터 큰 기업, 국가정부에 이르기까지 제각기 복잡한 조직으로 구성되어 있다. 자연에서와 마찬가지로, 사람이 혼자 떨어져 살면 그는 기본적으로 자신의 행동에 대해 스스로 책임을 지게 된다. 잘 알다시피, 사회를 벗어나 출가한 사람들이 깨달음을 얻는다. 반면에 사람이 조직체의 한 구성요소가 되어버리면 그는 대부분의 시간을 눈을 뜬 채로 잠들어 있게 된다. 그래도 그의 마음이 고난도의 기술로 제품을 생산하는 데는 아무런 지장이 없다.

현대의 공장은 개미들의 조직체보다는 복잡하지만, 본질적으로는 모두가 펜듈럼에 의해 조종되는 조직체다. 전체적인 시각에서 본다면, 과학기술의 진보가 이룩한 것은 모두 개별적인 사람에 의한 게 아니라 조직체의 산물인 것이다. 텔레비전 장치는 한 사람이 발명했지만, 텔레비전 방송은 펜듈럼이 조종하는 전체 시스템이 만들어낸 것이다.

사람이 조직체의 한 요소가 되면 그는 펜듈럼의 규칙을 따라야만 한다. 그 결과 개인적 관심사와 조직체가 만들어내는 조건 사이에는 불가피한 대립이 발생한다. 무엇보다 나쁜 것은, 사람이 이 사실을 자각하지 못하면 시스템을 위해 구슬땀을 흘리며 일하느라, 고개를 들어 좌우를 둘러보고 자신이 무엇을 하고 있는지를 깨달을 수가 없게 된다는 것이다.

당신은 이렇게 반박할지도 모른다. "허튼 소리 하지 마! 내가 왜 그걸 모른단 말이야? 그 반대야. 나는 내가 왜, 무엇 때문에 이러고 있는지를 잘 알고 있어." 그러나 정말이다!

아주 분명한 예로서 어린이 여름캠프를 들 수 있다. 공부로부터 비교적 자유로운 상황에서 불안정한 청소년들의 심리는 펜듈럼이 자라나기에 좋은 환경을 제공한다. 펜듈럼은 자신의 공격적인 특성을 살려 경쟁심이 꽃피는 환경을 창조한다. 이 환경에서 만일 당신이 다른 모든 사람과 같지 않다면, 다시 말해 조직체를 구성하는 매개변수와 일치하지 않는다면, 그들은 당신을 조롱거리로 내몰거나 '무리로부터 내쫓거나' 또는 단순히 실컷 패줄 수도 있을 것이다.

이와 같은 조건에서 청소년들은 최면에 걸린 상태로 마치 꿈꾸듯이 현실을 살아간다. 자신의 행동에 대해 스스로도 이해하지 못하는 상태에서 군중 속에 포함되거나 또는 반대편에 서 있는 상태가 되는 것이다. 과도한 경쟁심으로 인해 고통받고, 자신의 능력을 의심하고, '표준'에 부합하지 않는다고 느끼는 것은 청소년들을 일종의 최면상태에 빠뜨린다. 겉으로는 편안하고 활기 있어 보여도 이런 억압된 느낌은 잠시도 사라지지 않는다.

주위에서 벌어지는 사건들에 완전히 압도당할 때 사람은 무의식적인 꿈속에서도 그와 꼭 같은 억압을 느낀다. 그것은 거의 좌절감과도 같다. 파괴적인 삶의 사건들은 그 사람과는 무관한 것처럼 그저 마구 '벌어진다.' 무자비한 상황의 흐름은 그를 어디론가 끌고 가고, 그의 의식은 놀라서 주위를 둘러보며 간신히 물에 빠지지 않고 버티는 것밖에는 할 수가 없다.

만일 청소년들에게 내면의 중심축인 자기 확신이 없다면 그들은 본능적, 무의식적으로 자신의 처지를 든든하게 받쳐줄 의지처를 찾을 것이다. 그러나 이 의지처는 다름 아닌 펜듈럼이다. 그것은 공짜가 아니고, 조직의 규칙에 복종하는 대가로서 주어지는 것이다.

여름캠프 같은 환경에서는 모든 일에 자신감이 철철 넘치고 스스로 물만난 고기처럼 느끼는 그런 혈기왕성한 청소년들을 종종 볼 수 있다. 그런 과장된 자신감은 모두가 펜듈럼이 세워놓은 의지처에 달라붙어 있는 것이다.

그와 같은 두 부류의 의지처 소유자를 상상해보라. ─ 하나는 '잡아끄는' 부류다. ─ "이봐, 너! 나를 잘 봐! 나처럼 해! 나처럼 해!" 다른 하나는 '찔러대는' 부류다. ─ "이봐, 너! 뭘 꾸물거리고 있어! 우물쭈물하지 말고 신나게 놀아봐!"

이 두 부류가 꼭두각시처럼 펜듈럼의 갈고리에 매달려 흔들리고 있다는 것을 주위에 있는 사람들은 아무도 알아차리지 못한다. 의지처도 일시적이긴 하지만 환상을 창조한다. 다른 사람들은 이 꼭두각시들이 가진 짝퉁 확신을 보고 그것을 흉내 낸다. '나처럼 해'라는 규칙을 따르는 대가로서 그들에게는 의지처가 주어진다. 결국 사람들은 '잡아끄는' 부류 아니면 '찔러대는' 부류가 되어 마치 한 몸처럼 한데 매달려 흔들린다. 조직체는 이런 식으로 형성되는 것이다.

중요한 것은, 펜듈럼의 지지자는 전혀 의식하지 못하는 사이에 펜듈럼의 법칙에 종속된다는 점이다. 지지자들은 그 규칙을 곧이곧대로 따라야만 한다는 완벽한 환상에 빠진다. 지지자들은 규칙을 따르면서도 뭐든지 맘대로 할 수 있는데도, 그들은 모두 똑같이 행동한다. 예를 들어, 요즘에는 야단치고 싸울 때만 심한 욕설을 하는 게 아니라 대화를 할 때도 욕을 섞는다. 그것을 저속하다고 생각하는 사람은 아무도 없다. 그런데 저속함이란 무엇보다도 바보 같고 수준 낮은 취향이다. 그것은 씻지도 않고 더러운 옷을 입고 돌아다니는 것과도 같다. 지금은 그렇게 하지 않는 사람이라도 그런 규칙이 만들어진다면 아마도 모두가 당장 씻지 않고 돌아다닐 것이다.

일례로, 프랑스의 황제 루이 4세의 궁정에서는 씻는 것이 금지되었었다. 황제 자신이 병적으로 위생을 증오하여 단지 코냑으로 손을 세척하기만 했기 때문이었다. 궁중신하들은 그의 본보기를 따라야 했기 때문에 몸을 향수로 흠뻑 적셔서 몸에서 나는 불쾌한 냄새를 숨겨야만 했다. 그 결과 궁정에서는 참을 수 없는 악취가 진동했다. 또한 모두를 괴롭힌 것은 이였다. 그들은 이를 '잡는' 습관이 생겼고, 왕비와 귀부인들은 '우아하게' 긁을 수 있도록 항상 막대기를 가지고 다녔다.

이처럼 법칙은 어떤 터무니없는 일도 절대적으로 완벽하게 실현시킬 수 있다. 그러나 중요한 것은 법칙의 추종자들이 마치 양떼처럼 다른 사람들을 따라 똑같이 행동한다는 점이다. 양떼처럼 의심도 없이 누군가가 만든 말을 따라 한다. 예컨대, "쨍이야!"라는 말을 처음으로 만들어 쓰기 시작한 사람은 양치기가 되고, 나머지는 앵무새처럼 합창을 하면서 그와 비슷한 말을 따라한다. 그들은 분명히 양떼처럼 행동하는 것이다.

자, 다시 치어 떼를 떠올려보자. 깨어 있는 의식의 측면에서, 인간은 그들보다 훨씬 더 진보해 있을까?

청소년만 펜듈럼의 영향을 받는 것이 아니다. 성인 또한 그 영향권에 놓여 있으며, 특히 무리 속에서는 더욱더 그렇다. 예를 들어, 모임에서 무엇에 관해 함께 토론할 때 사람들은 자신도 모르게 갑자기 벌떡 일어서서 열광적으로 허풍을 떤다. 나중에 그는 자신이 도대체 왜 그런 짓을 했을까 하며 놀랄 것이고, 자기는 당연하고 옳은 말을 한 것일 뿐이라고 오랫동안 자위해야만 할 것이다. 군중은 그 구성원들로 하여금 특정한 행동을 하도록 유도하고, 종종 이상한 짓을 하게 만들기도 한다. 펜듈럼은 의지처를 찾아 헤매는 사람들에게 달라붙어 이런 식으로 작용하는 것이다.

어떤 사람이 어떤 조직에서 의지처를 찾았다고 하자. 그건 좋다. 그렇다고 해서 별일이야 있겠는가? 물론 그것 또한 하나의 출구다. 그러나 조직의 규칙에 복종하면 자신의 개성을 잃어버리게 된다는 점은 꼭 명심해야만 한다. '다른 모든 사람처럼' 똑같이 한다면 편리와 안전은 얻을 것이다. 그러나 그렇게 할 때 당신은 자신의 모든 천재성을 실현시킬 수 있는 신의 선물인 영혼의 특별함을 잃어버리게 될 것이다.

영혼과 마음의 일치에 대해서는 이야기조차 꺼낼 수 없다. 조직체의 영향권 안에 완전히 들어가서 살고 있는 사람은 실제로 무의식적으로 행동하며 영혼의 목소리에는 귀를 기울이지 않는다. 이 말은 그가 한 번도 자신만의 길을 찾지 않았고 평생 동안 그저 조직체를 위해 일할 것이라는 뜻이다.

하지만 나는 사람이 조직을 벗어나서 살아야 한다고 말하려는 게 아니다. 펜듈럼의 세상으로부터 멀리 떠나 산으로 들어갈 수도 있겠지만, 만일 그곳에서도 눈을 뜬 채 꿈꾸는 것과 같이 무의식적으로 살아간다면 변하는 것은 아무것도 없을 것이다.

내가 말하고 싶은 것은, 사회조직 속에 머물면서도 자기 운명의 주인이 되라는 것이다. 예컨대 여름캠프에서, 펜듈럼의 규칙에 종속되지 않는 한편 왕따가 되지도 않으면서도 원하는 대로 자기 확신을 가질 수 있을까? 간단하다. 그러기 위해서는 잠에서 깨어나 무대를 떠나지 않은 채로 관객의 눈으로 이 삶이라는 연극을 바라보면 된다. 그러면 펜듈럼의 '잡아끄는' 총아는 누구이며 '찔러대는' 총아는 누구인지, 또 누가 규칙을 추종하는 지지자들인지를 금방 알아볼 수 있게 될 것이다.

그들을 비난만 해서는 안 되며 더구나 무시해서도 안 된다. 깨어나서 상황을 인식하게 되면 흔히 '잠들어 있는' 사람들과 대치하기 시작하여 의존적인 관계가 발생하고, 그에 따라 양극성이 생겨나서 그 '깨어난' 사람은 왕따가 되는 것을 피할 수 없게 된다. 그러므로 펜듈럼의 규칙을 거부하는 것만으로는 불충분하다는 사실을 명심해야 한다. 그것을 반드시 트랜서핑의 규칙으로 바꿔놓아야 하는 것이다. — **'자신은 자기 자신으로, 다른 사람들은 그들 자신으로 존재하도록 놓아두라.'**

그렇게 할 때 자기 자신 안에서 의지처를 찾을 수 있다. 주위에서 무슨 일이 일어나고 있는지를 이해한다면 이미 절반은 이룬 것이다. 오직 이 지식만이 자신에 대한 희망적이고 안정된 믿음을 가져다준다. 왜냐하면 불안은 미지에 대한 두려움에서 자라나는 것이기 때문이다. 게임의 규칙을 알지 못할 때 사람은 세상으로부터 적의를 느끼고 두려워하게 된다. 그리고 그럴 때 외로움과 의기소침한 감정이 밀려들어와서 사람을 잠들게 하고, 펜듈럼의 규칙에 굴복하게 만든다.

자, 이 모든 것을 알고 나면 당신은 이제 삶을 의식적인 꿈으로 바꿔놓을 수 있다. 다시 말해서 자신의 삶을 스스로 조종할 수 있는 것이다. 양치기가 되든, 극단적으로는 양이 되든, 아무런 상관이 없다.

자신의 입장을 확고히 지키는 방법에 대해서는 이미 트랜서핑의 기본 원리에서 자세하게 이야기했다. 첫째로 죄책감에서 벗어나야 하며, 그러기 위해서는 변명하기를 그치고, 뻔뻔스럽게도 감히 당신을 심판하려는 사람들 앞에서 자신의 행동을 해명하려는 짓을 그만두어야 한다.

둘째, 자신의 중요성을 지키고 내보이려는 짓을 멈추어야 한다. 그와 동시에 트랜서핑의 규칙을 따른다면, 이 두 가지만으로도 자기 자신 안에서 의지처를 얻기에 충분하다. 이로써 자신의 신조와 일치된 삶을 시작할 수 있게 되는 것이다.

그러나 안일한 마음으로 단순히 조직과 대치하면서 조직의 영향에서 벗어나려고 안간힘을 쓰는 것만으로는 되지 않는다는 것을 명심해야 한다. 반복해서 말하자면, 펜듈럼으로부터 완전히 벗어나야 한다는 것이 아니라, 단지 그것의 꼭두각시가 되지만 말라는 말이다.

잠에서 깨어나면 당신은 조직이 어떤 식으로 자신의 규칙을 강요하면서 당신을 억압했는지를 느끼고 이해하게 될 것이다.("살고 싶어? 살고 싶으면 나를 따라해!") 그렇게 되면 당신은 그런 규칙들을 따를 것인지 아니면 거부할 것인지에 대해 자기만의 결정을 내릴 수 있다. 중요한 점은 그것을 의식적으로 해야 한다는 것이다. 그때 나머지 사람들은 잠에 빠져 있다. 이것이 바로 상황의 주인이 되기 위한 전략이다. 이 상황을 잘 드러내주는 편지 하나를 예로 들어보자.

「왜 가끔 이런 일이 발생할까요? 내 업무를 훌륭히 완수하고 오히려 필요한 것보다 더 많이 했을 때는 아무도 그것을 알아차리지 못하고, 내가 어떤 새로운 아이디어를 제안하고 그것에 대해 사람들이 환호성을 지를 때조차도 그들은 엉뚱한 사람을 칭찬합니다. 승진문제가 거론되면 나는 마치 처음부터 계획에 없었던 것처럼 일찌감치 제외돼버립니다. 약간 더 높은 직위나 다른 업무로 자리를 옮기려고 할 때도 어느새 다른 사람이 그 자리를 차지해버리거나 아예 그 자리가 없어져버리기도 합니다. 마치 나는 눈에 보이지도 않는 아무것도 아닌 사람처럼 되어버린단 말입니다. 왜 이렇게 되는 걸까요?」

편지의 내용으로 보아 질문한 독자는 어떤 행정기관에서 일하는 듯하다. 어떤 조직이라도 그것은 그 자체가 하나의 펜듈럼이다. 처음에는 먼저 어떤 개념과 원칙의 복합체 형태를 띤 어떤 에너지 - 정보 구조체가 만들어진다. 그런 다음 그것이 물질적으로 실현되는데, 그것이 바로 조직이다.

조직은 지지자들을 자신의 법칙에 종속시키면서 스스로 발전해가기 시작한다.

펜듈럼이 자신의 지지자들을 중요 직책에 올려놓는 것은 그들의 공로가 크기 때문이라기보다는 오히려 조직에 잘 적응했기 때문이다. 출세길에서, 특히 권력 사회에서는 각자의 능력이나 성취에 따라 서열이 정해진다고 생각하지 말라. 그것은 순진한 생각이다. 어느 정도는 맞지만, 뛰어난 능력과 업적이 중요한 것은 아니다.

중요한 기준은 사람이 자신의 일을 얼마나 '잘' 하느냐가 아니다. 조직의 관점에서 보면 얼마나 '알맞게' 하느냐가 중요한 것이다. 펜듈럼의 관심은 무엇보다도 체제의 안정에 있다. 그러니 당신은 조직의 안정 유지에 최우선으로 방향을 맞춰서 행동해야 한다.

만일 사회에서 성공하고 싶다면 당신은 반드시 '잘'과 '알맞게'의 차이를 이해해야 한다. 그것은 그룹에 따라 저마다 다르며, 펜듈럼 또한 온갖 다양한 모습으로 생겨난다.

작은 그룹 내에서는 창조성, 자발성, 열정, 솔선수범 등이 환영받을 수 있다. 그러나 만일 그것이 국가기관이나 대기업이라면 거기에는 전혀 다른 법칙과 전혀 다른 집단 윤리가 작용한다.

집단의 윤리는 더욱 엄격한 규칙성과 규율과 진지함을 요구한다. 솔선수범해서 창의적으로 일하면 오히려 처벌을 받는 경우가 흔하고, 자발성은 조심해서 발휘해야 하며, 창조성은 해결책으로서의 역할을 하지 못한다. 이런 체계에서는 '더 잘' 해선 안 되고 반드시 '알맞게' 행동해야 한다.

이런 식으로 자신의 행동을 펜듈럼의 현실에 맞춰서 의식적이고 융통성 있게 처신해야 한다. 그러나 이 모두가 생각만큼 그다지 까다로운 일은 아니다. 중요한 일은 때맞춰 잠에서 깨어나는 것이다.

인디고 아이들

새로운 현실이 가장 생생하게 발현되는 모습 중 하나는 '인디고 아이들(Indigo Children)' 현상인데, 이것은 리 캐롤과 얀 토버가 쓴 같은 제목의 책에 자세히 묘사되어 있다. 이 용어는 투시능력자인 낸시 앤 태프가 사용하기 시작했다. (1982년 Nancy Ann Tappe는 《색깔을 통한 삶의 이해》라는 책에서 처음으로 새로운 아이들의 행동 패턴을 소개했다. 역주) 그녀는 사람들의 성격과 그들의 오라Aura 색깔 사이의 상호관계에 대해 연구했다.

1970년대 초반 낸시 태프는 평범하지 않은 현상을 갑자기 만나게 된다. ─ 새로운 부류의 아이들, 예전에는 본 적이 없는 새로운 색인 인디고(남색) 오라를 지닌 아이들이 나타난 것이다.

인디고 아이들은 성격 특성에서 나머지 사람들과 구분된다. 그들이 특별히 다른 점은 기본적으로 과잉행동장애와 주의력 결핍에서 찾아볼 수 있다. 그들은 자기의 개인적인 관심사가 아닌 일에는 한자리에 앉아 있지 못한다. 모든 인디고 아이가 이런 특성을 보이는 것은 아니다. 오히려 그 반대로 그들은 모두 제각각이다.

개인의 가치에 대한 그들의 타고난 감각은 자유에 대한 갈망에서 하나로 합쳐졌다. 인디고들은 자신의 진가를 알고 있고, 이 땅의 삶에서 자신이 무엇을 해야 하는지를 확신하고 있는 듯하다. 참 대단하지 않은가!

이 아이들의 마음은 어른들을 놀라게 한다. 그들은 나이에 걸맞지 않게 의식이 발달해 있고 세상을 꿰뚫어보는 투명한 눈이 열려 있다. 그들은 일반적으로 통용되는 권위에 고개 숙이지 않는다.

인디고 아이들은 보수적인 것을 수용하지 않는다. 다른 사람들이 사회적으로 용인된 기준과 규칙을 습관적으로 따르는 반면에, 그들은 전혀 다른 방법으로 그 일을 해야 한다고 느낀다.

그들을 유순한 아이들이라고 부르기는 어렵다. 교육적 관점에서 볼 때 그들은 '통제불능'이라고 말할 수 있다. 그들은 교활할 만큼 영리하고 말썽꾸러기다. 이것은 어느 정도까지는 새롭게 출현한 세대가 보여주는 당연한 특징으로 볼 수도 있지만, 인디고 세대는 그 새로움의 정도가 특히 두드러진다.

지난 수천 년 동안 세대교체는 일정한 간격을 유지해왔고 그 변화의 리듬도 일정했었다. 그러나 최근에는 새로운 세대가 출현하는 과정이 단축되는 것이 관찰되고 있다. 후대 사람들이 이전 사람들에 비해 더 급격한 차이를 드러내고 있는 것이다. 인디고 세대에서는 이미 부모들을 능가하는 특성을 지닌 아이들이 생겨나고 있다.

대체 무슨 일이 벌어지는 것일까? 인간 의식의 혁신적인 변화 과정은 어떤 특별한 이유 없이는 스스로 일어날 수 없다. 누구나 알고 있듯이 자연과 사회에서는 모든 존재가 균형을 지향하고 있다. 그러므로 의식의 혁신은 뭔가 다른 과정에 의해 균형에 이른다고 말할 수 있는 것이다.

그 과정이 어떤 것인지를 이해는 것은 어렵지 않다. 최근 10년간 정보통신망의 발달과 아울러 펜듈럼의 강력한 망이 동시에 형성되었으며, 그것은 견고하게 지구 전역을 뒤덮고 있다.

과학기술의 진보 그 자체는 그다지 위협적인 것이 아니다. 펜듈럼의 발생과 존재를 위한 터전을 만들어주는 그것의 정보적 요소들이 위협적인 것이다. 같은 방향으로 사고하는 지지자들의 그룹이 크면 클수록 펜듈럼의 힘은 더욱 커진다. 그리고 결과적으로 사람들을 지배하는 영향력도 더 커지는 것이다.

대중의식을 지배하려면 유명한 영화《매트릭스》에 나오는 것처럼 그들에게 흡착판을 붙여 배양기에 집어넣을 필요까지도 없다. 전 세계에 펼쳐진 정보망을 만들어놓는 것만으로 충분하다. 그러면 사람들은 각자가 스스로 알아서 그물코에 있는 자기 자리를 찾아가게 되어 있다.

정보망 속에서 각각의 그물코를 차지하고 있는 사람들은 무엇을 의미하는 것일까? 그것은 '사회적 요소'라고 불리는 것으로서, 그것의 의식은 기본적으로 매트릭스와 같은 조직 안에서 그들이 차지하는 위치에 조건지워져 있다.

조직은 눈에 띄지 않지만, 그 사슬은 특정한 생각과 행동의 고정된 틀로써 마치 그림자처럼 그 일원들을 낱낱이 장악하고 있다. 사람은 자신이 자기 의지대로 자유롭게 행동한다고 생각한다. 그러나 실제로는 자유에 대해 잘 모르고 있다. 왜냐하면 그의 의지는 조직에 의해 이미 '환경설정'이 되어 있기 때문이다. **사람은 이미 정해진 자기 의지에 따라 강요된 게임을 하고 있는 것이다.**

각자는 자신의 의지대로 원하는 일을 하는 것처럼 보인다. 그리고 사람들은 그것을 자유라고 선언하는 것이다. **사람은 오직 조직의 이익에 부합하는 것만을 원할 수 있다. 조직은 사람들을 조직에 필요한 것만을 원하게끔 가르친다.**

이 과정에서 의지(의도)의 노예화가 생겨난다. 이 과정은 본질적으로 공동작용에 의한 것이다. 다시 말해, 펜듈럼은 스스로 의식적인 의도를 갖지 못하므로 이 과정은 저절로 형성되는 것이다. 그것은 얼음이 얼면서 결정체를 이루는 과정처럼 저절로 일어난다. 펜듈럼의 그물은 기생식물의 군집과 비슷하여 지구의 모든 생물권을 휘감는다.

두려운가? 아니면 우스운가? 당신 맘대로 생각하라. 사람들은 이런 고찰에 무관심하여 그것을 그저 환상으로 치부해버린다. 그러나 일상의 현실이 낯선 모습을 하고 나타날 때, 그것의 엄연한 현실성은 가장 감쪽같은 환상을 능가한다.

자, 다시 인디고 아이들로 돌아가 보자. 의지를 노예화하려는 경향성은 그에 대한 반작용을 불러일으킨다. — 독립과 자유에 대한 갈망을 품은 아이들이 나타난 것이다. 이것은 당연한 자연현상이다. 펜듈럼의 그물이 확장됨에 따라 그 응답으로서 균형력의 작용이 나타난 것이다.

한쪽에서는 펜듈럼이 세상을 정돈하여 사람들을 매트릭스와 같은 구조체 속에 몰아넣으려고 애쓴다. 다른 쪽에서는 인디고들이 펜듈럼의 힘을 균형 잡고 있다. 그렇게 하는 것은 마치 미리 정해진 미션을 수행하는 것과 비슷하다. 인디고 아이들의 행동은 펜듈럼이 정리해놓은 것을 망가뜨리는 방향으로 진행된다. 그들은 자유를 향해 고정관념과 조건화된 틀을 깨고 나오려고 애쓴다.

모든 아이들, 특히 인디고들은 잉여 포텐셜에 매우 민감하다. 예컨대 그들은 어떠한 위선도 금방 알아차린다. 그들 앞에서 아첨을 하면 바로 무례한 말을 하기 시작한다. 그들을 칭찬하면 바로 떼를 쓴다.

정리정돈된 것은 모두 양극성을 창조하며, 아이들은 그것을 깨뜨리려고 애쓴다. "안 잘 거야! 밥 먹기 싫어! 나 혼자서 할래!" 아이들이 말을 안 듣거나 불손한 경향이 있는 것은 성질이 못돼 먹어서 그런 게 아니라, 외부의 조종에서 자유로워지고 싶은 자연스러운 욕구의 결과인 것이다.

간혹 아이들이 어떤 일을 악의적으로 저지른다고 여겨질 때가 있다. 이런 경우에 그들은 고의가 아니라 무의식적으로 행동하는 것이다. 그들은 자신의 행동을 계획하지 않고, 의도하지도 않는다. 그것은 자연스럽게 저절로 일어나는 것이다. 어른들이 자기 아이들에게 주입하려고 애쓰는 정돈된 삶에 대한 응답으로서 균형력의 행동이 나타날 때도 그렇게 저절로 일어나는 것이다.

자유를 향한 인디고들의 노력은 종교와의 관계에도 영향을 미친다. 리 캐롤과 얀 토버는 자신들의 책에서 이렇게 말하고 있다. "새로운 아이들은 현대의 교회를 받아들이기가 어렵다. 인디고들은 자신이 신의 아이라는 굳건한 확신과 강한 자존감을 가지고 이 세상에 왔다." 그런 입장에 있는 그들이 신과의 교제를 위해 중재자가 필요할까? 그럴 리가 없다.

인디고 아이들은 마음보다 가슴의 목소리에 따라 움직인다. 성인들은 올바르게 행동하는 것이 잘하는 것이라고 여긴다. 아이들은 영혼의 이끌림을 따라 사랑과 함께 행동하는 것이 중요하다고 생각한다.

만약 언젠가 전생에서는 당신의 아이들이 당신의 부모였고, 그리고 지금 서로 위치가 바뀐 것이라면 어떨까? 이 오래된 영혼들은 당신에게 수많은 심오한 지혜를 가르치는 일을 다시 계속하고 있는 것이다.

인디고 아이들의 분별력 있는 이성은 그들의 수준 높은 의식의 산물이다. 그들은 주위에서 무슨 일이 벌어지는지와 누가 누구인지를 명료하게 알아차린다. 외부세계가 아니라 자기 자신에게 주의의 초점이 맞춰질 때 의식이 각성된다. 만일 사람이 밖으로부터 강요되는 걱정에 완전히 매몰되면 그는 온통 무의식의 게임에 빠지게 된다. 펜듈럼의 그물에 걸려 있는 사람들이 갖는 '의식의 마취' 경향성에 대비되는 것이 바로 인디고 아이들의 의식이다.

모든 아이는 태어날 때부터 다양하고 분명한 개성으로 서로 구별된다. 어린 시절에 그들은 매우 아름답고 매력적이다. 아이들이 갖는 매력의 유일한 비밀은 영혼과 마음의 조화로운 일치에 있다. 그들은 있는 그대로의 자신을 받아들인다. 그래서 최초의 영혼의 아름다움이 마음의 거짓된 가면으로 왜곡되지 않는다.

왜 이런 훌륭한 피조물에게 좋지 못한 특성과 나약한 측면이 나타나는 것일까? 그들은 신의 아이들이 아닌가? 그래서 유아기의 유약함에도 불구하고 마치 신과 같이 아름답고 전능하지 않은가? 그들은 애초부터 창조자의 힘을 가졌고, 새로운 현실을 창조하는 능력이 있다. 그러나 신의 아이들이 가진 능력은 열리지 않고, 현실로 실현되지 못하고 있다. 왜냐하면 펜듈럼이 그들의 신성한 힘인 영혼과 마음의 일치를 빼앗아버리기 때문이다.

아이들은 이 세상으로 올 때 신뢰감을 가지고 구슬 같은 눈동자를 크게 열어 세상을 바라본다. 그들에게 삶은 모든 것을 약속하는 완전한 희망으로 다가온다. 그러나 세상은 "분리하라! 지배하라!"는 원리에 따라 행동하는 펜듈럼이 다스리고 있다.

펜듈럼은 사람들의 생각과 열망을 획일화하여 개인의 독창성과 온전함을 파괴해버린다. **마음이 영혼으로부터 분리되면 신의 아름다움과 힘은 상실된다.**

시간이 갈수록 크고 작은 희망들은 무너진다. 어떤 이들에게는 이 과정이 별 고통 없이 서서히 지나가고 운 나쁜 사람들에게는 빠르고 잔인하게 지나간다. 고아원에 있는 아이들의 눈동자를 살펴보면 공존할 수 없을 것 같은 두 가지의 모습, 곧 희망과 절망을 동시에 볼 수 있을 것이다. 그들의 눈에는 이런 대답 없는 질문이 엉겨 있는 듯하다. ─ "정말 희망은 없는 걸까요?"

펜듈럼의 세상은 아이들에게 늘 그들의 연약함과 불완전성을 들춰 보여준다. 그러면 그들의 의식 속에는 먼저 의심이 생겨나고, 그다음에 두려움이 단단히 자리 잡으면서 습관으로 굳어진다. 그러나 거기서 놀라 도망가서는 안 된다. — 어떻게든 이 파괴적인 환경을 견뎌내야 한다. 신의 아이들은 조직의 강력한 영향력 아래 존재하면서 그 조직체의 한 요소가 되어야만 한다.

아이들은 성장하면서 자신이 다른 사람들과 같아지지 않는 것을 두려워하기 시작한다. 같아지지 않으면 '모두와 같은' 사람들이 그들을 '왕따'로 만들고 괴롭힐 수 있기 때문이다. 그런 일은 종종 벌어진다. 군중 속에서는 안전하다. 그런데 군중 밖으로 나가면 당신은 이탈자가 된다. 이리하여 아이들은 타고난 선물을 조금씩 잃어가는 것이다. — 자유, 의식, 직관, 개성을.

인디고 아이들에게는 이런 모든 것이 더 두드러지게 나타난다. 그러나 조직체에게는 이것은 죽음과도 같다. 그래서 의지를 예속시키려는 획책을 더욱 강화할 것이다. 이 싸움에서 누가 이길지는 알 수 없다.

우리에게 중요한 한 가지는, 아직 조직이 결정적으로 승리를 거두지는 않았다는 점이다. 지금 이 삶에서 신이 우리에게 부여한 힘을 일부분이나마 반드시 회복해야 한다는 것이다. 트랜서핑은 우리가 이것을 할 수 있도록 도와준다.

친애하는 독자여, 혹시 당신은 인디고가 아닌가? 하지만 그것도 아무런 의미가 없다. 우리는 본질적으로 모두가 하나다. 어른이 된 아이든 어른-아이든 말이다.

에너지의 지배자

참 이상한 일이다······. 이미 익숙한 일이긴 하지만 잘 들여다보면 또 한편 이상한 일임이 분명하다. 관상용 식물과 애완동물은 언젠가는 야생의 상태에 있었고 인간에게 예속되지 않은 자연으로서 존재했었다. 그러나 인간들은 '깨어나서' 그들을 통제하고 복종시킬 수 있다는 것을 깨닫게 되었던 것이다. 바로 그 인식이 인간을 동물과 식물 위에 군림할 수 있도록 해주었고, 그들이 무의식적으로 살아가는 한 인간의 필요를 위해 그들을 이용할 수 있도록 만들어주었다. 그러기 위해서는 그들을 어디서 어떤 방식으로 지배할지를 결정하는 조직체를 만들어낼 필요가 있었다.

동물과 식물에게도 모종의 삶의 목적이 분명히 존재했겠지만 조직체가 조직되는 와중에 그들의 목적은 제거되었다. 사람의 관점에서 보면 '하등' 동식물의 삶의 목적은 먹는 일과 번식이라는 원초적 요구에 있다고 할 수 있다. 그러나 만일 이 '고등'한 존재들이 정말로 그렇게 생각한다면, 그것이야말로 완전해 보이는 그들 이성의 원시적인 수준을 폭로하는 것이다.

사실 살아 있는 모든 존재는 자신의 목적을 가지고 있다. 하지만 왜 그럴까? 무엇 때문일까? **왜냐하면 목표 도달의 과정이야말로 진화의 원동력이기 때문이다.**

이 의문에 대해서는 나중에 다시 살펴보기로 하고, 우선은 다음 사실에 주목해보자. ─ 살아 있는 존재의 진정한 목적은 그것이 무엇이든 간에 아마도 서식하는 환경 속에서만 성취될 수 있을 것이다. 모든 조직은 그 구성 요소의 목적을 자신의 이익 쪽으로 예속시킨다. 길들여졌거나 '조직 안으로 정합된' 동식물의 발달은 사람이 정해놓은 방향으로 흘러간다. 결국 조직의 구성원들은 점점 더 세뇌되어 마침내 자신의 진정한 목적을 상실해버리고 만다.

야생 동식물의 삶은 훨씬 더 풍요롭고 의미 있다. 야생사슴 떼를 예로 들어보자. 그들에게는 여러 가지 걱정거리가 있다. ― 맹수로부터의 안전 확보, 새끼들의 양육 문제, 먹이 확보, 가족 관계, 위계질서. 게다가 놀이와 삶의 즐거움도 있다.

농장이라는 조직체에 속해 있는 소떼의 삶은 이보다 훨씬 비참하다. 사람은 동물에게 거주할 곳과 먹이를 보장해주고 모든 문제를 해결해줬다. 그러나 그 대신 그들은 주인에게 자신의 목적을 내줘야 한다. ― 이제는 어떻게, 왜, 그리고 얼마나 살지를 주인이 결정한다. 마치 사람이 '악마에게 영혼을 파는' 것과 비슷하지 않은가?

그러면 인간은 어떤가? 인간은 조직체를 만들어내는 한편으로 그 조직의 노예가 될 수밖에 없는 것이 현실이다. **인간은 자기 자신을 잊어버리고 자신이 누구인지, 무엇을 원하는지 알기를 멈춰버린다.** 인간의 모든 활동은 결국 이런 저런 상품의 생산, 판매, 구매로 귀결된다. 그 모든 구조의 꼭대기, 곧 상부 구조에는 펜듈럼이 있다. 펜듈럼은 상품 자체에는 흥미가 없다. 그럼에도 조직은 매우 역동적으로 발전해간다. 왜 그럴까?

펜듈럼에게 중요한 상품은 다름 아닌 에너지다. 인간은 자신의 안락과 만족을 위해 물건을 구매한다. 그렇지 않은가? 기분 좋은 상품이 있는가 하면, 그중에는 다른 사람에게 불쾌감을 일으키기 위해 만들어진 물건 또한 존재한다. 그리고 경우에 따라 긍정적인 에너지나 부정적인 에너지가 발생한다. 이것도 다 펜듈럼이 필요로 하는 것이다.

보다시피 물질적인 재화의 생산과 거래만이 전부가 아니다. 무엇보다도 에너지를 팔고 사는 것이다. 그리고 이 모든 에너지 시장은 펜듈럼에 의해 통제된다. 작은 몫은 인간에게 주어지고 큰 몫은 펜듈럼이 가져간다. 누구에게는 건초를, 또 다른 누구에게는 우유를 준다.

에너지 시장에서는 금전거래까지 일어난다. 예를 들어, 알코올은 순수한 형태의 에너지다. 알코올을 마실 때, 당신은 신용으로써 에너지를 얻는 것이다. 알코올의 도취는 대출을 받는 것이고, 숙취 현상은 고리 상환인 셈이다. 상환할 때는 항상 이자를 붙여서 줘야지, 펜듈럼이 에너지를 공짜로 주는 법은 없다.

저알코올 음료는 이완을 가져다준다. 그러면 펜듈럼은 약간의 에너지를 탈취해간다. 반대로 높은 도수의 알코올 음료는 격렬한 에너지를 제공한다. "자, 보드카를 마시자! 노래를 부르자!" 그러나 펜듈럼이 빌려주는 에너지는 이자율이 높다. 저울이 곧 다른 쪽으로 기울기 시작하는 것이다. "보드카를 불러라! 노래를 마시자!" 도취의 절정이 지나가고 나면 밑바닥으로 떨어진다. 흥분이 고조될수록 뒤따르는 우울의 나락은 더 깊게 느껴진다.

대부분의 숙취는 신체기관에 생리적 부담이 가해지기 때문이 아니라 술 마시는 시간 동안 펜듈럼이 인간의 자유 에너지를 사정없이 수탈해가기 때문에 생기는 것이다. 인간은 괴로워하든지 아니면 또다시 술을 먹든지 해야 한다. 펜듈럼은 느긋하게 또다시 그에게 에너지를 빌려줄 수 있다. 그는 그것을 조만간 반드시 갚아야 할 것이다. 바텐더로부터는 술값을 안 내고 도망갈 수 있어도 펜듈럼에게서는 도망칠 수가 없다. '채무'가 커질수록 되갚음은 점점 더 무자비해질 것이다.

이런 상황에서 채무자의 자유 에너지는 전적으로 펜듈럼의 손아귀에 놓여 있다. 그는 문자 그대로 마치 누군가가 에너지체(energy body)의 가슴 차크라 부분을 집게로 꼭 집고 있는 것처럼 느낀다. 펜듈럼은 조건을 제

● 차크라

척추를 따라 위치한 일곱 개의 에너지 중추로서, 오라^{Aura}의 에너지 출입구로 알려져 있다. 각각의 차크라는 신체적, 정서적 상응물을 가지고 있다. 통상 제1차크라는 회음, 제2차크라는 단전, 제3차크라는 위장, 제4차크라는 가슴, 제5차크라는 목, 제6차크라는 미간, 제7차크라는 백회 부위에 해당한다고 여겨진다.

시한다. 대출을 더 받을 것인가? 아니면 계속 고통받을 것인가? 인간의 의지가 바로 자유 에너지인 만큼, 그는 약하고 우유부단해진다. 이것이 알코올중독의 주된 원인이다. 그가 술을 더 마시면 다시 에너지를 대출받는다. 그러나 그로 인해 상환의 부담은 불가피하게 더 커진다. 종종 그렇듯이 심장이 멎을 수도 있다. 펜듈럼은 그에게서 더 이상 아무것도 가져갈 것이 없는 지경이 되어야 그를 놔준다. 살아남는다면 그만으로도 다행이다.

최초의 신용대출은 언제나 축제처럼 호사롭고 즐겁다. 알다시피 생애의 첫 와인 잔은 대단히 감동적이지만 나중에는, 매번 그런 것은 아니라 하더라도, 그 느낌이 점점 무뎌지고 즐거움이 줄어든다. 펜듈럼은 오직 사람들을 올가미로 끌어들이기 위해서만 '지갑을 연다.' 빚을 받을 때는 언제나 무자비하여 봐주는 법이 없다. 그러니 만약 이런 종류의 신용대출을 받으려고 한다면 특별히 높은 수준의 각성 상태를 유지할 필요가 있고, 자신의 '지불 능력'을 정확하게 파악하고 있어야만 한다.

술고래 — 이들은 통념처럼 타락한 인간들이 결코 아니다. 이 불행한 사람들은 단지 자신의 능력을 가늠할 줄 모르고 빌린 돈을 제때 갚을 능력이 없어서 오늘도 빚을 지게 되는 것이다. 대출은 자꾸만 반복되고 매번 갚을 돈은 늘어만 간다. 하지만 그것도 처음엔 잔칫상을 받은 것처럼 마냥 즐겁게 시작했던 것이다! 추락의 과정은 눈치 챌 수도 없게 슬그머니 나타나지만 불가피하게, 그리고 산사태의 눈덩이처럼 불어난다. **유도전이의 속성은 매우 교활하여서, 인간은 그 소용돌이 속으로 휘말려 들어간다.**

강렬하고 에너지 소모가 많은 경험과 관계된 모든 것은 해로운 치우침이다. 그리고 그 모두는 펜듈럼이 빌려주는 것이다. 왜 해롭다는 것일까? 왜냐하면 펜듈럼은 그 본성이 파괴적이며, 갈등 에너지를 증폭시키는 속성을 지니고 있기 때문이다. 매력적으로 다가오는 이 모든 것이 인간에게는 늦든 빠르든 해로운 결말을 가져온다. 해로우면 해로울수록 부정적 에너지를 더 많이 방사한다. 긍정적인 에너지는 결코 그처럼 방대한 양으로 방출되지 않는 법이다.

펜듈럼이 에너지를 가장 많이 '짜내는' 기회는 마약중독의 경우다. 뒤따라오는 우울의 나락에 비하면 그 짧은 순간의 황홀은 사실 아무것도 아니다. 그러나 만약 제때에 또다시 투약하지 못하면 그 지독한 고통은 불행한 중독자로부터 마지막 한 방울의 에너지까지 남김없이 수탈해간다.

이자를 이보다 적게 내는 다른 종류의 신용대출도 있다. 무엇보다도 담배, 커피, 차, 무알코올 음료, 껌 등을 들 수 있다. 여기에 동의하지 않는 사람도 있을 것이다. "당치도 않아요. 껌이 왜 거기에 들어 있나요?"

이미 말했듯이, 모든 물질적, 정신적 요구가 충족될 때 에너지가 방출된다. 그것이 만족의 에너지인지 안락의 에너지인지, 또는 다른 어떤 종류의 에너지인지는 중요하지 않다. 그 모든 경우에서 뭔가를 원하면 — 에너지를 비축하고, 바라는 것을 얻으면 — 에너지를 방출한다. 껌을 씹을 때 사람은 아주 오랜 과거에 뿌리를 둔 어떤 안락감을 느끼게 된다. 이러한 안

● 유도전이

사람의 심리는 부정적인 자극에 더 예민하도록 되어 있다. 만약 파괴적인 펜듈럼이 일으킨 사건, 예를 들어 대참사에 관한 뉴스에 자극받고 흥분하고 동조한다면, 우리는 그 펜듈럼에 에너지를 빼앗길 뿐만 아니라 그 부정적 사건과 일치하는 사념 주파수를 방사함으로써 자기 자신도 그와 유사한 사건이 가까이 다가오는 인생트랙으로 옮겨가게 된다. 이처럼 단지 파괴적 펜듈럼의 지지자였던 사람이 마치 깔때기 속으로 빨려들듯 점점 희생자가 되는 인생트랙으로까지 유도되는 현상을 '유도전이'라고 부른다.

락감의 본질은 매우 분명하게 드러난다. ─ 당신이 씹고 있을 때는 모든 것이 순조롭지만, 그것이 당신을 씹고 있다면 일은 엉망으로 꼬이기 시작할 것이다.

모든 집착의 궁극적인 결과는 이렇다. 누군가가 펜듈럼의 '단골'이 되면 그는 '무리' 속으로 떨어져 들어간다. 그를 가두는 데는 울타리도 필요 없다. 주의가 펜듈럼의 올가미에 머물러 있는 한 단골손님은 한눈을 팔지 않는다. 사람이 집착하는 대상을 생각하고 있을 때는 펜듈럼의 공명 주파수로 에너지가 방사된다. 예를 들어, 빚을 진 '채무자'의 모든 생각은 주기적으로 일정량의 에너지를 대출받는 방향으로 돌아간다. 그럴 때 채무자는 다른 변수를 전혀 고려하지 않는다. 왜냐하면 펜듈럼이 그들의 주의를 놔주지 않기 때문이다.

이렇게까지 사로잡힐 수 있는 것은 인간 심리의 특성 때문이다. 펜듈럼이 오로지 한 방향으로만 바람을 몰아붙이면 주의는 마치 풍향계의 화살처럼 그 방향만 가리키며 붙잡혀 있을 수 있는 것이다. 어떤 멜로디가 계속 반복되면서 뇌리를 사로잡아서 벗어날 수 없는 경우와 같은 단순한 예에서도 우리는 주의가 사로잡히는 현상을 관찰할 수 있다.

예속이 반드시 생리적 요인에 의해서만 일어나는 것은 아니다. 사실 그런 측면도 있기는 하지만 그것이 주된 역할을 하는 것은 결코 아니다. 예컨대, 아무리 악명 높은 애연가라도 잠수함을 타고 항해하게 되면 담배를 피우지 못해도 전혀 괴로워하지 않는다. 흡연할 수 있는 가능성이 객관적으로 전무하기 때문에 흡연에 대한 생각이 완전히 사라져버리는 것이다. 그는 이 같은 객관적 필연성으로 인해 흡연에 대한 집착을 완전히 극복하고, 담배를 생각조차 하지 않는다. 풍향계의 화살이 다른 방향으로 돌아간 것이다. 생리적 예속은 어디로 사라진 걸까? 그러나 만약 애연가가 잠수함 항해에서 돌아온 후 금연의 의도를 내지 않는다면 그는 흡연도 나쁘지 않음을 다시 상기하게 되고, 그러면 집요한 채권자는 그 올가미로 주의를 다시 사로잡아 버린다.

주의의 화살이 붙들리는 일은 게임 중독이나 인터넷 중독 같은 형태로도 나타난다. 컴퓨터 모니터 앞에서만 기분이 좋아진다고 할 정도로 깊이 빠진 사람들이 많이 있다. 이런 중독에 빠진 사람은 단 몇 시간이라도 모니터에서 떨어져 있으면 증상이 나타나기 시작한다. 두통과 근육통, 그리고 참을 수 없는 불쾌감이 일어난다. 그러나 이 '단골고객'이 모니터로 돌아가자마자 모든 증상은 즉시 사라진다. 여기에는 그 어떤 생리적 필요성도 존재하지 않는 것이 분명하다.

모든 경우에 예속은 주로 주의의 화살이 펜듈럼의 포획 올가미에 사로잡힘으로 인해 일어난다. '낚싯바늘에서 빠져나오기' 위해서는 주의의 스위

치를 돌리고 무엇이든 다른 일에 주의를 몰두해야 한다.

포획 올가미에서 자유로워지는 것은 의지를 강화시키는 것만으로는 아마 불가능할 것이다. 마찬가지로, 다른 곳으로 주의를 돌릴 때에만 비로소 머릿속의 집요한 멜로디에서 벗어날 수 있다. 보통 해로운 집착은 특정한 시나리오와 무대장치를 수반한다. 그런 것들 모두가, 예컨대 작업 중에 피는 담배처럼 주의를 사로잡을 수 있는 전형적인 환경을 조성한다. 모든 빚을 청산하고 이 악덕한 은행의 손아귀에서 벗어나는 방법은 한 가지밖에 없다. — **시나리오와 무대장치를 바꾸는 것이다.** 그렇게 하는 것은 별로 복잡한 일이 아니다. 당신의 열망과, 약간의 판타지가 필요할 뿐이다.

'채무'를 갖고 있지는 않더라도 문명의 상품을 이용하는 모든 경우에 사람은 자기 의지와는 상관없이 펜듈럼에게 자기 에너지의 일부를 내준다. 사람들은 가축처럼 사육되거나, 아니면 문자 그대로 '방목되는' 것이다. 문명사회에서의 삶이란 모두 에너지를 소비하고 내어주는 연속적인 과정이다. 그리고 이 모든 에너지 교환은 펜듈럼에 의해 조종된다.

펜듈럼이 사람들로부터 에너지를 끌어 모으는 것은 그다지 무서운 일이 아니다. 그보다는 조직이 그 구성원들의 개인적인 길을 완전히 제거해버린다는 데에 더 큰 위험성이 있다. 조직의 구성원들은 자신의 길이 존재한다는 관념조차 상실해버린다. 사람은 조직이 명령하는 것을 그대로 이행할 뿐만 아니라 심지어는 조직에게 유리한 것을 원하기 시작한다. "사람은 이성을 가진 존재라서 남의 노예가 되는 것을 스스로 허락하지 않는다"는 말에 속지 말라.

이미 밝힌 것처럼 인간의 의식 단계는 낮은 수준에 머물러 있는데, 조직은 인간에게 남아 있는 최후의 의식마저도 서서히 그러나 확실하게 감소시켜 나간다. 조직은 완전한 승리를 위해 모든 요소를 단일한 정보 공간으로 통합시켜야 하는데, 지금 이 순간도 그 일을 열심히, 그리고 성공적으로 해내고 있다. 사람들은 이제 조직의 벽에 벽돌을 몇 개만 보태면 자신을 단단히 가둬놓을 수 있는 것이다.

그럼 도대체 어쩌란 말인가? 당신이 문명의 상품을 소비한다면 그것은 당신이 가축처럼 사육되고 있음을 뜻한다. 사람들이 문명으로부터 벗어나려고 하거나 자연 속의 공동체로 이주하려는 일도 일어난다. 그들의 시도가 얼마나 성공적이었는지는 판단하려 들지 말라. 어쨌든 현대인이 문명으로부터 완전히 벗어나는 것은 불가능하다. 적응하기가 어려운 것이다. 그러나 해로운 상품을 최소한으로 줄이고 그것을 자연의 선물로 대체하는 것은 충분히 가능한 일이다.

예를 들어, 정원과 텃밭이 있는 가족 소유지를 갖추는 것이다. 문명이라는 황폐한 사막 한가운데 있는 자연의 오아시스, 그것의 주된 장점은 거기에서는 조직이 아니라 주인이 규범과 표준을 만든다는 데 있다. 내키지 않는다면 반드시 땅을 파야 할 필요는 없다. 개개인은 독립적으로 자신만의 존재 법칙을 만들 수 있는 가능성을 가져야 한다. 원한다면 모두 아스팔트로 깔아버릴 수도 있고, 또 원한다면 풀과 나무가 무성하게 우거지도록 놔둘 수도 있다.

도시인들을 위한 다른 방법으로는 음식을 완전 자연식품으로 바꾸는 것도 포함될 수 있다. 그러기 위해서는 무엇보다도 먼저 잠에서 깨어나 알아차려야 한다. 조직 안에서 재배되고 슈퍼마켓에서 팔리는 예쁜 사과는 본질적으로 단지 그 조직의 '규격에 맞는' 구성원들만을 위한 제품이라는 사실을.

길은 무수히 많다. 각자는 자신을 위한 길을 선택하면 된다. 나에게는 언제나 야생 고양이 한 마리가 그 예가 되어주는데, 나는 자연 속에서 우연히 이 고양이를 만나는 '영광'을 얻게 되었다.

나는 친구들과 숲으로 가서 모닥불을 피워놓고 맛있는 요리를 즐기고 있었다. 그곳에서는 문명의 혜택에서 벗어나 편히 쉴 수 있기 때문에 좋았다. 그때 갑자기 커다란 고양이 한 마리가 군침 돌게 하는 냄새에 이끌려 우리의 캠프를 찾아왔던 것이다. 그 고양이는 원래 집고양이였던 것처럼 보였다. 어떤 이유로 해서 숲에 홀로 떨어져 야생고양이가 된 것이리라. 몸집의 크기로 보아 이 털북숭이 멍텅구리는 새나 쥐를 잡아먹으면서 아주 성공적으로 살아남은 것 같았다. 그런 고양이는 토끼도 집어삼킬 수 있을 것이다. 그는 우리가 주는 음식을 거절하지는 않았지만, 예의 없이 낚아채고는 달아나버렸다.

그때 이후로 우리는 숲에서 그 고양이를 종종 만날 수 있었다. 그 콧수염쟁이는 먹을 것은 기꺼이 받아먹었으나 가까이 지내는 것은 허락하지 않았다. 그 고양이는 진짜 트랜서퍼였다. 그는 참 자유의 맛을 알고 있었다. 때로는 문명과의 만남을 거절하지 않았지만, 그럼에도 자신의 자유를 어떤 문명의 혜택과도 바꾸려 들지 않았던 것이다.

의존관계에 빠지지 않고도 문명의 이기를 이용할 수 있다. 깨어 있는 의식은 무리 가운데에서 자유로운 사람을 가려낸다. 단지 잠에서 깨어나 주위에서 무슨 일이 일어나는지를 명료히 알아차리기만 하면 된다. 나는 이 모두를 알아차리는 데 성공했다. 어떻게 그럴 수 있었는지……. 그것은 비밀이다. 그렇지만 독자 여러분에게는 말하겠다. 나는 야생의 세계로 나갔다. 농장에서 벗어나 도망친 것이다.

의도의 선언

지금까지 우리는 어떻게 펜듈럼에서 벗어나 그의 영향에 굴복하지 않을 수 있는가에 대해서만 이야기했다. 그런데 펜듈럼으로부터 어떤 이익을 얻어낼 수 있는 가능성은 없을까? 모든 꿈은 결국에는 펜듈럼의 도움으로 실현되는 것이다. 우리는 어차피 어떤 조직체 속에서 살고 또 일하고 있지 않은가. 이 사실에서 벗어날 수 있는 곳은 없다. 다만 어떻게 하면 조직이 꿈을 잃게 하는 대신 꿈이 실현되도록 돕게 만들 수 있는가가 유일한 문제다.

펜듈럼에 직접적인 영향을 주는 어떤 방법이 존재할까? 아마도 없을 것이다. 펜듈럼을 길들이는 것도 안 되고 제어하는 것 또한 성공할 수 없다. 그러나 아무튼 자신의 이익을 위해 펜듈럼의 특성을 이용하는 것은 가능하다.

사람들은 왜 모두 회식자리에 앉아서 축배를 들까? 여기에는 어떠한 실질적인 의미가 존재하는가, 아니면 단지 상징적인 의식일 뿐인가? 다 이유가 있는 것처럼 보인다. 대중의 지혜는 가끔씩 부조리해 보이는 어떤 관습을 만들어낸다. 하지만 사람들은 그런 관습이 바로 현실을 조종하는 방법이라는 것을 눈치 채지 못한 채 그저 정해진 대로만 무심히 따른다.

위에서 말했듯이 알코올음료는 에너지의 신용대출이다. 자유 에너지는 부가적인 자양분을 받고 더 높은 수준으로 올라간다. 그것은 의지 에너지라서, 의지가 어느 방향으로 맞춰지느냐에 따라서 그에 상응하는 결과가 나타난다.

예컨대 만약에 슬퍼서 술을 마시면 현실은 더욱 암울한 어둠 속으로 빠져든다. 즐거워서 술을 마시면 즐거움의 원인이 더욱 커진다. 그리고 만약

이 음료가 걱정과 공포의 감정과 섞이게 되면, 삶은 정말 두려움 덩어리로 변한다. 이것은 다른 모든 경우에도 마찬가지다.

강한 에너지를 발산하는 사념의 방사는 사람을 그에 상응하는 특성을 지닌 인생트랙으로 옮겨놓는다. 신용대출을 맡은 펜듈럼은 의도 에너지 증폭기로 작용한다. 펜듈럼 자체는 아무리 흔들려도 외부의도에 접근할 수가 없으므로 가능태 공간의 섹터를 물질화시킬 수가 없다. 현실은 오직 살아 있는 존재만을 따르고 복종한다. 사람이 축배를 들고 "위하여!" 하고 외칠 때, 그는 자신의 의도의 방향을 결정하는 것이다. 그때 무슨 일이 일어나는지가 이해되는가?

채권자인 펜듈럼의 에너지는 보통 부정적인 특성을 지닌다. 그러나 사람은 이 에너지에다 선한 의지를 부여함으로써 극성을 반대로 바꿔놓는다. **그러니 축배는 결코 공허한 의식이 아니라 의도의 선언인 것이다.**

그러나 축배가 유익한 작용을 함에도 불구하고 거기에는 유감스럽게도 실수가 숨어 있다. 소망은 보통 미래에 대한 진술이다. 펜듈럼에 의해 주어진 에너지는 일단 긍정적으로 변환되기는 하나, 현실에 영향을 미치지는 못한다. 바라는 것은 어딘가 도달하기 어려운 곳에 머물러 있을 뿐이다. 그리고 이것은 당연한 것이다. 거울은 미래를 비춰내지 못하기 때문에 항상 현재만을 반영하고 있는 게 아닌가?

그렇다면 어떻게 해야 할까? 모든 축배는 현재시제로 말해야만 한다. 이것은 매우 요상한 축배가 되겠지만, 그것은 효력을 발휘할 것이다. 예를 들어, "자, 우리 앞으로 그렇게 하자!"가 아니라, "자, 지금 우리가 그렇게 하고 있어!" 또는 "우리는 건강해!", "우리가 이겼어!", "우리 곁에 없는 그들도 항상 우리와 함께 있어!", "그들은 운이 좋아!", "우리의 소망은 이루어지고 있어!", "성공은 항상 우리 편이야!" 등등.

이런 의도의 선언은 소망을 이미 오늘의 현실 속으로 불러들일 것이며, 영원히 다가오지 않을 내일로 연기하지 않을 것이다.

알코올음료의 도움으로, 바라는 것을 쉽게 현실화시킬 수 있으리라고 생각해서는 안 된다. 당신이 아는 것처럼 여기에는 반대면도 있다. 빚이 쌓이면 쌓일수록 이율은 더 높아진다. '대출 채무'가 커짐에 따라 사람의 의식과 의도가 현실과 부합하지 않는 가능태 공간의 구역으로 옮겨진다는 사실은 두말할 필요도 없다. 더욱이 마약 중독자가 그런 식으로 뭔가를 현실화시킨다는 것은 말도 안 되는 소리다. 펜듈럼의 부정적인 에너지를 누구나, 또 언제나 긍정적인 것으로 변환시킬 수 있는 것은 아니기 때문이다.

흑마술의 작용은 그와 같은 원리에 근거하고 있다. 사악한 마술사는 어둠의 힘에 의지하면서 자신의 악의적인 의도를 강화하기 위해 그 에너지를 이용한다.

일반적으로 모든 관계에서 펜듈럼에게 빚지는 것은 이롭지 않다. 그러나 만약 어쩔 수 없이 그렇게 하게 된다면 반드시 이 규칙을 지켜야 한다.

— **펜듈럼에게 갈고리를 걸 때는 오로지 좋은 것만을 생각하라.**

트랜서핑이라는 펜듈럼도 한 번 검토해보자. 물론 트랜서핑은 당신에게 어떠한 해도 입히지 않는다. 그 대신 의도의 선언은 트랜서핑의 효과를 눈에 띄게 높여준다. 언제든 트랜서핑에 대한 정보를 접할 때는 트랜서핑이 당신의 목표달성을 도와준다는 것을 상기하라. 그러한 의도의 선택과 집중은 가능태 흐름의 벡터vector(방향)를 필요한 바로 그곳으로 정확히 맞추어준다.

다른 모든 펜듈럼들, 심지어 당신의 삶과 아무런 관계도 없는 것들에 대해서도 이런 식으로 행동해야 한다. 예를 들어 텔레비전 시리즈나 쇼를 보는 동안에도 어떤 식으로든 당신은 펜듈럼과 에너지를 교환한다. **거기에**

서 일어나는 일들을 관찰하면서 준비해놓은 목표의 슬라이드, 즉 갖고 싶은 것의 그림을 계속 그리라. 그 정보의 흐름 속에서 당신은 언제나 당신의 목표와 어떻게든 관계가 있는 연결고리를 발견해낼 수 있다. 예컨대 텔레비전 시리즈의 주인공이 멋진 차를 타고 나타나는 것을 보면, 당신도 그와 비슷한 차를 살 준비를 하고 있다는 사실을 재차 확인하게 되는 것이다.

빛을 얻는 순간에는 어떤 일이 있어도 나쁜 생각을 하지 말라. 불안한 생각, 고통스런 문제, 의기소침, 두려움과 공포 — 이 모두는 부가되는 에너지를 강화시켜놓을 것이다. 예컨대 잠시 쉬는 시간이라도, 성공이 이미 당신 주머니 속에 들어있는 것처럼 느끼라. 또 예컨대 어떤 커피 광고를 보고 문득 기분 좋은 커피 향기를 느끼게 된다고 해보자. 이런 시간에도 커피 향기처럼 늘 당신과 함께 하는 성공의 느낌을 음미하는 편이 더 낫다. **의도의 조율을 기억하는가? 담배를 피거나 커피를 마시는 순간, 그저 잡념의 물결에 떠내려가고 있지만 말고 의도를 선언하라.** "모든 일은 훌륭하게 진행되고 있다. 왜냐하면 나는 자신의 의도로써 현실을 만들고 있기 때문이다. 그리고 나는 그것을 어떻게 하는지 알고 있다."

다도茶道 의식도 바로 이런 원리에서 생겨난 것이다. 식사 전의 기도와 신께 음식을 바치는 행위 또한 많은 민족들의 전통이 되었다. 그러나 신에게 드릴 것을 바치고 나서는 자신에 대해서도 기억해주는 것이 좋을 것이다.

당신이 "잘 먹어, 내 사랑. 더욱 건강해져!"와 같은 말과 함께 자신을 사랑으로 보살피면서 '양육'한다면 아마도 믿기지 않을 만큼 놀라운 결과를 얻게 될 것이다. 질병이 사라지는 일도 얼마든지 일어날 수 있다. 처음에는 몸의 기관들이 좀 놀라겠지만 나중에는 상냥하게 잘 보살핀 꽃처럼 기뻐하고 활짝 피어날 것이다. 중요한 것은 진실한 관심과 사랑으로, 그리고 "네가 자신을 보살피지 않으면 아무도 너를 보살펴주지 않아"와 같은 말을 해주면서 자신을 돌보는 것이다.

이러한 선언은 엄청난 힘을 지니고 있다. 만약 당신이 지금까지 자신을 무관심하게, 혹은 증오심을 가지고 대해왔다면, 이와 같은 의식儀式은 곧 놀랄 만한 변화를 가져다줄 것이다. 믿어지지 않는다면 직접 확인해보기 바란다.

앞서 말했던 것에 비추어본다면 주식시장, 카지노, 경마와 같은 간교한 펜듈럼의 게임에서도 의도의 선언을 활용할 수 있을 것처럼 보인다. 가능성이 왜 없겠는가. 만약 돈을 거는 순간, 그리고 게임이 진행되는 동안 무조건적인 승리의 슬라이드를 상영한다면 성공의 확률은 높아진다. 그렇게 하는 것은 간단하지는 않지만 가능한 일이다. 하지만 게임을 하는 사람들의 생각은 모두가 틀에 박혀 있다. '이겼으면 좋겠어!' '지면 어떡하지?' '아니, 난 꼭 이겨야 해!' '이번엔 나에게 운이 따를 거야!'

이것은 모두 부적합하다. 여기에는 희망과, 어떻게 승리할지에 대한 고민과, 실패에 대한 두려움과, 성공에 대한 기대가 있다. 그러나 모든 판단, 감정, 심지어 성공에 대한 기대조차도 버려야만 한다. **단지 무조건적이고 단호한, '갖겠노라는 결정'만 남겨둬야 한다.** "나는 승리자다." — 이것은 아무런 조건적인 원인도 없이, 감탄 부호조차 붙지 않은 하나의 선언이 되어야 한다. 만약 이와 같이 무조건적이고 단호한, 갖겠노라는 결정의 상태에 도달한다면 성공의 확률은 가파르게 상승할 것이다.

그러나 이것이 전부는 아니다. 게임에서 한 번, 두 번, 혹은 세 번은 성공할 수 있지만, 그것이 영원히 계속될 수는 없다. **왜냐하면 인간은 아무래도 인간이어서, 중요성의 수준을 완벽하게 낮게 유지하는 데 성공을 거두지는 못할 것이기 때문이다.** 모든 도박은 에너지적인 빚이며, 자기도 모르게 슬픈 종말을 향해 가는 유도전이로 변하고 만다. 그러나 이 문제에 관해서는 《리얼리티 트랜서핑》 제1권에서 상세하게 살펴보았으니 여기서는 그냥 넘어가기로 하자.

빚지고 이자 지불하기를 피할 수 있는 방법이 딱 한 가지 있다고 할 수 있다. ─ 그것은 제때에 게임에서 빠져나오는 것이다. 그것도 단순히 빠져나오는 것이 아니라, 펜듈럼과의 모든 관계에서 완전히 자유로워져서, 펜듈럼의 주파수로 방사되는 사념을 완전히 끄는 것이다. 달리 말해서, 사이사이 쉬는 시간에 다른 데로 주의를 전환하고, 게임에 대한 생각은 아예 떠올리지 않는 것이다. 펜듈럼과 함께 흔들리기를 멈춘 다음에야 비로소 유도전이의 갈고리에서 벗어날 수 있다. 그렇게 관계를 완전히 끊은 다음에는 새로운 게임을 시작할 수 있는 것이다.

그렇지만 펜듈럼과의 게임은 대개 매우 위험하고 예측하기 어렵다. 왜냐하면 어느 누구도 이를 위해 필요한 단호한 결정력을 지니고 있지 못하기 때문이다. **본질적으로 그것은 게임조차도 아니고 그저 그림자와 추는 춤일 뿐이다.**

펜듈럼은 보이지 않는 냉정하고 무자비한 그림자다. 펜듈럼은 의식도 의도도 가지지 않는다. 그것에게는 영혼도 마음도 없으므로, 그것을 거스르면 발생하는 감정과 느낌, 충동, 약점 같은 것도 없다. 마치 자신의 그림자를 앞지를 수 없듯이, 당신은 단 한 번도 펜듈럼을 이기지 못할 것이다. 펜듈럼은 당신이 아무 데도 도망칠 수 없음을 알고 집요하게 당신을 따라다닐 것이다. 싸워서 이 그림자를 이기는 것은 불가능하고, 그것과 노는 것도 의미가 없다. 그렇다면 어떻게 해야 할까?

그 위험한 게임을 거부하든지, 아니면 펜듈럼의 총아가 될 수 있도록 전략을 짜든지 해야 한다. ─ 이것은 의미가 있다.

사람들은 펜듈럼을 이기려고 애쓰면서 그림자를 좇는다. 이기고자 하는 모든 노력과 그에 수반되는 경험은 내부의도에 속하는바, 내부의도는 주위를 둘러볼 생각도 하지 않고 코앞에 놓인 것만을 맹목적으로 따른다. 이런 무익한 추구를 중단하기 위해서는 멈추어 서서 자신의 주위를 둘러보고, 자주적인 행동을 시작할 필요가 있다. 그때 역할이 바뀐다. ― 사람이 펜듈럼을 좇는 것이 아니라, 펜듈럼이 사람을 따르게 되는 것이다. 폭 좁은 내부의도를 거부한 사람은 게임의 주인, 그림자와의 춤을 리드하는 지배자가 된다.

자신의 게임을 주도하기 위해서는 자신을 자기 자신으로서 존재하게 해야 한다. 당신의 게임은 자기 생각대로 자신만의 현실을 창조하는 것이다. 당신은 이것을 할 수 있다. **무엇보다도 자기 자신에게 이러한 특권을 갖도록 해주어야 한다.** 자신의 특권을 갖게 하거나 빼앗을 수 있는 사람은 오직 당신뿐이다. 이것을 꼭 이해해야 한다.

그렇지만 자신을 주도자가 되도록 허용하는 것도 다는 아니다. 스타는 스스로 탄생하는 것이지만, 그들을 빛나게 하는 것은 펜듈럼이다. 만약 어떤 강력한 펜듈럼이 당신을 간택하지 않는다면, 당신이 아무리 머리가 좋아서 정말 놀랄 만한 걸작을 만들어낸다고 해도 그것에 대해 아는 사람은 아무도 없을 것이다. 창작물이 아무리 훌륭하다고 해도 단지 그 이유만으로 유명해지지는 않는다. 문화, 학문, 예술에서 우수한 창작물은 오직 새로운 펜듈럼을 일으키거나 그것이 이전 것보다 더 유익한 경우에만 많은 대중의 관심을 끌어들인다.

당신의 활동분야에서 스타가 되기 위해서는 펜듈럼의 특성을 이용할 수 있는 능력이 요구된다. 당신은 예전에 언젠가 많은 인기를 누렸던 작품들이 우수한 특질을 가지고 있었음에도 불구하고 왜 더 큰 성공을 거두지 못했는지에 대해서는 한 번도 생각해보지 않았을 것이다.

현대적인 모든 요구를 만족시킬 수 있는 훌륭한 문화유산들은 많이 있다. 그러나 그런 과거의 유산들이 우리 시대에는 별 수요가 없다. 과거에 빛났던 그들의 펜듈럼이 이제는 거의 또는 완전히 불이 꺼져버렸기 때문이다. 유행이나 인기는 바로 펜듈럼이 만드는 것이다. 그렇지 않다면 도대체 무엇 때문에 갑자기 그 수많은 대중이 동시에 하나의 대상에 몰두하게 되었겠는가?

'비틀즈'와 '아바Abba' 같은 두 위대한 그룹을 예로 유행 현상을 살펴보자. 그들은 전 세계에서 인기를 얻었는데, 그것은 그들이 뭔가 원천적으로 새롭고 뛰어난 것을 창조해서가 아니다. 그들이 했던 것은 전혀 새로운 것이 아니었다. 디스코와 록을 최초로 창시한 것은 다른 이들이었고, 덜 유명한 뮤지션이었다. 그렇다면 이 두 그룹의 보기 드문 성공은 어떻게 설명할 수 있을까?

비틀즈는 초창기에 연속적인 실패와 고난의 시기를 겪었다. 4인조 그룹은 그 당시 너무나 흔해서 진부할 정도였다. 게다가 그들은 연주도 제대로 할 줄 몰랐다. 그들의 직업정신은 기껏해야 그들이 출연했던 선술집 수준 이상을 넘보지 못했다. 물론 비틀즈는 재능이 많았지만 쇼 비즈니스에는 전혀 충분하지 못했다. 터줏대감 펜듈럼들은 언제나 새로운 것들을 멀찍이 쫓아내는 일에 전력을 기울인다.

1962년경 비틀즈 그룹에게는 그들만의 스타일이 생겼고 머지않아 전 세계를 뒤흔들 노래도 나타났다. 그러나 그것은 나중의 일이었고, 아직은 아무도 비틀즈에게 관심을 주지 않는 시기였다. 그렇긴 해도 그들에게는 소수지만 헌신적인 숭배자들도 있었다. 그해 4인조는 계속 거절만 당하면서도 음반회사들을 줄기차게 찾아다녔다. 이 그룹에게 클럽 수준 이상으로 떠오를 수 있는 기회는 전혀 없는 것처럼 보였다.

헌터 데이비스는 비틀즈 자서전에서 이렇게 썼다. ― 조지 해리슨이 말했다. "그럼에도 불구하고 우리는 여전히 예전과 다름없이 믿고 있었다. 우리가 히트를 쳐서 최고가 될 것이라고 말이다. 모든 상황이 나쁘게만 돌아가고 아무런 희망도 비치지 않을 때 우리는 특별한 의식을 거행했다. 존이 소리쳤다. '헤이, 우리는 지금 어디로 가고 있지?' 우리는 큰소리로 외쳤다. '위로, 존, 가장 높은 곳으로!' ― '가장 높은 곳 어디?' ― '최고의 정점으로, 존!'"

그러나 이런 목표지향성이 그들을 성공으로 이끈 것은 아니다. 1963년경 어쨌든 그들은 자신들의 첫 번째 싱글 앨범을 내는데 성공했다. 앨범은 예상외로 히트곡 1위를 차지했다. 그것은 최초의 눈에 띄는 성취였지만, 아무도 그 뒤에 숨은 거대한 사건을 간파하지 못했다. 언론은 반짝스타의 발화 신호가 성공했다고 보도했고 센세이션을 일으켰다. 이 앨범 후에 다시 정적이 찾아왔다. 그러나 그것은 대폭발 전의 고요함과도 같은 것이었다.

반년 후 그들은 처음엔 영국, 그리고 다음엔 전 세계를 사로잡았다. 헌터 데이비스는 이렇게 말했다. "전 세계 각국에서 집단적 정신병이 나타났다. 이 병은 얼마 전만해도 상상조차 할 수 없었고 다시는 되풀이될 수도 없을 것 같았다. 오늘날은 아무도 그것을 믿지 않지만 그때는 이 모든 것이 사실이었다."

아바의 역사에도 뭔가 유사한 것이 되풀이된다. 1972년 이 화려한 4인조는 유로비전 콘테스트 참가를 위한 선발전조차 통과하지 못했다. 1974년에 그들은 마침내 이 콘테스트를 통과했고, 다른 나머지 참가자들을 멀리 뒤로 한 채 뜻밖의 엄청난 승리를 거머쥐었다. 그러나 당시에는 거기에 아무도 의미를 부여하지 않았다. '유로비전 출신'이라는 상표를 붙인 이 그룹은 마치 하루살이처럼 히트곡 하나 외엔 아무것도 가지지 못했다. 비틀즈와 마찬가지로 다시 짧은 정적이 다가왔다. 그러나 1년도 지나지 않아 마치 새로운 해일이 전 세계를 휩쓸듯 '아바 광기' 현상이 나타났다.

이 두 역사의 배후에는 두 가지 분명한 법칙이 있다. 첫째, 인기는 파상波狀의 궤적을 따라 발달한다. 처음엔 무명의 세월이 계속되고 이 기간 동안 크지 않지만 안정된 그룹은 마니아를 형성한다. 다음에 예상 밖의 부상(떠오름)이 따라오고, 그 후에 마치 파도가 힘을 모으기 위해 해변에서 부서지듯 정적의 기간이 도래한다. 아무 일도 일어나지 않는 시기의 뒤를 이어 마침내 거대한 성공의 강력한 파도가 갑자기 나타난다. 인기는 높은 수준에서 얼마간 머물 수 있지만, 그 파도도 시간이 지나면 불가피하게 사라지고 만다. 이전의 것을 무대 뒤로 밀어내는 새로운 펜듈럼이 나타나기 때문이다.

가장 재미있는 법칙은, 나중에 엄청나게 히트한 창작물이 무명의 첫 시기에는 사람들의 평판을 얻지 못한다는 것이다. 사람들은 그것을 들으면서도 별 주의를 기울이지 않는다. 그러다가 갑자기 이러한 것들이 새로운 것, 모방할 수 없는 것으로서 전혀 다르고 비범한 인상으로 각인되는 순간이 도래한다. 사운드는 매우 개성 있고 멋진 뉘앙스를 획득한다. 신기하게도 동시에 모든 사람의 의견이 그것이 그저 훌륭하다는 생각에 일치해버린다.

하지만 '새롭다, 스타일 있다'는 이 보편적 느낌은 대체 어디서 나온 것일까? 비틀즈에게는 1962년에 이미 '비틀즈풍'이라는 사운드가 있었는데 그때는 왜 아무도 관심을 가지지 않았을까? 그리고 1972년에는 왜 아무도 '아바'를 알아주지 못했을까? 알다시피 그때도 똑같은 노래였는데,

95

무엇이 1975년에 갑자기 그렇게 모두를 열광케 했을까?

설명하자면, 각 시대에는 자신만의 독특한 특성, 사운드, 뉘앙스 또는 다른 말로 카리스마가 있다. **그러나 새로운 시대는 저절로 도래하지 않는다.** — **그것은 가능태 공간 속의 구름처럼 사람들의 의도에 의해 끌려온다. 그리고 펜듈럼은 이 집합적인 의도를 단단하게 굳힌다.**

처음엔 크지 않은 마니아 그룹이 형성된다. 그들 개개인은 '난 이게 맘에 들어'라는 사념 주파수를 방사한다. 그러면 숭배자들의 생각을 '우리는 이게 마음에 든다'라는 한 방향으로 통일하고, 진동의 리듬을 동조시키는 펜듈럼이 만들어진다. 알려진 바대로 모든 것이 다 있는 가능태 공간에는 '모두가 이것을 좋아한다'라는 하나의 공통된 특질의 섹터 지역이 존재한다. 첫 마니아 그룹의 집단적 의도는 그 물질적 실현의 움직임을 이 지역으로 방향 맞춘다. 그 결과 약간의 시간이 흐른 후 현실은 새로운 시대의 뉘앙스를 획득한다. 마니아가 많아지면 펜듈럼에 힘이 모인다. 마침내 축적된 의도는 일부 비판적인 대중을 압도하고, 새로운 시대의 카리스마가 모든 물질적 현실을 사로잡는다. 펜듈럼 지지자들의 통일된 의도에 의해 끌려온 구름은 새로운 시대의 독특한 카리스마를 창조한다.

이제 새로운 사조의 발생 메커니즘을 아는 당신은 나머지 세상을 뒤돌아보지 않고 용기 있게 자신의 당연한 특권을 사용할 수 있다. — **자기 자신으로 존재하는 것. 오직 그럴 때만 자신의 기회를 실현할 수 있고, 모방할 수 없는 자신만의 개성을 세상에 알릴 수 있다.** 펜듈럼은 독특한 개성을 참아내지 못한다. — 그들은 당신을 스타로 만들 수밖에 없을 것이다. 그림자를 좇는 짓을 그만두고 독자적으로 행동하기 시작하면 펜듈럼도 당신을 따르는 것밖에는 별다른 방법이 없을 것이다. 당신의 영혼은 독특하므로 당신은 유행의 창시자가 될 수 있으며, 가능태 공간 속에는 당신을 위한 최고급의 구름이 이미 준비되어 있다. — 그것은 당신을 기다린다. 당신의 의도를 선언하라!

요약

- 모든 존재의 삶의 목표와 의미는 현실의 조종에 있다.
- 권태, 그런 것은 존재하지 않는다. ― 다만 현실을 조종하려는
  끊임없고 억제할 수 없는 욕구만이 존재한다.
- 비교에 근거한 평가는 양극성을 낳는다.
- 균형력은 반대극을 서로 충돌시킴으로써 양극성을 제거한다.
- 특별한 의미가 부여된 대상과 그 특성은
  반대 성질을 가진 대상을 자기 쪽으로 끌어당긴다.
- 펜듈럼의 규칙 ― '나처럼 해!'
- 트랜서핑의 규칙 ― 자신은 자기 자신으로서,
  다른 이들은 그들 자신으로서 존재하도록 놓아두라.
- 양극성은 트랜서핑의 규칙을 통해 제거된다.
- 깨어 있는 의식 ― 지금 이 순간 나는 잠들어 있지 않으며,
  내가 무엇을 하고, 왜 그렇게 하는지를 명료하게 의식하고 있다.
- 펜듈럼의 첫째 법칙 ― 펜듈럼은 갈등 에너지를 증폭시키려고 애쓴다.
- 펜듈럼의 둘째 법칙 ― 펜듈럼은 자기 조직의 안정을 위해
  모든 수단을 동원한다.

- 펜듈럼이 조직체의 존재를 통괄한다.
- 의지(의도)의 노예화 – 조직은 구성원이 조직에 필요한 것을 원하게끔 가르친다.
- 조직의 영향력에 휩쓸려서 좀비가 되지 않으려면 관객의 역할을 택해야 한다.
- 목표달성의 과정이 진화의 원동력이다.
- 조직 속에서 사람은 자기 자신을 상실하고, 자신이 누구이며 무엇을 원하는지 알기를 멈춘다.
- 의존성은 주의의 화살이 펜듈럼의 포획 올가미에 걸림으로 인해 발생한다.
- '낚시 바늘에서 빠져나오기' 위해서는 주의의 스위치를 돌려 뭔가 다른 곳에 몰입하고, 시나리오와 무대장치를 바꾸어야 한다.
- 시대의 카리스마는 사람들의 집단적 의도에 의해 가능태 공간의 구름처럼 끌려온다.
- 에너지 신용(빚)을 얻을 때마다 의도를 선언하라.
- 펜듈럼을 이기는 것은 불가능하다. — 위험한 게임을 거부하든가, 아니면 펜듈럼의 총아가 될 전략을 짜내야 한다.
- 자신의 게임을 만들어내기 위해서는 자신을 자기 자신으로서 존재하도록 허용해야 한다.

제2장

신들의 꿈

나는 나의 세계를 보살핀다

현실의 두 단면

태곳적부터 사람들은 세상이 이중적인 행태를 보인다는 사실에 주목해왔다. 물질 차원에서 나타나는 모든 현상은 자연과학 법칙의 관점에서 볼때 어느 정도 설명할 수 있고 이해할 수 있다. 그러나 다른 한편, 정묘물질의 차원에서 나타나는 현상들을 대하면 과학법칙이 더 이상 맞아떨어지지 않는다. 현실 속에서 벌어지는 다양한 현상들을 하나의 지식체계 안에 통합시키기가 어려운 이유는 무엇일까?

이런 이상한 그림이 그려진다. ─ 우주는 마치 인간들과 숨바꼭질 놀이를 하는 것 같다. 자신의 정체를 드러내기를 싫어하면서 말이다. 과학자들은 그 법칙을 발견하는 데 성공하지 못하고 있다. 하나의 현상을 설명하다보면 이전의 법칙의 틀로는 해결되지 않는 다른 현상이 벌어져버린다. 진리는 잡으려 할수록 계속 달아나는 그림자와도 같다. 여기 흥미로운 사실이 하나 있다. 세상은 단지 자신의 정체를 숨길 뿐만이 아니라, 사람들이 씌워주는 가면을 언제든지 뒤집어쓸 준비가 되어 있다는 것이다.

자연과학의 모든 분야에서 그런 일이 일어난다. 한 예로, 미시세계의 실험에서 대상을 입자로 가정하면 그것은 입자인 것으로 확인되지만, 그것이 입자가 아니고 전자기적인 파동이라고 가정하면 우주는 거기에 반대하지 않고 기꺼이 그에 일치하는 모습을 드러내 보여주는 것이다.

결과가 그렇다면 우리는 우주에게 이렇게 질문을 던질 수 있을 것이다. "넌 도대체 무엇으로 만들어진 거지? 단단한 물질로?" 우주는 이렇게 대답한다. "그래. 맞아." "아, 그런데 넌 혹시 에너지로 이루어진 건 아닐까?"

그 질문에도 역시 대답은 "그렇다"일 것이다. 알려진 대로, 진공 속에서는 소립자들이 쉼 없이 탄생과 소멸을 반복한다. ─ 에너지가 물질로 또 물질이 에너지로 끊임없이 변화하는 것이다.

우주에게 다시 물질과 의식 중 어느 것이 우선인지를 물어볼 필요도 없다. 우주는 또 그렇게 음흉하게 가면을 바꿔 쓰고는 우리가 보고 싶어하는 쪽의 얼굴을 돌려댈 테니까. 수많은 선도적 과학자들이 서로 엇갈리는 관점들을 내세우며 다투고 있지만, 현실은 그에 아랑곳하지 않고 냉정한 판결을 내린다. ─ 본질적으로 그들 모두가 옳다.

결국 세상은 도망 다니기만 하는 것이 아니라 모두에게 동의해준다는 것이다. 달리 말해서 '거울'처럼 행동한다는 뜻이다. 그 거울에는 우리가 현실에 대해 가정하는 것이 무엇이든 고스란히 그대로 반영된다.

그렇다면 현실의 본질을 밝혀보려는 모든 시도는 헛수고란 말인가? 세상은 언제나 우리가 그에 대해 생각하는 대로 동의해줄 게 아닌가? 동시에 직접적인 대답은 끊임없이 회피하면서 말이다.

사실을 말하자면, 모든 것은 이보다 훨씬 더 단순하다. 다면적인 현실의 낱낱의 현상 속에서 절대적인 진리를 찾아내려고 애쓸 필요가 없다. 오직 이 사실만 받아들이면 된다. — 현실은 거울과 마찬가지로 두 세계를 가지고 있다. 손으로 만질 수 있는 물질적인 면의 세계와, 지각의 한계 너머에 있으나 똑같이 객관적으로 존재하는 비물질적인 면의 세계가 그것이다.

과학은 거울에 비친 것들을 다루고 있고, 비전秘傳 체계는 그것을 다른 측면에서 보려고 애쓰고 있다. 그들이 벌이는 모든 논쟁은 바로 여기서 일어나는 것이다. 도대체 거기, 거울의 저편에는 무엇이 있단 말인가?

트랜서핑은 비전 체계의 현자들처럼 이 질문의 대답 중 하나를 제시해준다. **거울의 저편에는 가능태 공간이 존재한다.** — 그것은 모든 가능한 사건들의 시나리오를 담고 있는 정보체(informational structure)다. 좌표평면 위에 존재할 수 있는 점의 위치 수가 무한하듯이 가능태의 수도 무한하다. 가능태 공간에는 과거에 존재했고, 지금 존재하고, 앞으로 존재할 모든 것이 기록되어 있다. 현재의 현실세계에서 발생하는 어떤 사건은 많은 가능태들 중 하나가 물질적으로 실현된 것이다.

그것은 정말 믿기 어려운 일처럼 보인다. 가능태 공간이 도대체 어디에 있단 말인가? 그런 게 있다는 것이 도무지 가능하기나 한 일일까? 우리의 3차원적 지각의 관점에서는 그것은 모든 곳에 있고 동시에 아무 데도 없다. 아마도 그것은 보이는 세계의 경계 너머에 있겠지만, 당신의 커피 잔 속에도 들어 있을지 모른다. 아무튼 그것은 3차원에는 존재하지 않는다.

그런데 사실은 우리가 누구나 밤마다 그곳엘 간다는 사실에 역설이 담겨 있다. 꿈은 흔히 생각하는 것과 같은 '환영'이 결코 아니다. 사람들은 별 생각 없이 꿈을 환상의 세계에 속한 것으로 치부해버린다. 꿈이 과거에 일어났거나 미래에 일어날 현실의 사건들을 반영하고 있을지도 모른다는 생각은 하지 않는다.

우리 세계의 것이 아닌 것처럼 보이는 광경을 꿈속에서 볼 수 있다는 것은 잘 알려진 사실이다. 그럴 경우 그런 광경을 실제로는 어디서도 볼 수 없다는 사실이 너무나 명백하다. 만약 꿈이란 것이 우리의 뇌가 만들어내는, 현실의 모조품에 지나지 않는다면 생전 본 적이 없는 이런 광경들은 대체 어디서 나온단 말인가?

인간의 정신 중에서 의식적인 모든 것을 마음과 연결 짓고 잠재의식적인 모든 것을 영혼과 연결 짓는다면, 꿈이란 영혼이 가능태 공간 속을 날아다니는 것이라 할 수 있다. 마음은 꿈을 상상해내는 것이 아니라 실제로 그것을 보고 있는 것이다.

영혼은 정보장에 직접 접속할 수 있는데, 거기에는 모든 '시나리오와 무대장치'들이 영화필름의 각 장면들처럼 정적靜的인 상태로 저장되어 있다. 시간이란 단지 이 영화필름이 '돌아갈' 때 일어나는 현상이다. 마음은 수동적 관찰자의 역할을 하며, '생각 발생기(idea generator)'와 같은 특성을 지닌다.

기억 능력 또한 가능태 공간과 직접적인 관련이 있다. 두뇌가 사람이 평생 동안 축적하는 모든 정보를 저장할 능력이 없다는 것은 이미 분명한 사실이다. 그렇다면 그 모두를 기억하는 것이 어떻게 가능할까?

사실 두뇌는 정보 자체를 담고 있는 것이 아니라 그에 상응하는 가능태 공간의 주소와 비슷한 무엇을 담고 있다. 사람은 육체가 죽을 때 그 주소들이 지워지기 때문에 전생에 대해 아무것도 기억해내지 못하는 것이다. 하지만 특정한 조건하에서는 그 주소가 복구될 수 있다.

근본적으로 마음은 새로운 것을 만들어낼 수 없다. 단지 낡은 벽돌로써 새로운 형태의 집을 지을 수 있을 뿐이다. 과학적 발견과 예술의 걸작을 위한 모든 재료는 가능태 공간으로부터 영혼을 통해서 마음으로 전해진다.

투시력과 직관적 '앎'도 역시 거기에서 오는 것이다.

아인슈타인은 이렇게 썼다. "과학의 발견은 논리적 과정에서 일어나는 게 아니다. 논리적 형태는 그것을 나중에 기술하는 과정에서 입혀지는 것이다. 아무리 작은 것이라 하더라도 발견은 언제나 하나의 깨달음이다. 그것은 마치 누군가가 몰래 귀띔해주는 것처럼 외부로부터 문득 찾아온다."

가능태 공간을 일반적으로 알려진 보통의 정보장 개념과 혼동해서는 안 된다. 일반적 개념의 정보장에서는 데이터가 하나의 대상으로부터 다른 대상으로 전달될 수 있다. 가능태 공간은 정적靜的인 매트릭스, 즉 우리 세계에서 일어날 수 있는 모든 것의 원천(기초)이 되는 구조체다.

정통 과학은 가능태 공간을 설명할 수도 없고 그 존재 여부를 증명할 수도 없다. 오히려 그것은 전형적인 펜듈럼이기 때문에 트랜서핑 모델의 기를 꺾으려고 온갖 방법을 다 시도할 것이다.

과학은 여러 장점과 업적을 가지고 있기는 하지만 일반적으로 자신의 틀에 맞지 않는 것들은 몰아내버리는 속성을 가지고 있다. 설명이 불가능한 것을 만나면 과학은 그 곤경에서 벗어나려고 온갖 힘을 다 동원할 것이고, 자신의 권좌 위에 살아남기 위해 반대자가 사실을 왜곡한다고 비난하거나, 아니면 명백한 사실을 그저 무시하여 깔아뭉개버릴 것이다. 그런데 브론니코프 뱌체슬라브라는 이름을 가진 어떤 사람이 극도로 비범한 것과 지극히 명백한 것을 하나로 통합하면서 과학을 곤경에 처하게 만들었다.

브론니코프가 설립한 국제인간발전아카데미에서 배우고 있는 아이들은 어떤 과학의 틀로도 설명할 수 없는 능력을 보여주고 있다. 그들은 눈을 감은 채로도 눈 뜨고 있을 때처럼 볼 수 있고 엄청난 양의 정보를 기억할 수 있으며 투시능력이 있어서 멀리 있는 대상을 망원경으로 보듯 살펴볼 수 있다. 그들은 마치 벽이 없는 것처럼 벽을 뚫고 볼 수 있다. 믿기 어렵지만 사실이다. 어떻게 그럴 수가 있는 것일까?

눈을 통하지 않는 직접적 시각 현상을 관찰한 신경생리학자들은 이렇게 설명한다. "보통의 시각, 즉 육안을 사용할 때는 신호가 들어오는 위치와 시각사용자의 대뇌의 활동과 처리 과정이 계측장비에 기록된다. 그러나 직접적 시각의 경우에는 신호가 들어오는 곳과 대뇌의 활동은 기록되지 않고 신호처리 과정만 분명히 기록된다. 대뇌에 들어오는 신호를 차단하려고 여러 가지 시도를 해봤지만 모두 실패했다. 우리는 전자기적 과정과 무관한 물질적 현상을 보여주는 뭔가를 발견한 것이다."

따라서 두뇌는 육안 없이도 볼 수 있는 능력을 가지고 있다. 다만 정보를 얻는 방법은 알려져 있지 않다. 이것을 어떻게 이해해야 하는가? 브론니코프는 이런 현상을 인간의 의식과 초의식(super-consciousness) 사이의 상관관계로 설명한다. 그가 초의식이라 부르는 그것은 '인간 외부에 있는 어떤 매체'라고 그는 말하고 있다. 짐작하시다시피, 트랜서핑에서 이 매체는 가능태 공간을 의미한다. 뭐라 부르든 간에 달라질 게 있겠는가? 그 본질은 똑같은 것이다.

마음 또는 두뇌는 영혼을 통해서 가능태 공간에 존재하는 것들을 본다. 육안은 물질적 현실을 관찰한다. 직접적 시각의 경우에 두뇌는 현실의 원형이 보관되어 있는 형이상학적 정보 공간에 접속한다. 이 정보 은행에 접속한 사람은 대상이 벽 뒤에 있든 땅속에 있든 수십 킬로미터 떨어진 곳에 있든 간에 모두 관찰할 수 있다.

가능태 공간 속에는 물질적 현실로 실현되는 구역과 실현되지 않는 구역이 있다. 직접적 시각을 얻기 위해서는 가능태 공간의 이미 실현되어 있는 구역을 인식할 수 있어야 한다. 생리학적으로 본다면 이것은 두뇌 양 반구의 특이한 동기화로 해석할 수 있다. 브론니코프 박사는 단순하고도 특수한 훈련 프로그램을 개발했는데, 이를 통해 누구나 위와 같은 능력을 발달시킬 수 있다. 그 관련 정보를 인터넷(www.bronnikovmethod.com)에서 찾아볼 수 있다. 이것은 모두가 실제로 실현 가능한 일이다.

가능태 공간에는 또한 과거와 미래의 모든 가능태에 대한 정보가 보관되어 있어서 여기에 접속하면 투시능력을 얻을 수 있다. 단 하나 문제는, 가능태의 수가 무수히 많기 때문에 실현되지 않을 사건을 보게 될 수도 있다는 점이다. 바로 이런 이유로 미래를 보는 투시가들이 드물지 않게 오류를 범한다. 일어난 적이 없는 일이나, 앞으로 결코 일어나지 않을 일을 볼 수도 있는 것이다.

이런 점에서 당신은 안심해도 좋다. 어떤 가능태가 실제로 실현될 것인지를 결정할 수 있는 사람은 아무도 없기 때문에, 당신의 미래는 아무도 알 수 없다. 마찬가지로 장차 현실화될 가능태 공간의 섹터를 꿈에서 보았노라고 호언장담할 수도 없는 것이다.

그러니, 미래가 결정되어 있지 않다는 것은 언제나 더 나은 미래에 대한 희망이 있다는 뜻임이 분명하다. 트랜서퍼의 할 일은 지나간 과거를 안타까워하고 다가올 미래를 걱정스럽게 바라보는 것이 아니다. 자신의 현실을 의도적으로 창조해가는 것이 트랜서퍼의 과제인 것이다.

인간의 사념 에너지는 특별한 조건하에서 가능태 공간의 특정 섹터를 물질화시킬 수 있다. **트랜서핑에서 우리가 '영혼과 마음의 일치'라 부르는 특별한 상태에서는 불가해한 마법의 힘인 외부의도가 탄생한다.**

마법과 관련되어 보이는 모든 것은 외부의도와 직접적으로 관련되어 있다. 고대의 마법사들은 바로 이 힘의 도움으로 이집트의 피라미드를 건축하고, 다른 유사한 기적들을 일으켰던 것이다.

'외부'의도라고 부르는 이유는, 그것은 사람의 외부에 있는 것으로, 인간의 마음에 예속되어 있지 않기 때문이다. 사람은 어떤 특별한 의식 상태에서 실제로 외부의도에 접속할 수 있다. 그 강력한 힘에 자신의 의지를 복종시키면 믿기 어려운 놀라운 것들을 창조해낼 수 있다.

그러나 현대의 인류는 아틀란티스와 같은 고대 문명인들이 사용했던 능력을 이미 오래전에 잃어버렸다. 흩어진 고대 지혜의 파편들은 그 일부가 비전적秘傳的 교의와 실천법의 형태로 우리 시대에까지 전해 내려왔다. 이 지혜를 일상의 삶에서 활용하기는 매우 어렵다.

그러나 상황이 그리 가망 없는 것만은 아니다. 트랜서핑에는 우회로가 있다. 이 우회로의 도움으로 우리는 외부의도를 작동시킬 수 있다. 사람은 자신의 현실을 창조해낼 수 있다. 그러나 그러기 위해서는 특정한 규칙을 준수해야 한다. 보통 인간의 마음은 거울에 비친 그림자를 바꿔보겠노라고 열심히 달려들지만 결국 헛손질만 한다. 그 그림자의 주인을 변화시켜야 하는데 말이다. 그림자의 본체의 이미지를 형성하는 것은 우리의 사념의 방향성과 특성이다. 원하는 것을 실현시키는 데는 바라고 원하는 것만으로는 부족하다. 이중거울을 다루는 방법을 알아야 한다. 당신은 이제 그 방법을 배우게 될 것이다.

다만, 사람들이 철석같이 믿고 있는 '상식'이라는 것을 철저하게 흔들어놓아야 한다. 현실이 양면 — 물질적인 면과 비물질적인 면 — 을 지니고 있다는 사실을 받아들이면 낡은 고정관념이 무너지면서 세계를 조망하는 시야가 더욱 분명해진다. 이중성은 우리 현실의 나누어질 수 없는 한 부분으로서 나타난다. 예를 들어, 영혼은 가능태 공간과 연결되고 마음은 물질 세계와 연결된다. 내부의도는 물질 현실과 관계하고 외부의도는 가능태 공간의 가상(virtual) 섹터들과 연결을 가진다.

현실의 이 두 가지 측면이 거울 표면에서 만날 때 여러 현상들이 발생하는데, 이것은 아직 과학적으로 설명할 수 없는 현상으로 간주되고 있다. 두 측면이 만나는 현상의 한 예로서 파동-입자 이중성을 들 수 있는데, 그것은 극미세계에서 하나의 물체가 입자로 나타나기도 하고 파동으로 나타나기도 하는 현상이다. 또 하나, 진공 속에서 소립자가 생성과 소멸을 거듭하는 현상은 현실이 물질적인 형태와 비물질적인 형이상학적 형태 사이에서 요동칠 때 나타나는 경계(border) 상태의 한 예가 될 수 있다.

하지만 가장 놀라운 예는 자기 안에서 물질적인 것과 정신적인 것을 하나로 결합시키고 있는 살아 있는 존재인 우리 자신이다. 어떤 의미에서 보면 우리는 거대한 이중거울의 표면에서 살고 있다. 그 한쪽 면에는 우리의 물질세계가 있고, 다른 쪽 면에는 현묘하고 무한한 가능태 공간이 펼쳐져 있다.

이처럼 유별난 처지에 놓여 있으면서도 케케묵은 세계관에 빠져서 오로지 현실의 물질적 측면만을 대하고 산다면 그것은 매우 근시안적인 삶일 것이다. 당신은 세상이라는 이중거울을 다루고 활용하는 법을 익혀서, 예전에는 불가능했던 일들을 이제는 해낼 수 있게 될 것이다. 가능성의 한계는 오로지 자신의 의도에 의해서만 정해진다는 것을 당신은 확인할 수 있을 것이다.

백일몽 같은 삶

잠재되어 있던 가능성이 현실로 실현될 때는 이중거울의 표면에 대칭 패턴이 나타난다. 거울의 한 면에는 형이상학적 가능태 공간의 섹터가 있고, 그 다른 쪽 면에는 그것의 물질적 실현태가 존재한다. 모든 생명체의 육체와 마음은 물질세계에 속해 있고 영혼은 가능태 공간과 긴밀한 관계에 있기 때문에, 생명체는 거울의 경계면에서 균형을 유지하려고 한다.

우리 모두가 그곳으로부터 이 삶으로 나왔고, 새로운 모습으로 거울 표면에 나타나기 위해 무대 뒤에서 옷을 갈아입듯이, 다시 그곳으로 돌아갈 것이다. 이 가면 극장에서 배우들은 끊임없이 배역을 바꿔가며 출연한다. 하나의 역할을 마친 뒤에 배우는 잠시 무대 뒤에서 가면을 바꿔 쓰고 이전의 무대에서 있었던 일을 모두 잊은 채 다시 게임에 참여한다. 배우는 자기의 배역에 너무나 열중한 나머지 자신의 진정한 정체를 깜박 잊어버린다. 하지만 간혹 막이 열릴 때, 그는 지금 살고 있는 이 삶이 처음이 아니었음을 깨달으면서 놀란다.

미국의 정신과 교수 얀 스티븐슨은 주로 어린아이들을 설문 조사하여 2천5백 건 이상의 전생에 관한 공식적 기록을 수집했다. 아이들은 최면당하지 않은 상태에서 옛날 다른 나라에서 살았던 자신의 생활을 묘사했다. 얀 스티븐슨 교수의 책에는 재미있는 사실이 기술되어 있다. 대표적으로 한 쌍둥이 형제 이야기가 있는데, 이 둘은 알아들을 수 없는 언어로 서로 이야기를 나눴다. 처음에는 모두가 이 아이들이 뜻 없이 그냥 웅얼거리는 줄로만 알았다. 3년이 지나도 아이들이 계속 웅얼거리자 부모는 뭔가가 이상하다는 것을 깨달았다. 언어학자들이 그들의 대화를 청취했을 때 드러난 것은 그들이 고대 아람어로 말하고 있었다는 놀라운 사실이었다. 이 언어는 예수 그리스도 시대에 널리 사용되었던 언어지만 지금은 더 이상 사용되지 않는다.

한 유고슬라비아 소녀는 병에 걸려서 한동안 의식을 잃고 지냈다. 그녀는 깨어나서도 주변사람들을 알아보지 못하고 외국어로 말하기 시작했다. 전문가들에 의해 이 언어는 벵갈어 사투리 중 하나인 것으로 판명됐다. 소녀는 갑자기 인도에 있는 집에 가고 싶다고 조르기 시작했다. 소녀가 말했던 그 도시에 도착했을 때, 그녀는 자기 집을 찾아냈지만 그녀의 부모뿐만 아니라 그녀도 사실은 이미 오래전에 죽은 사람이었다.

이런 이야기들이 특히 어린이들에게 대단히 많긴 하지만 어른들도 그런 경우가 있다. 27세의 한 여인은 남편과 처음으로 독일 여행을 갔는데 놀랍게도 가는 곳마다 고향에 온 것처럼 정겨움을 느꼈다. 그녀는 자기 집을 찾아냈고 부모와 형제들의 이름을 기억해냈다. 그리고 근처의 식당에서 그녀의 가족을 알고 있는 어떤 할아버지의 얼굴을 알아봤는데, 그는 그녀의 가족과 말에 밟혀 죽은 딸에 관한 비극을 이야기해줬다. 그 여인은 그 자리에서 그 이야기를 받아 더 자세한 내용을 보충해서 설명할 수 있었다.

안제이 도니미르스키의 《우리의 삶은 한 번뿐인가?》라는 책에는 영국의 아놀드 블랙스맴이라는 정신과의사의 실험에 관한 이야기가 기술되어 있다. 그는 최면술을 이용해서 환자들을 전생으로 돌아가게 했다. 그중 어떤 환자는 여섯 번의 전생에 대해서 이야기했다. 맨 처음 그녀는 영국에서 로마총독의 부인이었고, 다음은 유대인 대금업자의 부인이었으며, 그다음에는 파리의 어느 상인의 집에서 일하던 하녀였고, 또한 스페인 카스틸리아의 어느 왕자의 궁녀였으며 런던에서는 재봉사로 살았었고 미국 어느 주에서는 수녀로 살았었다. 이 모두가 2천 년 동안 일어난 일이었는데, 역사학자들이 사건과 날짜를 꼼꼼하게 확인한 결과 모두가 사실이었다.

이 모든 사실을 종합해서 고려해보면 환생이 존재한다는 것은 틀림없는 것 같다. 단 한 가지 난점은, 전생을 기억하는 사람들이 왜 그토록 드문가 하는 점이다. 그 기억은 주로 어린 시절에 떠오르고 시간이 흐를수록 기억 속에서 점차 희미해지다가 결국은 완전히 지워져버린다.

실제로는 기억이 지워지는 게 아니라 단지 인간의 인식이 그로부터 차단되는 것일 뿐이다. 현실 속에서 꿈꾸는 것과도 같은 이 백일몽 같은 삶에서 깨어나면 누구나 전생을 기억할 수 있다. 어린아이가 네 살까지는 꿈과 현실을 잘 구별하지 못한다는 사실은 잘 알려져 있다. 그들은 전생을 기억할지도 모르지만, 어른들은 그들에게 '이성적인' 세계관을 강요하여 그것을 인식하지 못하게 만든다.

또한 인간은 네 살 이전의 자기 모습을 잘 기억하지 못한다. 왜 그럴까? 아이는 우둔해서 자신을 인식하지 못해서일까? 그것은 전적으로 엄청난 오해다. 실제로는 아이들의 의식의 각성도가 어른보다 훨씬 더 높다. 오히려 어른들이 백일몽에 정신없이 빠져 있기 때문에 전생도, 유아시절도 기억을 못하는 것이다. 어떻게 이런 일이 생기는지를 한 번 살펴보자.

새로운 육신을 입고 태어나면 영혼은 뒷전으로 밀려나고 마음이 최고의 지위를 획득한다. 마음이란 무엇인가? 태어날 때부터 무엇이든지 기록할 수 있는 백지다. 사람은 태어난 이래로 이 백지 위에 기록된 틀에 박힌 형식에 따라 자신과 주변 현실을 인식하게 된다. 이 틀에 박힌 형식이 선명할수록 영혼과 마음 간의 차이가 벌어지는 것이다. **사람은 배운 대로 현실을 인식하게 된다.**

각성된 의식은 두 가지 차원으로 나눌 수 있다. 첫째 차원은 주의이고 둘째는 지각이다. 태어나자마자 지각력이 묻혀버리는 것은 아니다. 아이가 직관적 지혜와 투시력을 발휘할 수 있다는 사실은 널리 알려져 있다. 달리 말하자면 가능태 공간에 있는 정보에 직접 접속할 수 있고, 세계를 있는 그대로 인식할 수 있는 것이다.

그러나 '꿈에 빠진' 어른들은 이내 어린아이를 엄하게 꾸짖기 시작하고 아이를 그 꿈의 좁은 틀 속에 가둬넣는다. 그들은 아이들의 자유를 제한하고 주의를 한 곳에 집중하게 함으로써 그렇게 한다. 아이들의 주의를 물질현실의 속성에만 집중시키는 것이다. "여길 봐! 내 말을 잘 들어! 그렇게 하지 마! 이렇게 해!" 주의가 점령되면 인식의 범위가 좁아진다. 지각력이 없어지고 무의식적인 꿈의 상태와 다를 바 없는 상태로 빠져버린다.

실제로 주의의 초점을 좁은 범위에 붙들어 매놓으면 사람은 자기 발만 보며 걷는 것처럼 살기 때문에 주변을 둘러보지 못한다. 틀에 박힌 세계관은 사람을 모든 것의 당위를 결정하는 프로크루테스 Procrustes (그리스 신화의 인물로, 행인들을 붙잡아다가 자신의 침대에 맞지 않으면 몸을 늘이거나 잘라내어 억지로 맞추었다고 함 – 역주)의 고정관념 속으로 쑤셔 넣는다. 무의식적인 꿈속에서는 주의와 지각이 극도로 고착된다. 사람은 상황을 그대로 받아들이고 사건의 전개에 영향을 미칠 수 없는 자신의 무력함을 절감한다. 결과적으로 꿈꾸는 사람은 사건에 완전히 사로잡혀서, 꿈은 그의 의지와 상관없이 제멋대로 일어나고 그것을 어찌할 수가 없게 되어버린다. 시나리오는 두려움과 기대에 맞추어 저절로 펼쳐진다. 기대와 생각들이 꼬리를 물고 걷잡을 수 없이 흘러간다.

자각몽에서는 각성도가 이미 높아져 있어서 꿈꾸는 사람이 강한 의지로써 사건 과정에 영향을 미칠 수 있다. 그가 '이것은 모두 꿈이야' 하고 인식하면 그에게는 놀랄 만한 능력이 생긴다. 자각몽 속에서는 불가능이란 없다. 사건을 멋대로 조종할 수 있고 날아다니는 것과 같은, 상상을 초월하는 일들을 할 수 있다. 이 모든 것은 그의 주의와 지각이 고착되어 있던 대상에서 벗어나서, 고개를 들어 주변을 둘러보면서 자신의 위치를 알아차리기 때문에 가능해지는 것이다.

그러나 눈을 뜨고 깨어 있는 동안에는 이상하게도 각성도가 다시 저하된다. 대부분의 경우 생각은 제멋대로 날아다녀서 한 주제에서 다른 주제로 널뛰듯 마구 돌아다닌다. 보통 불안한 걱정거리나 흥분시키는 일들이 의식을 완전히 사로잡고 있어서 늘 어느 정도 마음을 갉아먹고 있다. 이런 생각들의 방향을 제어하기란 어렵다. 최악의 예감과 부정적인 반응들이 사람의 의지와 상관없이 현실을 지어낸다. 지각과 주의가 문젯거리, 괴로운 생각이나 상황에 고착되어버린다. 그 결과 사람은 마치 눈 뜨고 꿈꾸는 것처럼 자기만의 근심과 걱정 속으로 빠져든다. 아이들은 이런 식으로 어른이 되어가는 것이다.

어른이 된 사람은 자신의 꿈에 맞지 않는 어린아이를 우둔하다고 생각한다. 물론 아이에게는 새로운 환경에서 생존하는 법을 가르쳐줘야 한다. 하지만 그럴 때 불가피하게 기이한 현상이 발생한다. 물질세계의 좁은 틀 속의 법칙을 익히면 익힐수록 의식의 각성도가 저하되고, 그에 따라 현실의 형이상학적 측면을 인식하는 능력이 상실되면서 사건 과정에 영향을 미칠 수 있는 힘을 잃게 된다.

성인들은 상황을 심각하게 받아들이고 근심에 빠지기 시작했을 때부터 자기 게임의 포로, 즉 상황의 포로가 되었다. 하지만 어린아이는 자기의 게임에 대해 완전한 통제력을 가지고 있다. 이 모두가 게임인 것을 매 순간 알아차리고 있기 때문에 그의 각성도는 높다. 삶이 한갓 게임일 뿐임을 알기 때문에 그것의 중요성은 낮다. 그는 마치 관객처럼 인생을 지켜보면서 초연하게 행동한다.

그러나 성인들에게는 놀이는 끝났고 삶은 심각한 것이 되어 있다. 어떤 의미에서는 맞는 얘기지만, 다른 한편에서는 이런 심각한 태도가 사람들로 하여금 무의식적인 백일몽 속에 빠진 채로 살아가게끔 만든다. 물론 그는 자신이 지금 잠들어 있지 않고 깨어 있다고 생각한다. 하지만 그렇다고 해서 달라지는 게 있는가? 소망은 이루어지지 않고 꿈은 실현되지 않는데 우려하는 일에 대한 불길한 예감은 마치 별렀다는 듯이 어김없이 실현되는 것 같다. 삶은 내가 원하는 대로가 아니라 제멋대로 흘러간다. 결과적으로, 자각몽 속에서는 자기 현실의 주인이 되는데, 깨어 있는 현실에서는 자기 힘으로 어찌할 수 없는 상황에 빠진다. 모든 것은 상대적이다.

꿈속의 장면과 현실을 비교하는 방법을 통해 꿈속에서 자신을 자각하면 꿈을 조종할 수 있게 된다. 사람들은 현재의식 차원에서 현실이라는 기준점을 가지고 있어서, 꿈에서 깨면 그 기준점으로 돌아온다. 그런데 그 현실은 눈을 뜬 채 무의식적인 꿈을 꾸는 것과도 같아서 삶은 그저 '제멋대로' 펼쳐진다. 사람은 전생을 기억하지 못하므로 현실과 비교할 수 있는 더 높은 차원의 기준점이 없기 때문에 현실에서 깨어나지 못하고 있는 것이다.

자각몽에서는 자신이 누구인지를 기억한다. 당신은 꿈을 꾸는 사람이다. 당신은 깨어나면 모든 꿈이 사라지리라는 것도 알고 있다. 하지만 꿈속에 남아서 꿈의 방향을 자신의 의도대로 조종할 수 있다. 기준점을 기억해내고 자신이 꿈을 꾸고 있음을 인식하지 못하면 당신은 꿈에 완전히 사로잡혀 있는 것이다. 당신은 상황에 종속되고 한계에 갇혀 있다.

현실은 우리가 항상 다시 돌아오는 곳이기 때문에 꿈과 다르다. 꿈도 현실도 모두 상대적이기 때문에 이것이 꿈인지 현실인지를 알아차리려면 시작점을 정해야 한다. 현실에 비해 꿈이 더 비현실적이다. 그러면 현실은 무엇에 비해 비현실적인가? 현실의 시작은 어디에 있을까? 우리는 죽음으로써 시작점으로 돌아간다. 하지만 다시 태어날 때 그 시작점을 잊어버리고 다음 삶인 새로운 꿈속으로 빠져든다. 내가 실로 누구인지를 기억할 수만 있다면 삶이라는 당신의 꿈을 조종할 수 있다는 것을 이젠 이해했을 것이다.

이것은 상당히 어려운 일이다. 틀에 박힌 세계관을 바꿔야 하기 때문에 어려운 것이다. 이것은 마음에 각인된 일종의 무늬이기 때문에 삭제하거나 고칠 수가 없다. 단 추가로 새로운 것을 만들 수 있는데, 그러기 위해서는 마음을 비워야 한다. 마음은 잠을 잘 때, 혹은 향정신성 약물을 통해 틀에 박힌 고정관념에서 분리된다.

의식이 정상적으로 각성된 상태에서 영혼과 마음은 동시에 가능태 공간의 실현된 섹터에 방향이 맞춰진다. 마음은 창문을 통해 보듯 물리적 현실을 관찰한다. 알코올이나 마약에 취한 상태에서는 마음이 자기 통제력을 놓아버리므로 영혼과 마음의 동조가 깨지면서 영혼이 가능태 공간의 실현되지 않은 구역으로 미끄러져 들어간다. 그래서 그 기울기에 따라 현실세계에 있는 사람은 매사를 저마다 다르게 인식하는 것이다.

단순하게 말하자면, 술에 취한 사람은 꿈에서 보는 것처럼 자신이 잘 알고 있는 집이나 거리를 다른 모습으로 볼 수 있다. 그의 마음은 이미 무대장치가 다른, 가까이에 놓여 있는 실현되지 않는 섹터의 한 장면을 보고 있는 것이다. 거기에서는 무슨 일이든 다 일어날 수 있다. 예컨대, 본래 문이 있던 자리에서 문을 찾거나 보지 못하는 일도 생긴다. 집을 완전히 뜯어고치는 내부수리를 한 것처럼 문을 알아볼 수 없는, 몹시 놀랄 만한 상황이 벌어질 수도 있다. 얼굴을 아는 사람들을 완전히 다른 사람으로 볼 수도 있다. 현실에서는 모든 것이 그대로지만, 그 사람의 지각이 가능태 공간의 다른 구역을 '보고' 있기 때문에 비현실적인 무대장치가 보이는 것이다.

무의식적인 꿈에서는 이성의 통제 능력이 더욱 약화되고, 따라서 영혼은 시나리오나 무대장치를 상상하기 어려울 만큼 매우 멀리 떨어진 섹터 안으로 날아 들어간다. 거기는 환상적인 천국부터 끔찍한 지옥까지 모든 것이 있을 수 있다. 꿈꾸는 사람은 시끄러운 소음이 울리는 기계장치로 가득 찬 기계문명 세계에 모습을 나타낼 수도 있다. 아니면 가축 도살장처럼

117

오물과 살코기로 가득 찬 세계에 나타날 수도 있다. 또한 알지 못하는 도시에 갈 수도 있고, 그래서 어떻게 왔는지, 어디로 가야 하는지를 모르는 채 절망적으로 거리를 방황해야 하는 수도 있다. 그런 곳에서는 사람들이 비정상적이거나 괴상망측하고, 동물들은 매우 사나울 수도 있다.

그런 꿈에서 깨어나면 사람은 무엇과도 비교할 수 없는 안도감을 느낀다. 그것이 꿈이라는 것이 얼마나 다행인가! 그렇다. 그것은 꿈이지만, 환상이 아니라 현실화되지 않은 형이상학적 현실이다. 가장 무서운 것은 가상현실의 등장인물들이 꿈꾸는 사람을 바라보고 있고, 그들은 꿈꾸는 자의 걱정과 기대에 맞춰 그에게 마음대로 모든 짓을 할 수 있다는 데 있다. 그 같은 현실에 빠진다는 것은 정말 끔찍한 일이다!

우주에 나가 있는 우주비행사들이 꾸는 꿈들도 지구에서 꾸는 꿈과 다르다. 겐나디 스트레칼로프는 출간된 자신의 일기장에서 이렇게 회고한다. "나는 이상한 꿈들을 꾼다. 가끔은 주제도 엉뚱한 놀라운 꿈들을. 두뇌가 복잡한 컴퓨터처럼 피로에 의해 혼란을 일으키기 때문이거나, 모든 것이 기록되어 있고 영원히 보관되어 있는 우주의 정보장(field)으로부터 두뇌로 정보가 들어오기 때문일 수도 있다." 보통 사람의 지각에서 일어날 수 없는 이런 꿈들을 꾸고 나면 우주비행사들은 가능태 공간의 존재에 대한 트랜서핑의 가정을 놀랍게 여기지 않는다.

카를로스 카스타네다와 테운 마레자의 책은 사람의 지각 모델에 대해서 잘 기술하고 있다. 그들은 아틀란티스의 마지막 후예인 톨텍 인디언들이 상상하는 것에 대해 묘사했다. 그들의 이론에 따르면, 많은 섬유로 구성된 발광하는 에너지 코쿤cocoon(누에고치 형상의 에너지 보호막)이 사람을 둘러싸고 있다. 그 섬유들은 견갑골쯤에 있는, 연결점(assemblage point)이라 불리는 통합 초점에서 겹쳐진다. 연결점의 위치는 지각의 방향성을 결정한다.

그런 모델을 트랜서핑의 개념과 합치자면, 연결점이 정상 위치에 있을 때 사람은 일상적인 현실을 지각한다고 말할 수 있다. 그런 상황에서는 실현된 현실이 가능태 공간의 상응하는 섹터와 일치한다. 그 포인트가 옆으로 위치가 변경되면 동조 상태가 깨져서 사람이 실현되지 않은 구역을 지각할 수 있게 된다. 보통 사람들에게는 그 포인트가 단단히 고정되어 있다. 어떤 이유에 의해 고정된 부분이 풀리게 되면 연결점이 이동하기 시작하면서 그 사람에게는 투시 능력이 생기게 된다. 물론 꿈꿀 수 있는 것도 그 포인트가 이동하기 때문이다. 중요한 것은 지각 초점이 옆으로 이동했다가 다시 제자리로 되돌아오는 것이다. 그러지 않고 비정상적인 위치에 오래 머물면 정신착란이 일어날 수 있다.

의도로써 이 연결점을 이동시킬 수 있는 사람은 자각몽에서와 마찬가지로 현실을 조종할 수 있다. 이런 능력은 현실에 대한 기준점을 자신에게로 되돌릴 때, 즉 진정한 자기가 누구인지를 깨달을 때 자연스럽게 얻어진다. 쉬운 일은 아니다. 그만한 깨달음에 도달한 사람의 수는 열 손가락에 꼽을 정도일 것이다. 깨달음은, 낯선 도시에서 비좁고 복잡한 골목을 따라 길을 잃은 채 헤매 다니다가 마침내 하늘로 솟아올라 모든 길을 한 눈에 확연히 내려다볼 수 있게 되는 것과도 같다.

트랜서핑은 당신을 모든 것이 보이는 높이까지 올려주지는 않지만, 눈 감고 따라가도 될 만한, 당신만의 행로를 보여준다. 꿈속에서 깨어나려면 비교할 수 있는 기준점이 필요하다. 또 다른 진정한 현실이 있다는 것을 기억할 때 이것은 꿈이라는 것을 깨닫게 된다. 우리의 삶에서, 의식이 한 단계가 아니라 반 단계라도 상승할 수 있다는 앎은 하나의 기준점으로 작용할 수 있다. 그리고 그것은 이미 작지 않은 일이다.

당신이 거리를 따라 걷고 있거나 누군가와 얘기하거나 아니면 일상적인 일을 하고 있다고 하자. 깨어나라! 주위를 살펴보고 일어나는 일들을 명료히 바라보라. 당신은 당신의 의도로써 자신의 세계를 올바른 방향으로 나아가게 할 수 있다. 당신의 현실을 조종할 수 있다. 이것은 의지의 작은 변동에 따라 꿈의 이야기 줄거리가 유연하게 변하는 것과는 차원이 다른 것이다. 물질적 실현은 끈적끈적한 송진처럼 불활성不活性이 있지만 트랜서핑 원리를 이용하면 그것을 조종할 수 있다. 그러니 꿈에서 깨어나는 것이 가장 당면한 일이다.

현실을 꿈처럼 인식해보라. 오직 의식적인 꿈에서만 모든 것을 통제할 수 있다. 현실에서 잠자고 있을 때 당신은 상황을 통제하는 것이 아니라 펜듈럼과 싸우고 있다. **객석으로 내려가서 지켜보라. 관찰자로 머물고 자신을 빌려주면서 초연하게 행동하라.**

깨어 있는 의식 상태를 유지하기 위해서는 자신의 생각의 방향을 항상 제어해야 한다. 이것이 습관이 되면 노력 없이도 자동으로 할 수 있게 된다. 꿈속에서 이미 깨어 있으면 이것이 꿈이라는 것을 인식시키려고 노력할 필요가 없기 때문이다. 마찬가지로 현실에서도 생각의 방향을 제어하는 것을 배울 수 있다. 그러려면 처음에는 습관이 될 때까지 체계적인 훈련을 통해 자신을 일깨워야만 한다.

깨어 있는 현실에서 초연하게 행동해야 한다는 것을 기억한다면 당신은 이미 자각하고 있는 것이다. 즉 무대에서 객석으로 내려가거나 무대에서 연기하는 관객으로 남는 것이다. 이것이 바로 위에서 이야기한 각성의 반 계단인데, 이것만 잘해도 나머지 다른 트랜서핑의 원리를 수행하는 데 부족함이 없다. **앞에서 살펴본 것처럼 트랜서핑의 원리 중에서 가장 중요한 것은 '중요성의 수준을 낮추기'와 '가능태 흐름 타기'와 '의도의 조율'이다.** 이 원리들은 여러 가지 불쾌한 것들을 피하면서 미로와 같은 삶 속에서 자신 있게 눈 감은 채 움직여갈 수 있게 해준다. 이다음에 우리는 현실을 조종할 수 있는 강력한 도구인 이중거울을 만나게 될 것이다.

이 주제를 마치면서 이런 질문을 할 수 있겠다. 만약 가능태 공간 속 어딘가에 현실을 꿈처럼 보이게 하는, 연속적인 모든 삶의 바탕인 기준점이 있다면 그 기준점의 최초의 시작점은 무엇일까? 그것은 틀림없이 신(God)일 것이다. **모든 살아 있는 존재의 영혼은 신의 일부다. 그리고 모든 삶은 신의 꿈이다. 신에게도 기준점이 존재하는지를 계속해서 물어볼 수도 있을 것이다.**

이런 의문은 거기에 흥미가 있는 사람들이 풀도록 놔두자. 이와 마찬가지로 보이는 세계의 경계 너머에는 무엇이 있을까, 하는 의문을 품을 수도 있겠다. 아프리카에서 꽃의 꿀을 따는 나비들이 미국이라는 나라가 있고 거기도 이런 꽃들이 있다는 것을 모르듯이, 우리도 위의 의문에 대한 답을 알 수가 없을 것이다. 이 세상은 참으로 아름답지 않은가? 그 모든 것에 대해 설명을 요구할 필요가 있겠는가? 눈앞에 피어 있는 꽃의 감로를 즐기면 될 것을.

신의 아이들

예로부터 신을 잘 섬기는 사람들은 선한 자들이고, 믿지 않는 자들은 죄에 빠진 자들이었다. 더 정확히 말하자면, 신앙심이 깊은 사람들이 자신들을 위해, 또 동시에 모두를 위해 자기들은 면죄를 받았다는 등의 이런 고정관념을 만들었다. 그럼에도 불구하고 신의 마음을 흡족하게 하려는 목적으로 이단자 박해와 같은 극악무도한 범죄가 신의 이름으로 행해졌고, 지금도 계속되고 있다. 신앙은 결코 사람을 정의롭게 만들지는 않는 것 같다.

종교인들에게는 죄가 없다는 인식이 어디서 오는 것이기에 무신론자들마저 그것을 정중하게 인정하는 것일까? '우리는 믿고 있고 교회에 다니면서 기도하기 때문에 밝음과 신앙의 중심이고, 당신들은 무신론자들이기 때문에 죄와 어둠에 빠져 있는 것이다. 우리는 올바르고 당신들은 올바르지 않다.' 사람들은 이런 확신의 근거를 종교의 펜듈럼으로부터 얻는다. 펜듈럼에서 모든 것을 찾을 수 있다. 여기에는 죄를 용서해주는 하나님의 자비에 대한 믿음, 참회를 통해서 죄 사함을 받는 것, 하나님 나라에 대한 믿음, 하나님의 도움에 대한 소망과 신자들과 화합된 느낌이 있다. 무신론자들은 자기 자신만을 믿어야 하고 죄책감을 던져버릴 곳도 없기 때문에, 이런 면에서 본다면 무신론자로 사는 것은 쉽지 않은 일이다.

하지만 자기 자신을 본래부터 올바르다고 생각하는 사람들은 왜 그리도 신을 찾는 것인가? 많은 경우, 사랑 때문에 신에게로 가는 것이 아니라 자신감이 없고 두렵기 때문에 하나님을 찾는다. 온 마음으로 신을 향하고 있다고 생각하는 사람들이 있지만 그것은 환상이다. 실제로는 자기의 자아에서 벗어나려고 하는 것이다. 자아는 모욕감을 느끼기 전에는 나쁘지 않고 방해도 되지 않는다. 상황에 따라 사람이 자기 자신을 다른 사람들과 비교하게 될 때, 그리고 자신이 완벽하지 않음을 발견할 때 자아가 일어나는 것이다.

자아의 유일한 목적은 자기의 중요성을 확인하는 데에 있다. 그것을 확인하지 못하면 자아는 노여워하고 마음의 불편을 느끼며 그런 느낌에서 벗어나려고 애쓰게 된다. 어떻게 벗어날 수 있을까? 중요성을 높이기 힘든 상황에서 해결책은 두 가지 방법밖에 없는데, 고삐를 풀어줘서 자아를 마구 내달리게 하거나 아니면 반대로 자아를 억압하는 것이다. 첫째 방법을 선택한 사람들은 이기적인 사람이 되고 둘째 방법을 택한 사람들은 이타주의자가 된다.

혼자 있을 때 그 불편함을 벗어나기 위해 자아는 흔히 극단적인 행동, 즉 자기 자신을 부인하는 행위를 시작한다. 자아는 자신을 사랑하는 것은 나쁜 것이니 다른 사람들을 사랑해야 한다고 선언한다. 사람은 자기 영혼에게 등을 돌리고는, 의지처를 얻기 위해서 자신의 삶을 누군가, 또는 무엇인가를 위해 바치려고 신이나 다른 대상에 빠져든다. 또는 반대로 자아는 공격적으로 돌변하기도 하는데 이런 경우에 범죄자, 비열한 자 또는 파렴치한 자들이 생기는 것이다. 따라서 지극한 신앙을 지닌 사람이나 죄에 빠진 사람이나 모두가 자아의 산물일 뿐이며, 다만 양극성의 반대 위치에 자리 잡고 있는 것이다.

신에게 귀의할 때, 당신은 자아에서 벗어났다고 느낄 것이다. 하지만 당신을 신에게 나아가게 한 것이 바로 자아라는 사실에 패러독스가 놓여 있다. 그런데 신은 밖이 아니라 당신 안에 있는 것이 아닌가! 신의 작은 파편들이 각 생명체 안에 들어 있고, 신은 그런 방식을 통해 온 세계를 다스리는 것이다. 자아는 이상하고 추상적인 상징을 숭배하면서 자기 영혼, 즉 참된 신으로부터는 등을 돌린다. 그리스도, 마호메트, 붓다, 크리슈나 — 이들 모두는 신이 그 모습을 가장 잘 드러낸 최상의 화신이다. 보통 사람들은 최상의 화신은 아니더라도 그 역시 육화된 신의 한 모습이다. 그렇다면 한 화신이 다른 화신을 숭배하는 것이 아닌가? 누가 이것을 필요로 하는 것일까?

자기 에고ego를 벗어나기 위해 신에게로 향하는 것은 내적 중요성의 길이다. 당신 자신을 다른 사람들이 심판하게 하면 내적 중요성이 나타나기 시작한다. 다른 사람들을 곁눈질하지 않고 자기 자신에게로 돌아오는 것이 신에게로 가는 진정한 길이다. 남들의 눈치를 볼 필요성에서 벗어나면, 모든 것이 만족스럽고 에고는 사라지며 단지 총체적인 온전한 개성이 남는다. 당신을 어떤 틀에 끼워 맞추려고 하고, 당신이 변해야 한다고 외치는 사람들의 말을 듣지 말라. 그들은 당신으로 하여금 자신을 배신하여 자기 영혼에 등을 돌리고 "나처럼 따라해"라는 펜듈럼의 법칙을 좇게 만든다. 자기 자신에게로 돌아와서 자신을 있는 그대로 받아들이고 당신이 옳을 수 있는 권리를 되찾으라. 자신의 모든 것을 추상적인 신을 숭배하는 데다 바치는 것은 자기 영혼에 등을 돌리는 짓이다. 그것은 바로 종교 펜듈럼을 지지하는 행위다.

이것은 트랜서핑의 신학이다. 다만 누구에게도 강요하지 않을 뿐이다. 나는 절대적인 진리를 선포하지 않으며, 단순히 몇 가지 법칙을 파악하려고 하는 것뿐이다. 누구나 자기 자신만의 결론을 내릴 권리가 있다.

물론 종교지도자들이 이런 의견을 좋아할 리가 없다. 그러나 그들 중에서도 다른 신념을 지닌 사람들을 만날 수 있다. 광적인 종교 펜듈럼의 지지자들은 다른 도그마 앞에 자신의 도그마를 표독스럽게 대치시킨다는 데서 진정한 성직자와 구별된다. 종교 펜듈럼 지지자들은 그 완강한 적대성으로써 자신을 쉽게 눈에 띄게 한다. 다행히도 이런 지지자들이 다른 생각을 가진 사람들을 화형시키는 시대는 지나갔다. 하지만 종교적인 이유로 생긴 불화들은 아직도 남아 있고 펜듈럼의 첫째 법칙은 폐기되지 않으므로 그것은 계속될 것이다.

본질적으로 종교는 중개자를 통해서 신과 교통한다. 세례나 결혼예식이나 장례는 성직자 없이는 거행하기 어렵다. 하지만 그것은 필수적인 것이 아니다. 제때 세례를 못 받았다고 해서 그 아이를 하나님이 받아주지 않을 수가 있겠는가? 우리 안에 신의 일부가 있다면 우리는 신의 자녀들이 아닌가? 부모와의 관계에 있어서 우리에게 중개자가 필요한가? 이 문제는 각자가 알아서 해결할 일이다.

종교는 지지자들에게 특히 모진 펜듈럼이어서, 그들에게 세상의 행복을 포기하기를 강요한다. 일반적으로 모든 영적인 길은 고행의 길로 이어져 있다. 영적 수련의 높은 단계에 올라간 깨달은 사람들은 세속사에 관심이 없어진다는 견해가 있다. 이 함정에 빠지지 말라. 각자는 자신의 풍요와 평안과 행복에 관심을 가져야 한다. 그러지 않다면 그 사람은 어떤 도그마에 완전히 빠져 있는 것이다. 그것은 분명히 종교나 철학 아니면 또 다른 어떤 영적인 펜듈럼에 속한다.

펜듈럼의 둘째 법칙에 따라 종교는 조직의 이익을 위해 지지자가 자신을 헌신적으로 바칠 것을 강요한다. 사람이 이 미끼를 물면 그는 정말 다른 것에는 관심이 없어진다. 그는 오로지 자신의 영혼을 닦고 신과 대화한다는 환상에 빠져 있을 수도 있다. 실제적으로 이런 '깨달음'을 얻은 사람의 영혼은 꽉 막힌 상자에 갇혀 있어서 자기에게 필요한 것을 볼 수가 없다.

영혼은 왜 이 물질세계로 왔을까? 하늘나라의 삶을 준비하기 위해 왔을까? 말도 안 된다! 영혼이 하늘에서 내려왔다면 왜 또다시 하늘나라의 삶을 위해 준비를 해야 하는가? 그리고 이 지상에서 그렇게 한다는 것이 가능하기라도 할까? 이 세속적인 삶이 영혼에게는 유일한 기회다. 영혼은 물질세계의 모든 아름답고 좋은 것들을 알기 위해 영적인 세계에서 이 세상으로 오는 것이다. 영적인 세계는 언제나 들어갈 수 있다. 매혹적인 것이 많은 이 아름답고 놀랍고 훌륭한 세계가 영혼에게 제공해줄 수 있는 그것을 박탈하는 것이 무슨 의미가 있단 말인가?

온 정성을 다해 신을 숭배하면 오히려 그로부터 멀어진다. 창조주는 자신의 화신化身인 생명체들을 통해 무수한 현실을 창조해내고 있다. 신은 창조된 현실의 모든 측면을 체험하고자 한다. 그러기 위해 그는 자신의 자녀들을 물질세계로 내려 보낸다. 신은 당신에게 행동의 자유를 주었다. 그 자유를 즐기고 누리라. 감방에 들어가서 많은 시간을 기도하면서 보낼 필요가 없다. 그것은 신을 섬기는 것이 아니라 값진 삶에서 얻을 수 있는 신의 기쁨을 빼앗는 것이다. 이는 어린아이에게 놀지도 못하게 하고 온종일 외우기만 시키는 것과도 마찬가지다.

종교 펜듈럼의 지지자들은 당신은 무능하고 신은 전능하다는 사상을 불어넣으려고 할 것이다. 당신이 자유와 힘을 가지고 있는 것은 조직에게는 불리하다. 그것은 충성스러운 구성원들에게만 필요한 것이다. 펜듈럼은 사람의 의지를 예속시키는 데 대단한 성공을 거두고 있다. 신의 자녀들이 자신의 힘을 완전히 망각하게 만드는 이들의 영향력을 보면 그저 놀라울 따름이다.

원래 사람에게는 형이상학적인 가능태 공간의 잠재적 가능태들을 물질적 현실로 실현시켜 자기의 세계의 층을 이루어낼 권리가 있다. **펜듈럼은 사람들로부터 자신의 능력에 대한 인식을 빼앗았을 뿐만 아니라, '신의 일을 하는' 것을 '신을 숭배하는' 것으로 슬쩍 바꿔치기하여 삶의 의미 자체를 왜곡시켜놓았다.**

신은 숭배받기를 원하지 않을 것이다. 자녀들이 당신을 숭배할 필요가 있을까? 당신은 자녀와 친구처럼 지내기를 더 좋아할 것이다. **실제로는 삶의 목표와 신의 일을 하는 것 자체가 바로 공동 창조, 곧 신과 함께 창조하는 것이다.**

많은 사람들이 자신에게 필요한 것은 신을 믿는 것뿐이라고 생각한다. 그들은 신의 존재와 권능을 믿는다. 그래서 뭐 어쨌다는 건가? 그들은 신을 이해하지 못한다. 그들에게 신은 추상적이고 도달할 수 없으며 때로는 두려운 우상이다. 그들은 신을 숭배해야 하며, 계율을 지키는 충직한 삶으로써 아무도 제대로 설명할 수 없는 뭔가를 위해 준비해야 한다는 사상을 주입받은 것이다.

하지만 신앙은 이해가 아니다. 기도는 하나님과의 대화가 아니다. **신의 언어는 창조다.** 나의 이 주장을 인정해도 좋고 안 해도 좋다. 단 이것을 놓고 토론할 필요는 없다. 이것은 철학적인 문제가 아니라 선택의 문제이므로 여기에는 덧붙일 이야기가 없다.

당신은 자기의 세계의 층을 만들어내면서 신과 교감한다. 당신이 창조물을 만들면서 기뻐할 때 신도 당신과 함께 기뻐하신다. 이것이 바로 신을 진정으로 섬기는 것이다. 신을 믿는다는 것은 자기 자신과 그 창조적 능력을 믿는 것이다. 창조주의 한 부분이 각자의 안에 있다. 당신의 아버지를 기쁘게 해드리라. 당신이 자신의 능력을 믿는 만큼 신을 믿는 것이며, 그분이 말씀하시는 것을 실천하는 것이다. ― "네 믿음대로 되리라."

꿈의 극장

책 첫머리에서 말한 것과 같이, 모든 생명체의 행동 바탕에는 어느 정도 자신의 삶을 독자적으로 통제하려는 동기가 놓여 있다. 일반적으로 어떤 목적이 있는 활동이나 과정은 현실을 통제하려는 것이라고 말할 수 있다. 삶 속에서 일어나는 일과 존재하는 것들은 궁극적으로 하나의 목적으로 귀결되는데, 그것은 바로 주변 현실을 어느 정도든 자신의 통제 아래 두려는 것이다.

그렇다면 신은 무엇을 하는가? 이 질문에 대한 대답은 명백하고 어떤 입증도 불필요하다. 모든 삶의 의미는 바로 창조하기와 현실을 조종하기에 있다. 신이 만사를 조종하는 것은 의심할 바 없지만 문제는 어떻게 조종하느냐다.

펜듈럼들이 신에 대한 개념을 왜곡한 이래로 신과 관련된 것들은 모두가 이상하고 모순되는 신비로 뒤덮여 있다. 신은 존재하는 것 같지만 아무도 그를 보지 못했다. 한편에서 그는 온 세상을 다스리는데, 다른 한편으로는 그의 활동이 이렇다 할 만큼 나타나지 않는다. 결과적으로 그는 있지만 또한 없고, 없지만 또한 있다. 이러한 역설 때문에 펜듈럼은 자신에게 이익이 되는 방향으로 신의 개념을 이용할 수 있다.

대략적으로 살펴보면, 신의 진정한 본질에 대한 왜곡의 원인은 종교에 의해 대체된 일련의 것들이다. 신을 섬긴다는 것이 숭배로 변질됐고, 신의 명백한 존재가 맹목적인 믿음으로 바뀌었다. 펜듈럼은 인간의 무기력함을 선언하면서 신의 강력함을 대비시켰다. 인간의 신성한 본질을 유명무실하게 만들고 이전에 존재하던 창조주와의 일체감을 단절시켰다.

이와 같이 인간은 유괴당한 어린아이처럼 부모와 관계가 끊기고 자기가 온 곳을 잊어버리고 또한 이 세상에서 해야 할 일까지도 잊게 됐다. 결국 인간에게도 하늘에 있는 창조주처럼 힘과 권능이 있다는 사실을 모두가 잊어버리게 되었다. 신의 아들에게는 자신의 운명을 지배할 수 없다는 생각과 멀리서 자기 아버지를 우상처럼 숭배해야 한다는 생각이 주입되었다. 자녀들은 아무 권리가 없고 그들의 삶은 폭군과 같은 부모의 손에 달려 있으며, 무조건 머리를 조아리고 복종해야만 자비를 얻을 수 있다고 생각하게 되었다.

펜듈럼의 세뇌에 의해 인간은 정당한 신의 일을 하지 못하고 시중들기에 빠져들었다. 나는 여기서 단지 종교 펜듈럼만 가지고 이야기하는 것이 아니다. 무신론도 종교의 일종이라고 할 수 있다. 무신론에서는 믿음이 모르는 것(불가지론)으로, 모르는 것이 거절로, 거절은 적극적인 거부로 변한다. 인간이 그 어떤 세계관을 택하든 간에 그 사정은 변하지 않는다. ― 종교 펜듈럼은 운명을 신의 손에 맡기는 것이고, 무신론은 그것을 어떤 예언의 손에 맡기거나, 아니면 싸워야 할 상황의 영향 아래 맡기는 것이다.

두 가지 경우 모두 인간은 꼭두각시 인형의 역할을 하게 되는데, 기도하면서 하나님의 은총만을 기다리거나, 또는 아무것도 그저 주어지지는 않으니 장애물과 전투를 시작해야 하는 것이다. 무엇을 하든 간에 그의 행동이 내부의도의 틀을 벗어나기 전까지는 펜듈럼이나 상황의 영향을 받는다. 우리는 스스로 선택하는 대로 얻는 것이다. 당신의 운명이 빽빽한 숲을 헤치고 나아가는 것이라고 생각한다면 당신은 우거진 숲을 통과해야 할 것이다. 그리고 하늘 높이 치솟아 날아갈 수 있다는 도전적인 생각을 한다면 숲 위로 솟아올라 자유롭게 날아다닐 것이다. 당신 자신 외에 당신을 방해할 사람은 아무도 없다.

하지만 자신의 신성함을 인식하고 인정하지 않는다면, 당신은 외부의도의 도움을 받아 모든 것을 조건 없이 얻을 수 있다는 사실을 믿지 못할 것이다. 신은 창조주로부터 숭배를 요구하는 통치자로 변했고, 그의 본질은 극단적으로 왜곡되어 있기 때문에 위에서 말한 것처럼 행하기가 어려울 것이다. 통치자는 무엇을 하는가? 심판으로 정의를 지키고 행위에 합당한 상과 벌을 내리며, 신하들을 다스리고 보살피고 도움을 준다.

그렇지만 실제로 그런 일은 찾아볼 수가 없다. 현실적으로는 불법과 만행만이 끊일 줄 모르고 이어진다. 의인들은 고통받지만 악인들은 처벌도 받지 않고 악랄한 짓을 벌이고 있다. 정의는 어쩌다 한 번씩 겨우겨우 승리한다. 간청과 기도는 기대하는 결과를 가져다주지 않는다. 신에게 간청을 들어주고 정의를 지키는 일이 뭐 그리 어려울 게 있겠는가? 그는 그 정도의 권능은 가지고 있지 않은가?

이런 명백한 모순을 해명하기 위해 펜듈럼 지지자들은 일어나는 일들을 그들이 인정한 신의 역할에 맞추어 특정한 방식으로 설명하려고 애쓴다. "모두 신의 뜻이다." 또는 "그분 앞에 서게 될 때 공적에 따라 보답받을 것이다." 그들은 이렇게 거짓말을 한다. 인간은 불량학생처럼 선생님에게서 도망쳤고, 그래서 어떤 나쁜 짓도 맘대로 할 수 있지만 붙잡히기만 하면 가장 큰 벌을 받으리라는 생각이나 다를 바가 없다.

그 모든 추측을 버리고 볼 때, 신의 의도는 과연 무엇인가? 이 의문에 답하기 위해 억측과 공론을 늘어놓지는 않겠지만, 어쨌든 모든 생명체의 의도는 현실을 조종하는 데에 있다는 사실을 다시 한 번 언급해야겠다. 정의의 심판을 내리는 것도 아니고, 간청과 소원을 들어주는 것도 아니며, 상과 벌을 내리는 것도 아니고 다스리고 보살피는 것도 아니다. 실제로 일어나는 일은, 현실을 조종하는 일이다.

신이 하고 싶어하지 않는 일은 아무도 할 수 없다. 실로 모든 것을 신이 관리한다. 다만 그는 권좌에 앉아서 중앙집중 방식으로 지배하는 것이 아니라 낱낱의 생명체를 통해서 조종하는 것이다. 신이 이 세상 밖에 있으면 어떻게 세상을 통치할 수 있겠는가? 각 생명체 안에 신의 일부가 있기 때문에 각 생명체의 의도가 그의 의도와 일치하는 것이다.

신은 자신의 일부로서 각 생명체에 영혼을 불어넣고 각자의 인식범위 내에서 현실을 조종할 수 있는 능력을 부여했다. 사람에서 광물에 이르기까지 모든 것은 각각 일정 수준의 의식을 지니고 있다. 물론 인간의 의식은 상위 수준에 있지만, 그 때문에 돌멩이들이 자신의 삶을 살지 못하는 것은 아니다. 그들은 또 다른 시간적 차원에서 존재하고 있는 것일 뿐이다. 현실에 존재하는 모든 것이 현실을 조종하는 데 기여한다. 강들은 흐르기 위해 자신의 길을 개척하고 산은 평지 가운데서 일어나고, 사막과 숲, 육지와 바다는 서로의 영역을 싸워서 차지하는데, 이 모두가 저마다 의식의 한 몫을 차지하고 있으며 자기 나름대로 자신의 현실을 조종하려고 한다. 다만 자각의 수준이 높을수록 조종의 기회가 많아질 뿐이다.

한 예로 식물을 보자. 그들은 평범하면서도 동시에 신비스럽다. 그들이 살아 있다는 것은 아무도 부정하지 않을 테지만, 그 단어의 의미만큼 그들을 '살아있다'고 생각하지는 않는다. 인간에게 식물은 영혼이 없는, 감정을 느끼지 못하고 자기 자신과 주변을 인식하지 못하는 생물체일 뿐이다. 이것은 아주 큰 실수다. 식물은 자기만의 고유한 신경체계를 가지고 있고 식물 세포들은 서로 간에 전위차電位差를 교환한다. 이 놀라운 생명체는 자기만의 방식으로 보고 듣고 느끼고 향기와 맛을 구별할 줄 안다. 그 밖에도 그들은 서로 교제할 수 있으며, 기억하고 분석하고 고민까지도 할 수 있다.

미국의 한 연구가 클리프 백스터는 식물에 거짓말 탐지기를 연결하여 실험을 해봤다. 실험에는 두 사람이 참가했는데, 한 사람은 가지를 꺾고 나뭇잎을 뜯었고 또 한 사람은 식물을 보살피고 다정하게 대화도 했다. 그래서 그 식물은 두 사람을 구별하는 법을 배우게 됐다. 방에 나쁜 사람이 들어올 때는 식물은 비명을 질러 자동기록기의 바늘을 최대치로 올라가게 했고, 착한 사람이 다가올 때 식물은 고요히 진정되어 있었던 것이다. 이러한 실험의 결과로 백스터는 식물이 전자파의 진동뿐만 아니라 생각까지도 감지할 수 있다는 확신을 갖게 되었다. 실험 참가자가 나뭇잎을 뜯어야겠다는 생각만 해도 식물이 격렬한 반응을 보인 것이다. 백스터의 실험을 다른 과학자들도 시도해봤는데, 결과는 같았다.

그러한 실험을 하는 한 연구실에서, 실내의 한 꽃이 우리가 '사랑'이라고 부르는 감정을 드러냈다. 꽃이 방사하는 전자기파의 파형을 측정하는 실험실의 한 여자연구원이 꽃과 다정하게 대화를 하면서 물을 줄 때, 그녀는 꽃이 '가르릉거리는' 것을 발견했다. 그녀가 방에 들어오자마자 다른 사람들이 들어올 때와 달리 꽃은 그녀의 모습에 가득 찬 기쁨을 보였다. 그 꽃이 질투의 징후를 보여주기 시작했을 때 연구원들은 더욱 놀랐다. 꽃이 사랑하는 여인이 다른 남자와 사랑의 유희를 시작하자 그 꽃은 다름 아닌 우울 상태에 빠졌던 것이다.

식물뿐이겠는가! 여러 연구를 통해 DNA조차 원시적인 반응력을 가지고 있음이 밝혀졌다. 스펙트럼 측정기로 측정한 DNA 분자는 구조적인 정보뿐만 아니라 놀랍게도 DNA의 '기분'에 대한 정보까지 포함하고 있었다. DNA 분자들의 기분이 편안하면 연구가 순조롭게 진행된다. 스펙트럼 측정기 상자를 가열하면 그들은 고열에 반응하여 '깩깩거리는' 소리를 낸다. 특정한 온도에서 DNA는 파괴되면서 죽는다. 놀라운 것은 DNA가 파괴된 비어 있는 상자에서 40일 동안 그들의 '임종의 소리'가 들렸는데, 스펙트럼 측정기는 물질적으로는 이미 사라지고 없는 죽은 분자들의 유령 방사파를 감지했다. 이러한 결과는 80년도 중반쯤에 소련 과학 아카데미 물리기술연구소에서 연구했던 러시아 과학자 표트르 고랴예프가 최초로 발견했다. 하지만 정통 과학은 예상대로 그러한 연구에 대해 회의적인 입장을 고수하고 있다.

식물은 자신의 권리와 감정과 고민을 목청 높여 표명할 수가 없다. 하지만 그들에게도 영혼이 있고, 그들도 우리와 마찬가지로 고통을 느끼고 기뻐할 줄 안다. 다만 사람보다 식물들은 좀더 깊은 잠에 빠져 있는 것이다. 그들은 잠자는 사람이 꿈속에서 그러는 것처럼 부드럽고 다정한 목소리를 들으면 웃고, 적대적인 음성을 들으면 침울해지는 것이다. 이 멋진 꿈꾸는 존재들은 우리 삶의 원천이 되고 이 세상을 아름답게 하며, 건강에 좋은 음료에서부터 뜨거운 여름날의 시원한 그늘에 이르기까지 온갖 혜택을 우리에게 제공해주고 있다. 그러면서도 불쾌해하지도 않고, 항의하지도 않는다.

식물은 희미하긴 하지만 우리처럼 느낄 수 있다. 우리가 그를 보호하고 돌봐주면 우리를 사랑하면서 자신의 열매로써 우리에게 감사를 표하는 것이다. 하지만 우리가 그를 화나게 한다면 그는 무엇을 느낄까? 참으로 부끄러운 일이다. 고도로 진화한 두 발 달린 존재가 옆을 지나가다가 무정하게도 가지를 꺾을 때, 나무는 무엇을 느낄까? 두려움, 통증, 노여움일까? 그 두 발 달린 존재가 도끼를 들고 자신을 보호할 수 없는 생명체에게 다가갈 때 그가 느끼는 공포감을 우리는 상상할 수 있을까? 도끼날이 몸에 박히면서 생명이 서서히, 그러나 분명히 떠나갈 때 나무가 느끼는 소름 끼치는 고통을 우리는 상상하기 어려울 것이다.

식물을 생물학적 재료로 다루는 사람들의 가혹함을 말없이 목격하는 식물이 느낄 감정을 우리는 결코 알지 못할 것이다. 그들이 의식 수준이 높은 생명체들이 느끼는 만큼 예민하게 고통을 느끼지 않도록 깊이 잠자고 있기를 바란다. 세상은 어쩔 수 없이 가혹하고, 한 생명이 다른 생명에 의지해서 살아야 하는 것이 이 세상의 법칙이다. 하지만 인간이 환상에 빠져서 오직 자기만이 영혼과 의식을 가지고 있고 다른 모든 것은 멸시해도 된다고 생각해서는 안 되는 것이다.

생각이 깊어서 펜듈럼의 문명으로 타락하지 않은 민족들은 동물을 죽이거나 나무를 베기 전에 그들에게 용서를 빌었다. 불교를 믿는 사람들은 벌레를 밟지 않도록 항상 아래를 보고 걸어 다니고, 오솔길을 다니더라도 괜히 풀을 밟지 않았던 것이다. 모든 생명체는 존경받을 자격이 있고 이 세상 모든 것은 평등하다. 사람이 이런 견해를 견지하지 않는다면 그의 존재 가치는 어떻게 되겠는가?

이 세상에 있는 모든 존재와 비교했을 때 인간이 상대적으로 좀더 깨어 있는 것일 뿐이다. 삶이란 일종의 꿈이기 때문이다. 우리 주변에는 꿈꾸는 생명체들이 살고 있는 놀라운 세상이 있다. 각자는 자신의 꿈속에서 살면서 항상 뭔가를 원하여 목표를 가지고, 또한 권리가 있어서 목표를 달성하고자 한다. 생명체는 저마다 자신의 목적을 가지고 있는 것이다. 스스로 완성의 절정에 도달했다고 자만하는 인간은 이렇게 물을 것이다. — '왜 그럴까? 무엇 때문에?' **목표달성의 과정이 진화의 원동력이 되기 때문이다.** 진화는 신이 친히 선택한 창조의 방법, 현실 형성의 방법이다.

진화론은 출현한 지 얼마 되지 않았다. 그 이전에는 세계는 신이 본래 창조한 대로 원칙적으로 변화하지 않고 그대로 존속하는 것으로 믿어졌다. 진화의 본질은, '지속적인 양의 변화가 점차 질을 변화시키는 과정'이라고 간략하게 설명할 수 있다. 이런 생각은 찰스 다윈이 생물학적 측면에서 최초로 명확하게 발표했다. **다윈에 의하면 진화의 원동력은 유전적 변이와 자연선택이다.** 변이는 구조적, 기능적으로 새로운 생물체의 형질을 만들어내기 위한 바탕이고, 유전은 그런 형질을 확립하는 것이다. 생존을 위한 경쟁에서 가장 잘 적응한 생명체가 결국은 살아남는다는 것이다.

다윈의 이론은 모두 옳더라도 하나의 근본적인 문제가 빠졌는데, 즉 그 변화의 원인이 무엇인가 하는 것이다. 자연선택과 유전이 하는 일이란 이미 실현된 현실인 새로 생긴 형질을 확립하거나, 아니면 제거하는 것이다. 하지만 이런 형질은 애초에 어디서 나온 것일까? 이들은 왜 생긴 것일까? 왜 본래부터 갖고 있지 않았던 지느러미, 날개, 발톱, 털, 뿌리 같은 것들이 생겨나는 것일까?

진화 과정에서는 급격한 변화와 느린 변화, 근본적으로 새로운 형태의 발생과 퇴화 현상을 볼 수 있는데 이것은 진화론으로는 설명이 불가능하다. 예를 들면, 시각기관의 발생 및 진화 과정을 발견할 수가 없다는 것이다. 시각은 어디에서 왔으며 어떻게 발생했을까? 이것은 우연히 발생할 수가 없는 급격한 질적 변화이고 근본적인 변화다. 생명의 발생 자체에 대해서는 두 말할 나위도 없다. 어느 날 갑자기 우연히 생명의 유전 코드가 생겨났다는 말인가?

트랜서핑 모델에서는 변화는 의도에 의해 발생한다는 명백한 결론이 나온다. 각 생명체는 자신을 포함해서 자기 세계의 층을 형성한다. 목적은 현실을 의도적으로 조종하고자 하는 것인데, 이를 위해서는 적절히 변화해야 하고 주변 환경에 적응해야 하는 것이다. 단세포 동물로부터 인간에 이르기까지, 모든 생명체의 의도는 다음과 같은 공식으로써 특징지을 수 있다. **'나는 효과적으로 현실을 조종하기 위해 행동하고 노력한다.'** 이 의도가 가능태 공간의 구역들을 실현시키고, 그로 인해서 새로운 형질들이 발생하는 것이다.

일례로 오래전의 조류들은 나무에 올라갈 수 있도록 날개에 발톱이 있었다. 아마도 날아오를 수 있게 되기 전까지 그들은 나무 위로 기어 올라가서 아래로 공중을 활강했을 것이다. '나는 나무를 탈 수 있다'는 현실 조종 방식은 크게 효과적이지는 못하다. 거기에다가 '나는 공중을 활강한다'는 기능이 추가되면 좋을 듯하다. 하지만 그보다도 '나는 자유롭게 날 수 있다'가 가장 좋을 것이다. 자유롭게 날고자 하는 의도는 더 나은, 새로운 가능태를 실현시킨다. 여러 세대를 거쳐 오랜 세월 동안 날개가 정교한 형태를 갖추게 하기 위한 가능태들이 지속적으로 실현되어온 것이다.

진화 과정에는 창조 과정의 이면에 파괴적인 과정도 존재한다. 여기에는 펜듈럼의 첫 번째와 두 번째 법칙이 작용한다. 진화 과정에서 펜듈럼은 파괴와 안정화 기능을 수행한다. 한 종이 다른 종을 대체하거나 어떤 종이 멸종하는 것은 그들의 끊이지 않는 전쟁의 결과다. 그러나 다른 한편으로 펜듈럼은 각 생명체들의 의도를 동조시킨다. 그렇지 않다면 다양한 생활 공간에 흩어져 있는 하나의 종이 어떻게 동일한 형질을 발달시킬 수가 있겠는가?

내부와 외부 요인이 결합된 결과인 개별 생명체의 의도와 펜듈럼의 작용이 물질세계의 모든 진화를 담당한다. **따라서 신은 현실을 창조하고, 존재하는 모든 것의 의도를 통해서 현실을 조종한다.** 신은 각 생명체에 영혼과 함께 자신의 의도를 담아 그들을 꿈(삶)으로 내려 보낸 것이다.

우리의 세계는 꿈의 극장이며, 여기서 신은 관객인 동시에 시나리오 작가이며 감독이고 배우다. 관객으로서 세계무대에서 펼쳐지는 연극을 관람하는 것이다. 배우로서 배역을 맡은 그 존재처럼 걱정하고 느끼는 것이다. 다채로운 만화경과 같은 꿈속에서 모든 것을 경험하는 것이 바로 신의 목적인 것이다. 하지만 이 연극에서는 왜 그렇게나 많은 비운과 불의가 일어나는 것일까? 그는 왜 이 모든 것을 용인하고 있는 것일까? 그리고 이 세계의 악인 펜듈럼의 존재는 신이 승낙한 것일까?

이 의문에 대한 답은 없다. 신의 동기는 그만이 알 것이다. 우리는 단지 그가 작가와 감독으로서 무대에 오른 참가자들의 의도에 따라 희곡이 자유롭게 전개될 기회를 주고 있다는 사실만을 증명할 수 있다. 현실의 형성에 각자가 자기 몫의 기여를 하고, 그 결과 신의 일부인 낱낱의 생명체의 삶의 꿈들이 합하여 온전한 그림인 신의 꿈을 만들어낸다.

하지만 우리가 대답할 수 없는 의문은 아무런 의미가 없다. **위의 이야기**

에 따르자면 한 가지 중요한 결론은, 신이 각 생명체에게 각자의 지각 수준에 따라 현실을 형성할 권리와 자유를 제공했다는 것이다. 이 지각의 수준에 따라, 꿈꾸는 자가 무능하게 상황의 영향에 좌우되는 무의식적인 꿈속의 삶을 살거나, 혹은 의도의 힘으로 통제하고 조종할 수 있는 의식적인 꿈의 삶을 살게 되는 것이다.

누구에게나 선택의 자유가 있지만 모두가 그 특권을 사용하지는 못한다. 의도가 가능태 공간의 필요한 구역을 실현시킬 수 있다면 진화의 과정은 왜 그런 식으로 계속되는 것일까? 사실 모든 생명체가 깨어 있는 의식으로 명확한 목표를 가지고 의도를 사용하지는 않는다. 그들은 무의식적인 꿈속에서 흐리멍덩하게 뭔가를 원할 뿐, 자신이 무엇을 원하는지를 명료하게 알지 못하는 것이다. 그들의 의도는 분명치 않아서, 흐릿하고 무의식적이다.

이러한 의미에서 본다면 사람은 동물들보다 더 진화한 것도 아니다. 앞서 이야기한 것처럼 펜듈럼은 생각의 힘으로 현실을 조종할 수 있는 능력뿐만 아니라 그런 것이 가능하다는 앎조차 강탈해갔다. 펜듈럼의 파괴적인 게임에 빠져버린 사람은 부정적 태도와 최악의 기대를 실현시키는 외부의도의 반작용에 만족해야만 한다. 나머지 다른 사람들은 내부의도의 비좁은 울타리 안에서 자신의 목표를 힘겹게 쟁취해야 한다.

그러나 높은 의식 수준을 가진 사람은 이 울타리를 벗어나 현실이 외부의 영향이 아닌 의도에 종속되는 의식적인 꿈을 꿈으로써 자기 삶을 변화시킬 수 있다. 만약 신의 일부분이 우리 안에 내재한다면 우리의 의도는 곧 신의 의도가 된다. 우리는 자신의 현실을 형성하면서 동시에 신의 뜻을 수행하는 것이다. **당신이 어떤 의도를 표명하면 그것은 곧 신의 의도다. 이것이 과연 실현될 수 있을까라고 어떻게 의심할 수 있겠는가?** 이를 위해 당신은 자신의 권리만 되찾으면 되는 것이다.

간청하지 말고 요구하지도 말고 추구하지도 말고, 창조하라. 자신의 현실을 깨어 있는 의식의 의도로써 형성시켜가는 것이다. 신이 자기 자신에게 간청할 수 있는가? 신이 자신을 부탁할 수 있는 누군가가 따로 존재할까? 그는 원하는 것을 가질 것이다.

당신이 신께 기도할 때, 그것은 신이 자기 자신에게 기도하는 것과 똑같다는 말이다. 신에게 무엇을 간청할 때, 그것은 신이 자기 자신에게 간청하는 것과 똑같다. 반대로 이해할 수도 있는데, 그것은 당신이 자기 자신에게 기도하고 자기 자신에게 부탁하는 것이기도 하다.

당신의 의도가 신의 의도라면 당신의 두려움과 의심은 누구의 것인가? 마찬가지로 그의 것이다. 그는 당신에게 선택의 자유를 주었다. 당신이 원하는 것을 마음대로 선택해도 되는 것이다. 어려운 길을 선택하면 온갖 장애물을 극복하며 어렵게 목표를 달성할 것이다. 하지만 다른 방법은 없을까? 당신이 '그냥 얻을 수 있는 것은 없다'고 생각하기 때문에 그 믿음대로 받는 것이다. 신께서 과연 그리도 무능해서 뭔가를 추구해야만 하는 것일까? 그는 다루기 힘든 현실과 안간힘으로 싸우느라 진을 뺄 필요가 없다. 그는 자신이 원하는 대로 새로운 현실을 이루어낼 능력이 있다. 마찬가지로 사람도 이것이 가능하다고 인식하기만 하면 똑같은 능력을 얻게 된다. 그러니 꿈에서 깨어나 처음부터 갖고 있던 특권을 활용하지 않겠는가? 당신이 준비만 된다면 나머지는 기술적인 문제인 것이다. 다음 장에서 그것을 어떻게 할 수 있는지를 알게 될 것이다.

요약

- 세상은 이중거울이며, 한 면에는 물질적 현실이 있고
  또 다른 면에는 가능태 공간이 있다.
- 사람은 배운 대로 현실을 인식한다.
- 현실과 비교할 수 있는 기준점이 없기 때문에
  사람은 현실 속에서 무의식의 잠에 빠져 있는 것이다.
- 객석으로 내려가서 지켜보라. 관찰자로 남아 있으면서 자신을 빌려주며
  초연하게 행동하라.
- 중요성의 수준을 낮추고 가능태 흐름을 타는 것과 의도를 조율하는 것이
  현실의 꿈속에서 깨어 있게 해준다.
- 각 생명체의 삶은 신의 꿈이다.
- 신과 함께 창조하는 것이 삶의 목적이며 진정으로 신을 섬기는 것이다.
- 목표를 달성하는 과정이 진화의 원동력이다.
- 진화 과정의 온갖 변이는 의도에 의해 일어난다.
- 신은 현실을 창조하고, 모든 생명체의 의도를 통해 현실을 조종한다.
- 신은 각 생명체에게 저마다 각성된 수준에 따라 자신의 현실을 이루어낼
  자유와 권리를 부여했다.
- 당신이 어떤 의도를 표명하면 그것은 곧 신의 의도다.
  그것이 과연 실현될까 하는 의심을 어떻게 품을 수 있겠는가?
- 간청하지 말고 요구하지도 말고 추구하지도 말고, 창조하라.

제3장

거울 같은 세계

이중거울

현실은 두 가지 형태로 나타난다. 물질적인 형태는 손으로 만져볼 수 있고, 형이상학적인 형태는 지각의 한계를 넘어서 있다. 두 형태는 동시에 존재하면서 서로를 보완하고 서로 투과하듯이 겹쳐 있다. 이원성은 우리 세계의 빼놓을 수 없는 특성이다. 모든 사물이 저마다 자신의 반대 측면을 가지고 있는 것이다.

당신이 거울 앞에 서 있는 것을 상상해보라. 거울 앞에 선 당신은 현실적으로 존재하는 물질적 대상이다. 그리고 거울 속에 비치는 당신의 모습은 비물질적이고 형이상학적이며 가상적이지만, 동시에 거울 앞의 당신처럼 실제적인 것이다.

온 세상을 거대한 이중거울이라고 상정할 수 있는데, 한 면에는 물질우주의 삼라만상이 있고, 또 다른 면에는 형이상학적인 가능태 공간이 펼쳐져 있다. 보통 거울과는 다르게, 이 거울에는 신과 신의 화신인 모든 생명체의 의도와 생각에 따라 물질세계가 거울 속의 그림자로서 펼쳐져 보인다.

가능태 공간은 일종의 매트릭스(기반이 되는 모체)다. 그것은 '마름질', '재봉'에서 시작해서 '의상 전시'에 이르기까지 모든 물질적 움직임이 도출되어 나오는 형틀이다. 거기에는 물질세계에 무엇이 어떻게 발생해야 하는지에 관한 정보가 보존되어 있다. 가능태의 수는 무한하며, 각각의 가능태는 가능태 공간 속에서 하나의 섹터로 자리 잡고 있다. 각 섹터에는 시나리오와 무대장치, 즉 물질 운동의 궤도와 형태가 들어 있다. 달리 말하면, 각 섹터는 각각의 경우에 어떤 일이 발생하고 그것이 어떤 모양으로 나타나야 할지를 결정한다.

이와 같이 거울은 세계를 둘로 나눈다. ─ 물질현실의 반쪽 면과 가상현실의 반쪽 면으로. 물질적 형태를 얻은 모든 것은 실상의 반쪽 면에 있고, 자연과학의 법칙에 따라 그 현상이 전개된다. 일반적 과학과 우주관은 '현실'에서 일어나는 일에만 관심을 둔다. 그들은 관찰할 수 있고 직접적으로 작용할 수 있는 모든 것을 현실이라고 간주한다.

만일 현실의 비물질적 측면을 무시하고 물질적 세계에만 주의를 기울인다면 인간을 포함해서 모든 생명체는 내부의도의 틀 안에서만 활동하는 원시적 존재가 될 것이다. 내부의도를 사용할 때는 주변세계에 직접 영향을 미치는 방법으로만 목표를 달성할 수 있다. 뭔가를 얻기 위해서는 필요한 행동을 취하고, 팔꿈치로 좌우를 헤치며 밀고 나가야 한다. 뭐든 구체적인 일을 해야만 하는 것이다.

물질현실은 직접적인 영향력에 즉각적으로 반응한다. 이 때문에 우리는 오직 직접적인 영향력을 가해야만 어떤 결과를 얻을 수 있다는 착각에 빠진다. 하지만 물질세계의 틀 속에서는 달성할 수 있는 목표의 범위가 지극히 좁아진다. 거기서는 눈앞에 실재하는 것만을 고려해야 한다. 부족한 수단과 지극히 제한된 가능성의 울타리 안에 모든 것이 묶여 있다.

이 세상에서는 매사가 필사적인 경쟁 분위기에 사로잡혀 있다. 너무 많은 사람들이 똑같은 목표를 달성하려고 기를 쓴다. 그러나 말할 것도 없이 내부의도의 한계 안에서는 그것이 모든 사람에게 다 돌아가기에 부족하다. 목표를 이루기에 필요한 조건과 상황은 어디서 나오는 것일까? — 그것은 오로지 가능태 공간에서만 나올 수 있다.

거울의 그쪽 면에서는 모든 것이 넘치도록 풍부하다. 게다가 아무런 경쟁도 없다. 상품이 눈앞에 실재하지는 않지만, 매력적인 것은, 거기서는 카탈로그를 보고 고르듯이 뭐든 맘대로 선택해서 주문할 수 있다는 점이다. 주문한 것은 조만간에 그대로 이루어진다. 돈도 낼 필요 없다. 단지 별로 부담 없는 몇 가지 조건만 충족시키면 된다. 그게 전부다. 아니, 이건 동화 속에나 나오는 이야기가 아닐까?

절대 아니다. 이것은 현실보다도 더 현실적이다. 사념 에너지는 흔적 없이 사라져버리지 않는다. — 그 에너지는 그것의 매개변수에 상응하는 가능태 공간의 섹터를 물질화시킬 수 있다. 우리 세계에 존재하는 모든 것이 오로지 물체들 간의 상호작용의 결과로서 나타나는 것처럼 보일지 모르지만, 그에 못지않게 중요한 역할을 하는 것은 정묘물질 차원에서 일어나는 작용이다. 그 과정을 통해 가상으로 존재하는 가능태가 현실로 실현되는 것이다. 정묘한 차원의 과정에서는 원인·결과의 사슬이 좀처럼 명확하게 인지되지 않는다. 그럼에도 불구하고 그것은 전체 현실의 반쪽을 구성하기에 충분하다.

사람이 목표를 지향하여 의도적으로 사념 에너지를 사용하지 않는 한, 가능태 공간 섹터의 물질화는 대개 그 사람의 의지와 상관없이 일어난다. 진화가 덜 된 존재들의 경우일수록 더욱더 그렇다. 《리얼리티 트랜서핑》 제1권에서 설명했듯이, 현실에서 사념 에너지의 영향력은 주로 최악의 불길한 우려와 예감을 실현시키는 형태로 나타난다.

'삶의 현실' 속에서 물질주의적으로 사는 사람들은 상점의 비어 있는 진열장 사이를 이리저리 헤매면서 상품을 구하려고 손을 내밀어보지만, 거기에는 이미 '품절'이라는 표지판이 내걸려 있다. 오직 품질 나쁜 상품만이 남아 있는데 그것도 큰돈을 내야만 살 수 있다. 사람들은 카탈로그를 보고 골라서 주문하지 못하고, 물건을 찾아 정신없이 헤맨다. 그들은 때로 긴 줄을 서서 서로 밀치고, 때로는 온 힘을 다해 사람들 틈을 비집고 물건을 찾아다닌다. 판매원들과 다투고 싸워보지만, 결국 필요한 것은 얻지 못하고 문제만 더욱 커진다.

이처럼 유쾌하지 못한 현실은 무엇보다도 사람들의 의식 속에서 먼저 싹트고, 거기서부터 서서히 물질화되어 조금씩 현실로 나타난다. 모든 살아 있는 존재는 한편으로는 직접적인 행동으로써, 또 한편으로는 사념으로써 자기 세계의 층을 창조해낸다. 그리고 그런 모든 층들은 서로 겹쳐져 쌓인다. 이런 식으로 모든 존재는 이 현실세계의 창조에 자기 몫의 기여를 하는 것이다.

세계의 층은 조건과 상황에 의해서 그 특성이 정해진다. 그 조건과 상황의 조합으로부터 개개인의 삶의 모습이 형성되는 것이다. 존재의 조건은 다양하다. — 형편이 좋은 것과 별로인 것, 편안한 것과 불편한 것, 호의적인 것과 적대적인 것 등등. 물론 태어나는 환경이 다분히 중요하다. 하지만 그 이후에는 대부분의 삶이 그가 자신과 주변 현실에 대해 취하는 태도에 따라 달리 전개된다. 그리고 그에 따르는 생활방식의 변화는 그의 세계관을 대부분 결정한다. 그 사람의 생각의 방향과 특성에 일치하는 가능태 공간의 섹터, 즉 시나리오와 무대장치가 현실로 실현되는 것이다.

이처럼 개별적인 층이 형성되는 데는 두 가지의 요소가 개입된다. —

거울의 한쪽 면에는 내부의도, 다른 쪽 면에는 외부의도가 있다. 사람은 직접적인 행동으로써 물질세계의 대상에 영향을 주고, 생각으로써 물질세계에 아직 존재하지 않는 것을 현실로 실현시킨다.

누군가가 좋은 상품은 이미 다 팔렸을 거라고 확신한다면, 실제로 그의 앞에는 빈 진열장만 남아 있게 될 것이다. 좋은 상품을 사기 위해 긴 줄을 서서 기다려야 한다고 생각하면, 그런 일이 실제로 벌어진다. 비관적인 기대와 의심으로 가득하다면, 기대하는 그대로의 일이 반드시 일어난다. 비우호적인 상황을 만나리라고 기대한다면, 그 예감이 딱 들어맞는다. 그런데 만일 누군가가 세상이 자기를 위해 가장 좋은 것을 예비해두었다는 순진한 생각에 가득 차 있다면, 그 또한 어떤 식으로든 실현된다.

어떤 것도 쉽게 주어지지 않는 현실을 모르는 괴짜는 묘하게도 어쩌다 판매대 맨 앞에 서 있게 되는데, 그때 마침 그를 위해 특별히 준비된 것처럼 상품이 도착한다. 그런데 흥미롭게도 첫 손님은 모든 상품을 공짜로 받는 행사에 걸린다. 하지만 그의 뒤에는, 삶의 현실은 암담하고 행운은 바보들한테나 찾아오는 것이라고 생각하는 사람들이 길게 줄을 서 있다.

삶은 게임이며, 세상은 그 거주자들에게 늘 똑같은 수수께끼를 낸다. "내가 어떤지 알아맞혀봐." 각자는 자신의 이해에 따라 "파괴적이다" 아니면 "편안하다"라고 대답한다. 아니면 또 "즐겁다, 암담하다, 우호적이다, 적대적이다, 행복하다 또는 불행하다" 등등으로.

하지만 재미있는 점은, 이 퀴즈에서는 모두가 정답을 맞춘다는 것이다! 세상은 그 모든 대답에 동의하고, 각자가 주문하는 모습대로 그들 앞에 나타나는 것이다. 행운을 만났던 괴짜가 어느 날 만만찮은 삶의 현실에 부딪혀서 세상에 대한 자신의 태도를 바꾸면, 현실은 또 그를 따라 모습을 바꿀 것이다. 그리하여 그 '깨달음'을 얻은 자를 줄의 맨 끝으로 차 던져버릴 것이다.

이런 식으로 사람은 자신의 생각으로써 자기 세계의 층을 만들어내는 것이다. 이런 과정을 몇 가지 법칙으로써 설명할 수 있다. **첫 번째 거울의 법칙**을 공식으로 만들어보자. ― **세상은 그에 대한 당신의 태도를 거울처럼 그대로 반영해준다.**

세상은 당신이 세상에 대해 생각하는 바에 고스란히 그대로 동의한다. 하지만 왜 대개는 불길한 예감만 현실화되고 희망과 소원은 이루어지지 않는 것일까? 거기에는 이유가 따로 있는데, 그것이 바로 **두 번째 거울의 법칙**이다. ― **그 반영은 영혼과 마음의 일치에 의해 형성된다.**

이성이 가슴의 명령과 모순되지 않을 때, 또는 가슴이 이성의 명령을 위반하지 않을 때 불가사의한 힘인 외부의도가 일어난다. 외부의도는 생각이 만들어내는 심상에 상응하는 가능태 공간의 섹터를 물질화시킨다. 영혼과 마음의 일치 속에서 그 심상은 윤곽이 뚜렷해지면서 지체 없이 현실로 실현되는 것이다.

하지만 실제 삶 속에서는 영혼이 어떤 것을 갈망할 때마다 마음이 그것을 의심하며 놓아주지 않고, 아니면 반대로 마음이 어떤 확실한 논거를 제시할 때 영혼은 거기에 시큰둥하여 관심을 주지 않는다. 일치가 깨지면 심상은 흐릿해지고 마치 둘로 나누어진 것처럼 보인다. 영혼은 이것을 원하는데 마음은 저것을 고집하는 것이다. 유감스럽게도 영혼과 마음은 두려워하거나 싫어하는 등의 부정적인 일에서만 유감없는 의기투합을 보여준다.

무엇을 미워할 때, 사람은 온 영혼과 마음으로 미워하고 두려워할 때는 정말 두려움에 완전히 사로잡힌다. 마음과 영혼이 온전히 일치하여 싫어하는 가운데, 피하고 싶어하는 심상은 오히려 뚜렷이 형성되는 것이다. 물질적 현실의 발현인 마음과 형이상학적(비물질적) 현실의 발현인 영혼은 한

점에 모아지고, 그 생각의 심상이 현실로 실현된다. 그리하여 거부하던 그것을 결국은 얻게 되는 것이다.

두려움과 달리, 뭔가를 바라는 경우에는 영혼과 마음이 일치하는 일이 드물기 때문에 쉽게 이루어지지 않는다. 마음이 펜듈럼의 유혹에 넘어가서 타인의 목표를 좇고 있으면 영혼은 마음에 대항한다. 마음은 영혼의 진정한 소망이 무엇인지도 모르거나, 또는 알더라도 그것이 현실적으로 실현 가능하리라고 믿지 않는다.

목표를 달성하기 위해서는 그것을 정확하게 주문하여 그런 심상의 사념체를 우주공간으로 내보내고, 소망이 이루어지는 과정에 역작용을 일으키지 않도록 한동안 그에 대해서는 생각하지도 말아야 한다는 견해가 있다. 만사가 그렇게 간단하다면 얼마나 좋을까…….

그런 방법은 두 번째 거울의 법칙에 부합할 때만 효력이 있다. 하지만 실제로는 기만적인 의심을 제거할 수가 없어서 영혼과 마음이 일치하는 경우는 드물다. 그럼 어떻게 해야 할까?

이를 위해 '이중거울은 뒤늦게 반응한다'는 세 번째 거울의 법칙이 존재한다. 두 번째 법칙을 실천할 수가 없으면 성을 오랫동안 포위해서 점령해야 한다는 것이다.

이런 묘한 상황을 한 번 상상해보라. 당신은 거울 앞에 서 있다. 그런데 그 거울에는 아무것도 보이지 않고 텅 비어 있다. 얼마쯤 지나자 마치 사진이 인화되듯이 형상이 서서히 나타나기 시작한다. 어느 순간 당신은 미소를 짓기 시작하지만, 거울에 비치는 것은 아직도 그대로 심각한 얼굴이다. 이제 당신이 손을 들었는데도 거울 속 그림자는 그대로 있다. 곧바로 손을 내렸는데도 거울 속에서는 아무런 변화도 없다. 거울 속에서 당신이 손을 드는 모습을 보려면 손을 한참 동안 들고 서 있어야 하는 것이다.

이중거울은 바로 이런 식으로 작용한다. 다만 그곳에서 지연되는 시간 차는 이것과 비교할 수 없을 만큼 크다. 그래서 변화를 감지하기가 어렵다. 물질적 실현은 타르와 같은 불활성을 띤다. 그럼에도 불구하고 트랜서핑에서 슬라이드라고 부르는 사념체(thought form)는 충분히 실현될 수 있다. **거기에는 단 한 가지의 기본조건이 요구되는데, 그것은 슬라이드를 머릿속에서 오랫동안 체계적으로 상영해야 한다는 것이다.**

보시다시피 비결은 단순하다. 필요한 것은 정말 이것뿐이다. 믿을 수 없을 정도로 사소하고 간단하다. 아무런 마법도 개입되지 않는 평범하고 일상적인 일일 뿐이다. 하지만 이 방법은 정말로 잘 먹힌다. 단지 사람들의 인내심이 부족한 것뿐이다. 사람들은 처음에는 어떤 생각에 반짝하고 분발하지만 시간이 지나면 금세 무관심해져서 그 생각을 멀찍이 밀쳐놔버린다. 그러니 사념체가 실현되게 하기 위해서는 트랜서핑의 슬라이드 작업을 해야 한다. 그러지 않고서는 기적을 기대할 수가 없다.

슬라이드의 실현을 위해 정확히 얼마나 많은 시간이 필요한가 하는 것은 목표의 복잡성에 달려 있다. 생각한 것을 실현할 수 있는 가능성에 대해 마음이 의심하는 동안에는 그 심상이 아직 모호하고 불투명하다. 하지만 곧, 또는 시간이 좀 지나면 거울 속에서 어떤 이미지가 보이기 시작한다. 외부의도가 목표달성을 위한 가능성의 문을 열어줄 때, 당신은 그것을 직접 보게 될 것이다. 그때 마음은 목표를 추구하는 방법이 열매를 맺게 하고, 그 목표는 정말로 실현될 수 있다. 점차적으로 영혼과 마음이 일치되고, 방사되는 사념에 초점이 형성되어서 명료하고 깨끗한 심상을 만들어 낼 것이다. 그 결과 물질세계의 거울 속에 그림자가 형성되어 우리가 기적이라고 부르는 일이 일어날 것이며, 불가능해 보이던 소망이 현실로 바뀔 것이다.

현실의 아말감

우리가 《리얼리티 트랜서핑》제1권에서 언급했던 슬라이드 기법을 통해 심상을 만들어내면 물질세계라는 거울이 이를 현실로 실현시켜줄 것이다. 하지만 구체적인 심상 외에도, 자기 세계의 층에서 지속적이고 좋은 환경을 조성해주는 변하지 않는 배경을 유지해야 한다.

아마도 당신은 거울마다 자신의 모습이 다르게 나타나 보이는 것을 경험했을 것이다. 얼굴은 같지만 거울마다 다른 뉘앙스를 느끼게 한다. 감정적인 뉘앙스, 기분, 심지어 심리상태까지, 미묘하지만 포착할 수 있는 뉘앙스들이 구별되어 느껴지는 것이다. 각각의 거울 속에서 그것은 착하거나 화내는 모습이거나, 건강하거나 아파 보이거나, 매력적이거나 호감 가지 않거나, 따뜻하거나 냉정하게 보일 수도 있다.

거울의 반사면은 대상의 정확한 모습을 그대로 반영해주어야 할 텐데 무엇 때문에 그러한 차이가 생기는 것일까? 거기에는 이미지 전달에 지대한 영향을 미치는 여러 가지 요인들이 있다. 사진에서와 마찬가지로, 조명과 배경의 색깔 등이 많은 영향을 미치고, 그뿐 아니라 거울 자체에도 요인이 있다.

중세시대 베네치아인들은 거울의 독특한 매력을 발견했다. 베네치아의 유리거울은 놀라운 품질로 세계에 널리 알려져 있었다. 하지만 거울에 그런 특별한 속성을 부여했던 것은 유리가 아니었다. 이유는 알 수 없었지만 사람들은 보통 거울보다 베네치아 거울로 자기 모습을 비춰보는 것이 훨씬 기분이 좋다는 사실을 주목하게 되었다. 거울에 반사된 얼굴이 상당히 매력적으로 보였던 것이다.

알고 보니 베네치아 장인들에게는 그들만의 특별한 비법이 있었다. 그들은 거울의 반사면인 아말감(거울을 만들 때 유리에 발라서 반사효과를 얻는 수은합금 - 역주) 칠에 금을 섞어 넣었는데, 그래서 반사된 색의 스펙트럼에서 따뜻한 색채가 강했던 것이다.

당신도 자신을 위해 이중거울의 작은 한 부분을 이처럼 개량할 수 있다. 당신의 세계의 층을 아늑하게 만들어주는 자신만의 특별한 아말감을 만들어내는 것이다. 사람은 자기 자신과 주변 현실의 여러 환경에 대한 태도, 즉 현실에 대한 다양한 반응으로써 세계의 층을 구축한다. 이런 관계의 스펙트럼에서, 우세한 배경이 될 하나의 본선(the main line)을 선택해야 하는 것이다.

예컨대 당신은 '세상이 나를 보살펴주고 있다'는 공식을 본선으로 선택할 수 있다. 사람들은 화날 일이 생기면 마치 기다렸다는 듯이 불만을 토해내지만 좋은 일은 모두가 당연하다는 듯이 받아들인다. 마치 조개가 반사적으로 껍질을 여닫듯이, 습관적으로 무의식적으로 그렇게 한다.

이제는 조개보다 한 단계 위로 올라가서, 꿈에서 깨어나서 의식적으로 태도를 표하는 것이 얼마나 이로운 일인지를 맛보라. 세상을 느끼는 감각의 방향을 본선에 맞추어 의식적으로 조정해보면 그에 따라 거울이 어떻게 반응을 하는지를 깨달을 수 있을 것이다. 이것은 현실을 조종하는 당신의 첫 번째 걸음이 될 것이다.

기억해보라. 어린 시절, 세상은 정말 당신을 잘 보살펴주었지만 당신은 그것을 대수롭게 여기지 않고 그저 당연한 것처럼 받아들였다. 과거를 되살펴보라. 옛날 시골 할머니 댁에서 뭔가 비슷한 일이 있지 않았던가? 마음의 눈은 그 먼 옛날로 돌아간다. 그때 당신은 편안하고 평온한 기분이었다. 가끔은 기억의 조각들이 매우 뚜렷이 나타나기도 한다. 부엌에서 너무나도 구수한 냄새가 풍겨오는 것 같다. 할머니는 빵을 굽고 계신다. 아니면 당신은 강가에서 낚싯대를 들고 앉아 있거나 산에서 썰매를 타고 내려가고 있다……. 그때는 어땠는가? 그 특별한 평온감이 떠오르는가?

그때는 그랬던 이유는, 세상이 당신을 보살펴줬고, 당신은 그것을 어렴풋하게 느끼기만 하고 거기에 큰 의미를 부여하지 않았기 때문이다. 물론 특별한 불만도 표하지 않았다. 당신은 마냥 좋았고, 그게 전부였던 것이다. 아이는 투정을 부릴 때도 불만을 마음속에 담아두지 않는다. 엉엉 울고 발을 구르고 두 손을 휘젓지만 세상은 살금살금 부드럽게 그를 안으면서 다정하게 말한다. "그래, 아가야. 뭐가 묻었니? 손이 더러워졌어? 자, 그럼 가서 씻자!"

그 작은 아이는 그렇게 자라난다. 세상은 최상의 것들을 그를 위해 모아두고는 새로운 장난감을 선물로 주고 사랑으로 돌봐준다. 세상은 자신의 제자를 보살핀다. 세상의 총아, 귀염받는 아이다! 이 행운아는 새로운 즐거움을 발견한다. 모든 것이 처음이고 새롭기 때문이다. 그러나 그 순간에는 그는 자신이 삶을 즐기고 있다는 것을 인식하지 못한다. 세월이 흐른 후에야 그는 지금보다 그때가 모든 것이 얼마나 더 좋았는지를 깨달으면서 그때를 회상하게 된다.

그런데 시간이 흐르면 왜 삶의 색채가 바래지고 그 평온감이 근심스러운 불안감으로 변해버리는 것일까? 나이가 들수록 문젯거리가 많아져서 그럴까? 그렇지 않다. 사람은 자라면서 계속 부정적인 태도를 표하는 성향을 얻어가는 것이다. 불만감은 그저 편안해하는 만족감보다 더 강력한 감정이다.

살다 보면 많은 일들이 일어나지만 사람은 자신이 그 모든 것에도 불구하고 행복하다는 것을 깨닫지 못하므로 세상으로부터 더 많은 것을 요구한다. 제자는 은혜를 잊고 버릇이 나빠져서 점점 더 많은 것을 요구한다.

물론 세상은 날로 높아져가는 그의 요구를 만족시키기에 역부족이고, 그래서 세상의 총아는 불만을 토하기 시작한다. 그는 이렇게 말한다. "당신은 나빠! 내가 원하는 것을 주지 않으니까! 당신은 날 위해주지 않는군!" 그는 세상에 대한 태도를 바꾼 것이다. 불만이 가득 찬 영혼과 변덕스러운 마음은 이 부정적인 태도에 있어서만은 혼연일체를 이루고 있다.

그렇지만 세상은 거울이기에, 쓸쓸한 마음으로 어쩔 수 없이 "내 사랑, 네가 원하는 대로 될 거야"라고 대답할 수밖에 없는 것이다. 그 결과, 현실은 그 사념을 그대로 반영하여 나쁜 쪽으로 변해간다. 그렇게 불만의 이유는 늘어가고, 그리하여 세상과 사람의 관계는 악화되어가는 것이다. 바로 그런 식으로 한 시절의 총아로 귀여움을 받던 사람은 어느덧 소외계층으로 전락하여 세상이 자신에게 빚을 갚지 않는다고 불평만 늘어놓는 것이다.

참 딱한 일이다. 사람은 자신이 스스로 모든 것을 망쳐놓았다는 사실을 깨닫지 못하고 있다. 거울에 비치는 어떤 불쾌한 면을 보고 거기에 주의를 뺏겨서는 불만스러운 태도로써 반응한다. 그 결과로 모든 것이 이전보다 더 나빠지는 것이다. 반영되는 현실은 마음속의 심상을 따라 점점 더 어두워진다. 이리하여 각 사람의 세계의 층은 갈수록 그 생생한 색채를 잃어버리고 점점 더 암담하고 혼란스러워지기만 하는 것이다.

그러나 모든 것을 원래대로 되돌려놓을 수가 있다! 그 고요하고 평온한 느낌, 어린 시절의 아이스크림 맛, 상쾌한 기분, 밝은 희망과 삶의 즐거움으로 말이다. 그것은 매우 간단하다. 믿을 수 없을 정도로 쉬운 일이다. 하지만 믿지만 말고 스스로 한 번 시험해보라. 스스로, 의식적으로 현실에 대한 태도를 바꾸면 세계의 층을 새롭게 창조해낼 수 있다는 것을 아무도 모르고 있다. 당신이 외부세계에 대한 느낌을 어떻게 만들어내느냐에 따라 그런 세계가 그대로 반영되어 나타날 것이다. **이것은 삶을 긍정적으로 바라보라는 구호가 아니라, 자신의 현실을 만들어내는 구체적인 작업방식이다.**

이 순간부터 무슨 일이 일어나든 자신의 태도를 스스로 선택할 것을 생활의 규칙으로 삼아보라. 현재가 당신이 바라는 만큼 좋지는 않더라도 그것은 중요한 것이 아니다. 어쨌든 모든 것은 그리 나쁘지 않고, 이보다 훨씬 더 나빠졌을 수도 있었을 것이다. 하늘에서 돌덩이가 떨어지지도 않았고 서 있는 땅에서 불길이 치솟지도 않았고, 야생 짐승들이 뒤를 쫓아오지도 않았으니까.

그렇다. 세상은 당신이 세상에 흥미를 잃은 후부터 많이 변해버렸다. 세상이 당신을 안고 어르고, 할머니의 빵을 먹여주고 동화 이야기를 들려준 것을 기억하는가? 하지만 자라는 과정에서 당신과 세상 사이에는 벽이 생겨버렸다. 평온한 천진난만함이 소외감으로 바뀌고, 신뢰는 의심으로 변해버리고, 우정은 타산적인 이해관계로 변질되고 말았다. 그렇지만 세상은 당신에게 화를 내지도 않았고 당신을 버리지도 않았다. 세상은 다만 쓸쓸한 생각에 잠긴 듯 말없이, 냉담한 태도로 서운하게 구는 옛 친구 곁을 묵묵히 따라 걷고 있는 것이다.

주변을 돌아보라. 당신의 세계는 아직도 당신을 보살피고 있다. 이 나무와 꽃들은 바로 당신을 위해 자라고 피어난 것이다. 바로 이 태양과 하늘, 구름들도 당신은 신경조차 쓰지 않지만, 이들이 없다면 어떻게 될 것인가. 그리고 일과에 지친 힘든 하루 끝에 저녁이 오면, 창 밖에서 시원한 바람이 불어오고 비가 내린다. 그 때문에 당신은 휴식을 취하고 안락함을 즐길 수 있는 것이다. 세상은 여전히 당신을 먹여주고 또 재워주고 있다. 그러나 당신은 세상이 분명히 나빠졌으며 옛날처럼 되돌아갈 수는 없다고 철석같이 믿고 무심히 세상에 등을 돌린 채 잠에 빠져 있는 것이다.

하지만 거울이 변하지 않는 것과 마찬가지로 세상도 변하지 않았다. 단지 당신의 태도가 달라졌고, 따라서 당신 생각의 반영으로서 그런 현실이 나타난 것일 뿐이다.

자, 이제 눈을 뜨고 기지개를 켜면서 잠자리에서 일어나 주변을 둘러보라. 이것이 바로 당신이 함께 그렇게도 좋은 시절을 보냈던, 당신을 늘 보살펴주던, 여전히 그대로인 그 세계인 것이다. 자신이 마침내 환상에서 깨어난 것을 깨닫게 된다면 얼마나 기쁠지를 상상이나 할 수 있을까?

이제 당신은 돌아와 세상과 함께 있으므로 모든 일도 다시금 옛날처럼 이어질 것이다. 다만 이제는 두 번 다시 배은망덕하게 충실한 옛 하인을 욕하지 말라. 그리고 한 가지 명심해야 할 일은, 재촉하지 말라는 것이다. 왜냐하면 세 번째 거울의 법칙대로, 세상이 이전의 상태를 회복하는 데는 시간이 필요하기 때문이다. 당신에게는 무엇보다도 참을성과 자제력이 필요할 것이다. 당신은 지금 자신의 현실을 형성시키기 위해 실질적인 작업을 하고 있는 중임을 이해해야 한다.

작업의 내용은 다음과 같다. 많은 상황들 가운데 아주 사소한 상황을 만날 때에도, 좋은 일이든 나쁜 일이든 어떤 경우에도 아말감 공식을 반복하라. 행운을 만나면 과연 세상이 당신을 염려하고 보살피고 있음을 확인하기를 잊지 말라. 사소한 일이라도 그때마다 그것을 확인하라. 불행한 일을 당할 때도 여전히 모든 것이 의도 조율의 원칙에 따라 필요한 대로 잘 흘러가고 있다고 생각해야 한다.

어떤 상황에 처하든지 당신의 반응은 한결같이 '세상은 어떤 경우에도 나를 보살펴주고 있다'는 태도여야 한다. 운이 좋으면 그 일에 특별히 주의를 보내고, 운이 안 좋을 때는 의도 조율의 원칙을 따르라. 그러면 당신은 늘 행복한 인생트랙에 머물 것이다. 세상은 당신을 불쾌한 일로부터 보호해줄 것이다. 세상이 어떤 방법으로 그렇게 할 수 있는지는 당신이 알 수 없다. 그냥 세상을 믿어보라.

당신은 신뢰하는 법을 배워야 한다. 사람은 어려운 상황에 처했을 때도 자신의 힘에만 의지하려는 경향이 있다. "내가 직접 해결할 거야!" 다 큰 어린아이가 고집을 부리는 것이다. 그러면 세상은 "그래 내 착한 아이야. 네 발로 걸어가거라" 하고 말하며 그를 땅에 내려놓고 혼자서 해결하도록 허락해준다.

불신의 얼음을 깨뜨리라. 아무리 사소한 문제가 생길 때라도 '세상이 나를 보살펴주기를 바란다'고 자신에게 말해보라. 물론 아무것도 안 하고 멍하니 앉아만 있으란 말이 아니다. 모든 것이 자기 안에 갖추어진 대로 스스로 유리한 방향으로 흘러가리라는 생각에 익숙해져야 한다는 말이다. 거울은 '당신이 그리 생각한다면 그리 될 것'이라며 당신의 생각을 그대로 반영해줄 것이다.

세상이 당신의 사소한 일부터 중요한 문제까지 모두 염려하고 보살펴주도록 허락하는 습관을 만들어보라. 우산을 안 챙기고 집을 나섰는데 막 비가 오려고 한다. 집으로 돌아갈 필요가 없다. 자신에게, "나는 나의 세계와 산책하러 간다"고 말하라. 당신의 세계에게, "나를 보살펴 줄 거지, 그렇지?" 이렇게 말하라. 그러면 당연히 그는 "그럼, 그럼. 내 사랑"이라고 대답할 것이다. 주저 없이 그를 신뢰해도 된다. 비는 안 올 것이다. 혹시 오더라도 그는 때맞게 피할 곳을 마련해줄 것이다.

그러나 혹시 그렇지 않아서 세상이 보살펴주지 않았다는 의심이 들더라도 노여워하지 말라. 당신은 거울 앞에 서 있다는 사실을 잊지 말라. 그 거울에, 세상에 대한 당신의 느낌이 고스란히 반영되는 것이다. 크게 낙심

할 필요가 없다. 의심과 싸우는 것은 더더욱 부질없는 짓이다. 실수와 실패가 일어날 자리를 남겨두라. 필요한 것은 본선을 따라 방향을 유지하는 일이다.

세상이 당신을 보살펴주도록 허락하고 나면 많은 부분에서 세상을 신뢰해도 된다. 사람이 모든 문제를 혼자서 다 해결할 수는 없다. 그 문제들을 세상에게 맡기라. 세상은 당신보다 더 많은 가능성과 기회를 가지고 있다. 예컨대, 당신의 세계의 층은 무수한 타인의 세계의 층들과 겹쳐 있기 때문에 당신의 의도만으로 모든 위험을 피할 수는 없는 것이다. 당신의 의도를 자신의 안전에 집중하는 대신, 당신을 보살피고 보호해주는 세계의 층을 형성하는 데에 집중하라. 그러면 당신의 세계의 의도가 작동할 것이다.

자신이 무엇을 가장 많이 염려하느냐에 따라 특별한 아말감을 선택할 수 있다. 예를 들면 이런 것이다. '나의 세계는 나를 위해 최상의 것을 골라준다. 내가 가능태 흐름을 따라 움직이면 세계는 나를 마중 나온다. 나는 내 의도로써 나의 세계의 층을 형성한다. 나의 세계는 나를 보호해준다. 나의 세계는 나를 문제로부터 해방시켜준다. 나의 세계는 내가 안락하게 살 수 있도록 보살펴주고 있다. 나는 주문하고, 나의 세계는 그것을 수행한다. 나는 모를 수 있지만 나의 세계는 나를 어떻게 보살펴야 하는지를 알고 있다. 나의 의도는 실현되고, 모든 일이 되어야 할 대로 펼쳐진다.'

이 외에도 자신만의 아말감을 별도로 생각해낼 수 있을 것이다. 다시 한 번 말하지만 중요한 것은, 인내심을 가지고 기회가 생길 때마다 아말감 공식을 끊임없이 확언해야 한다는 것이다. 처음에는 이것이 습관이 될 때까지 집요하게 노력할 필요가 있다. 그러고 나면 모든 것이 아주 순조롭게 진행될 것이다.

이 단순한 방법 속에는 당신이 상상도 못하는 강력한 힘이 담겨 있다. **세상에 대한 당신의 태도를 조종할 때, 당신은 현실의 조종자가 된다.** 이중 거울은 당신의 평온한 삶을 세상이 알아서 보살펴주는, 그런 가능태의 섹터를 현실로 실현시켜줄 것이다. 시간이 지나면 당신은 자신에게 아주 아늑한 현실을 만들어내게 될 것이다.

반갑고 유쾌한 사건들의 찬란한 물결이 당신을 기다리고 있으니, 마음의 준비를 하라. 나는 지금 조금도 과장해서 말하는 것이 아니다. 당신의 세계의 층이 당신의 눈앞에서 문자 그대로 변모할 것이고, 당신은 놀라움을 금치 못할 것이다. 지금 이 순간, 앞으로 당신은 세상이라는 거울을 더 이상 이전처럼 보지 않을 것임을 알 수 있다. 바로 지금, 변화의 바람이 일어나는 것을 당신은 느꼈을 것이다. 당신과 당신의 세계는 다시금 함께 있게 되었다. 당신의 세계가 모든 것을 알아서 챙겨줄 것임을 알라.

그림자 좇기

사람은 세상에 대한 자신의 느낌으로써 개별적 현실인 각자의 세계의 층을 형성시킨다. 이 현실은 그 사람의 태도에 따라 독특한 뉘앙스를 띠게 된다. 비유적으로 말하자면, 거기에는 일정한 '기상 조건'이 조성된다. 햇빛 눈부신 신선한 아침이 있는가 하면 흐리고 비 오는 날씨도 있고, 때로는 사나운 태풍이 불기도 하고 심지어는 자연재해가 일어나기도 한다.

주변 현실은 어느 정도 사람의 직접적 행동의 결과에 의해 형성된다는 것이 일반적 통념이다. 하지만 사념체의 힘은 결코 작지 않다. 다만 그 작용이 그리 확연하게 나타나지 않는 것일 뿐이다. 어쨌든 많은 문제들이 부정적인 태도에 의해 일어난다. 이렇게 비물질적인 경로로 일어난 문젯거리를 물질적으로 풀어야 하기 때문에 문제가 더욱 복잡해지는 것이다.

일반적으로 개인적 현실의 상황은 그 사람이 주변의 모든 것을 어떤 감정을 가지고 대하느냐에 달려 있다. 그러나 동시에, 주변에서 일어나는 일들이 그의 감정적 분위기를 좌우한다. 그래서 피드백의 순환고리가 형성된다. 사념의 심상이 물질세계라는 거울에 비쳐서 현실이 형성되는데, 그것이 다시 그 사람의 생각과 심상을 대부분 결정해버리는 것이다.

거울 앞에 설 때 사람은 자신을 내부로부터 보려고 하지 않고, 거울 속 그림자의 모습에만 온통 주의를 기울인다. 그 결과 피드백 고리에서 사념의 심상 대신 그림자가 주인공 역할을 차지해버리는 것이다. 사람은 마치 마법에 홀린 것처럼 자신의 복제물을 보면서 거울에 사로잡혀버린다. 원본을 바꿀 수 있다는 생각이 떠오르지 않는 것이다. 주의가 그림자에 집착해 있기 때문에, 우리는 결국 자신이 필사적으로 기피하던 그것을 얻고 만다.

일반적으로 사람의 주의는 부정적 감정에 전적으로 지배되고 있다. 사람들은 만족하지 못하는 것들에 대한 생각에 온종일 사로잡혀 있다. 원하지 않는 것에 대해 생각하고, 생각하고 있는 것은 원하는 것이 아니다. 현실은 이토록 뒤틀려 있다. **하지만 거울은 사람이 무엇을 원하는지, 혹은 원하지 않는지는 아랑곳하지 않고 그저 정확하게 더도 덜도 아닌 그 심상의 내용만을 그대로 반영해준다.**

어처구니없는 상황이 일어난다. 사람들은 자신이 필사적으로 기피하는 그것을 스스로 가지고 다니는 것이다. '내 혀가 나의 적'이 아니라 '내 생각이 나의 적'인 것이다. 이 모두가 말도 안 되지만 정말 그런 일이 벌어지고 있다.

사람이 뭔가를 싫어할 때 어떤 일이 일어나는가? 그는 그 싫어하는 감정에 영혼과 마음이 일치된 상태를 부여한다. 그러면 그 또렷한 사념의 심상은 정확하게 거울 속에 반영되어 그의 세계의 층을 채운다. 그리하여 싫어하는 바로 그것을 삶 속에 넘치도록 가지게 되는 것이다. 그러면 그는 더욱더 흥분해서 감정의 강도를 증폭시킨다. '모두 꺼져버려!' ― 그는 마음속으로 모두를 지옥으로 보내버린다. 하지만 거울은 이것을 부메랑처럼 되돌려준다. 당신이 내던진 것은 당신에게로 되돌아온다. 불쾌한 일들은 꼬리를 물고 일어나지 않던가? 바로 그거다! 거울 앞에 서서 '꺼져버려!' 하고 외치면 거울 속 그림자는 어떻게 되겠는가? 당신 자신이 당신의 세계와 함께 꺼져버리게 되는 것이다.

　이와 마찬가지로, 당신이 비난하는 사람들은 '비난하는 자'라는 꼬리표를 단, 당신의 세계의 층에 끼어들어온다. 늙은 여인이 울화에 차올라서 세상을 저주하는 전형적인 예를 상상해보자. 그녀는 스스로 자신은 정직한 정의의 화신이라서 '사람들과 양심 앞에서 떳떳하다'고 생각한다. 그리고 나머지 세상 사람들은 자신의 성에 안 차기 때문에 책임을 물어야 한다. 실상은 이렇게 공식처럼 구체적이고 명확하다. 그녀는 이처럼 오만한 태도로 거울을 바라보면서 온통 정의롭지 못한 현실만을 하염없이 만들어내고 있는 것이다. 그러면 세상은 거기에 어떻게 반응할까? 세상은 그녀를 비난하지도 않고 자신을 변호하지도 않는다. 세상의 고유한 속성은, 사람들이 생각하는 세상을 그대로 반영해주는 것이다.

　무엇을 거부할 때도 똑같은 일이 발생한다. 예를 들어, 어떤 여자가 술에 대해 극도로 부정적인 태도를 가지고 있다면 그녀는 운명적으로 그것과 항상 부딪치게 될 것이다. 그녀는 삶 속에서 다양한 형태로 끊임없이 부딪히게 되는 술에 대해 늘 분개하고, 심지어는 알코올 중독자와 결혼하게 될 수도 있다. 그리하여 그녀가 불쾌해하면 할수록 남편은 술을 더 많이 마신다. 남편이 술을 끊으려고 애써도, 그녀는 그때마다 혐오감을 드러내면서 "당신은 술을 포기 못해!"라며 저주한다. 그리고 남편이 강한 의지를 가지고 있지 않다면 아내는 자신의 태도를 끝까지 고집하여 실제로 남편의 세계의 층에 자신의 사념체를 침투시킬 수도 있다.

자꾸만 비관적인 예감으로 쏠리는 성격은 옆에서 보기에도 그다지 매력 있어 보이지 않는다. 이런 타입의 기질은 사도마조히즘sadomasochism(가학·피학 변태성욕)과 닮았다. ―"보라구, 아무것도 되는 게 없잖아!" 비관주의자는 자신의 비참한 운명에 도취함으로써 변태적인 즐거움을 얻는다. "세상은 갈 데까지 갔어. 이보다 더 나쁠 수는 없잖아. 참 꼴좋군. 내 꼴도 참 좋아!" 비관 속에서 도취감을 얻는 병적인 습관이 모욕감을 쉽게 느끼는 성격과 함께 발전하는 것이다. "내가 이렇게 훌륭한데 당신들은 내 가치를 인정하지 않는군! 봐, 이거야말로 불공평의 극치야! 난 이제 화가 났으니까 날 위로하려들 필요도 없어. 내가 죽고 나면 그때서야 알게 되겠지!" 그 결과는 어떻게 될까? 치명적인 불상사가 거울 속에 단순히 반영되기만 하는 게 아니라 단단히 자리 잡는 것이다. 화난 사람은 스스로 실패로 끝날 시나리오를 주문한 후, "봐, 내가 뭐랬어, 그대로 됐지?"라고 말하며 의기양양해한다. 거울은 단지 "원하는 대로 해줄게" 하고 주문을 집행할 뿐이다.

이런 치명적인 운명과 함께 이 불행한 사람은 자신의 보잘것없는 처지를 확인한다. ―"인생은 온통 어둡고 우울해. 눈앞에 단 한 줄기의 빛도 보이지 않아." 그는 안간힘을 다해 그런 운명에 저항한다. 그 때문에 모든 사념 에너지가 비탄과 푸념에 주어진다. 그런데 비치는 대상이 순전히 불만으로 가득 차 있다면 거울이 그것 외에 무엇을 비춰줄 수 있겠는가? "난 불만이야! 난 싫어!"라고 하는 심상에 대한 거울의 반영은 이것이다. ― "그래, 넌 불만스러워, 넌 싫어."오로지 사실 그대로, 더도 덜도 아닌 것이다.

자신에 대한 불만은 역설적인 속성을 지니고 있다. 그것은 자기 자신을 스스로 만들어낸다. "나 자신이 내 마음에 안 든다면 나는 나를 좋아하지 않을 거야." ― 이것이 바보들의 교과서에 나오는 '황금률'이다. 이 동어 반복(tautology)은 어떤 원리를 담고 있는데, 신기하게도 대다수의 사람들이 이 원리를 지침으로 삼고 있다.

일례로 외모가 바로 그것이다. 아이들은 다 예쁘다. 그런데 자신의 외모에 만족하지 못하는 어른들은 왜 그리도 많은 것일까? 그것은 모든 불만을 되돌려주는 거울로부터 비롯된 것이다. 자신의 모습을 황홀하게 바라보는 성격을 가진 사람들은 멋지고 아름답게 성장하는데, 그것이 바로 그들의 비법이다. 그들은 '내가 나 자신을 좋아하면 할수록 좋아할 이유가 더 많이 생긴다'는 원리를 지침으로 삼고 있는 것이다.

그와는 완전히 다른 경우로, 사념의 심상이 자신의 반영에게 이렇게 말한다고 하자. "체중이 좀 늘었네. 너 살 좀 빼야겠다." 그러면 거울은 초연하게 이렇게 대꾸한다. "그래, 넌 뚱뚱해. 살 좀 빼야겠다." 혹은 "내가 좀 야위었네. 근육을 좀 키워야겠다"고 말하면, "그래, 너는 연약해서 근육을 키워야 해"라는 대답이 돌아온다. 거울은 들은 대로 재차 확인해주고, 현실은 메아리처럼 그대로 응답하는 것이다.

열등감은 이런 식으로 자라난다. 자신을 과소평가한 뒤에는 상응하는 판단이 따르는데, 그것을 거울이 현실로 변환시켜주는 것이다. "나는 특별한 재주가 없지?" ― "그래, 너는 무능한 사람이야." "나는 더 나은 운명을 선택할 자격이 없지?" ― "그래, 너는 더 이상 기대할 게 없어."

게다가 타고난 죄책감까지 있다면 전혀 가망이 없다. "내가 잘못 했지? 내가 죽어라 일해서 갚아야 하는 거지?" — "그래, 넌 벌을 받아야 하니까 곧 죗값을 치를 거야." 달리 도리가 있겠는가? 무의식 속에서까지 자신의 잘못을 느끼고 있다면 거울에 무엇이 반영되겠는가? 에누리 없이 그에 따른 징벌일 것이다!

걱정과 공포가 즉시 실현되는 것은 말할 필요도 없다. 우리는 참으로 많은 것을 두려워한다. 그중 많은 부분이 단지 많은 에너지가 필요하기 때문에 일어나지 않는 것뿐이다. 불행과 재해는 평균적인 가능태 흐름에서 벗어난 변칙적인 사건이다. 단, 그 원치 않는 사건이 흐름에서 가까우면 사람이 자신의 생각으로써 그것을 끌어당기므로 그것은 반드시 일어나고 마는 것이다.

의심은 이와는 반대 방식으로 작용한다. 공포는 어떤 사건의 실현 가능성에 주의를 고착시키는 반면에, 의심은 어떤 사건이 발생하지 않을 것에 대해 우려하는 것이다. 당연한 일이지만 많은 경우에 의심하는 일은 누군가가 일부러 그러는 것처럼 실현되어버린다. 왜 고의적인 것처럼 느껴질까? 그것은 사람들이 거기에 머피의 법칙이 작용한다고 생각하기 때문이다. 실제로는 거울이 단순히 사념의 내용을 반영하는 것일 뿐이다.

어떤 경우든, 뭔가를 피하려는 욕망은 오히려 그것과 맞부딪칠 가능성을 증가시킨다. 모든 것이 그 반대로 된다. 그래서 사람들은 번번이 화를 내며 흥분하고 심지어는 대부분의 시간을 노여움에 떨면서 살고 있다. 이 노여움이 그의 세계라는 전체 그림의 분위기를 형성한다. 결과적으로 '나는 심기가 불편하다'는 통합적인 심상이 만들어진다. 따라서 각각의 현실이 만들어질 때 모든 것이 이 현실에서 불편함이 지속되고 악화되는 쪽으로 작용하는 것이다.

사람들은 자신의 비관적인 태도로써 스스로 자신의 세계의 층을 어둡게 칠하고 있다. 영혼의 열광적인 감성과 마음의 강력한 확신이 부여된 태도는 무엇이든 현실로 그대로 반영된다. 그리고 사람이 흥미든 혐오감이든 그 무엇을 표출하려고 하든 간에 그 하나하나가 현실로 반영된다. 여기에 **'거울은 단지 태도의 내용에 주목할 뿐, 그 방향에는 상관하지 않는다'** 는 **네 번째 거울의 법칙**이 작용하는 것이다.

원치 않는 것이 실현되는 것을 볼 때 사람들은 어떻게 반응할까? 마음속에 있는 심상을 보려하지는 않고 그것의 반영에만 주의를 뺏긴 채 그것을 바꿔놓으려고 애쓴다. 그 반영이란 곧 물질적 현실이고, 거기서는 내부의도의 틀 안에서만 행동할 수 있다. 즉, 세상은 당신의 말을 듣지 않고 다른 방향으로 가고 있어서 온 힘을 다해 그것을 당신이 원하는 곳으로 강제로 끌고 가야 하는 것이다. 물론 이것은 어려운 일이다. 많은 경우에 아예 해결책이 없다. 그리고 사람들은 거울 앞에 서서 자신의 반영을 붙잡아 어떻게든 해보려고 애쓰고 있다. 이 모두가 어처구니없는 일이다.

내부의도는 직접적인 행동으로써 이미 일어난 현실을 변화시키려고 한다. 집을 지었는데 원하는 만큼 잘 지어지지 않았다. 그것을 허물고 다시 개조해보지만 여전히 입맛대로 되지 않는다. 마치 조종이 되지 않는 자동차를 타고 있는 느낌이다. 자동차는 제동이 안 되고, 엔진이 마치 전력질주하듯 소음을 내거나 아니면 꺼져버린다. 운전자는 현실에 맞게 운전하려고 애쓰지만 자동차는 예상할 수 없는 방식으로 움직이는 것이다.

논리적으로는 장애물을 피하려면 돌아가야 하는데, 위험한 장애물에 주의가 사로잡히면 그와는 반대로 충돌이 불가피한 상황 속으로 몰려간다. 핸들을 이쪽으로 돌리는데도 차는 저쪽으로 질주한다. 브레이크를 밟으면 밟을수록 오히려 속도가 빨라져버린다.

사람이 현실을 조종하는 것이 아니라 현실이 사람을 조종하는 격이 되어버리는 것이다. 길거리를 내달리면서 온 힘을 다해 울고 있는 어린아이가 된 느낌이다. ─ '세상은 내 말을 듣고 싶지 않은 거야. 세상이 나를 화나게 했어! 난 아무것도 듣고 싶지도 않고 이해하고 싶지도 않아.' 나는 그저 달리고 울며 소리칠 뿐이다. 발로 땅을 구를 때마다 그 박자가 울음소리와 하나가 되어 울려 퍼진다. 어린 시절 그랬던 기억이 나는가? 나는 왜 그렇게 어리석었을까! 어른들이 이해시키려고 애썼건만 나는 아무것도 이해하고 싶지 않았던 것이다. '모든 것이 다 내 뜻대로 돼야 해! 무조건이야, 끝!'

그 후로 나는 성장했지만 아무것도 변하지 않았고 아무것도 이해하지 못했다. 나는 예전처럼 화내고 세상이 내 말을 들어줄 것을 요구하고 있는 것이다. 그러나 세상은 매사에 고의적으로 어깃장을 놓고, 그래서 나는 또다시 길거리를 내달리면서 울부짖는 것이다. 나는 현실을 맞이하기 위해 달리고 있고, 내부의도의 바람이 얼굴에 부딪쳐온다. 모든 것이 보람 없고 현실이 나를 조종한다. 현실은 나로 하여금 조개처럼 부정적으로 반응하게 만들고, 또 그 결과로 스스로 더욱 나빠진다.

이 미친 자동차를 어떻게 운전해야 할까? 무엇을 해야 하는가, 우리가 무슨 실수를 한 것일까? 잘못은, 우리가 거울의 반영에서 눈을 떼지 못하고 그것만을 바라본 것이다. 거기서 모든 문제가 발생하는 것이다.

제일 먼저 거울 속 그림자 좇기를 멈춰야 한다. 이것은 거울에서 눈을 떼고 세상을 당신이 원하는 쪽으로 돌려놓으려고 발버둥치는 내부의도를 거부해야 한다는 뜻이다. 그 순간 미친 자동차는 그 자리에서 멈추고 현실도 멈출 것이다. 그리고 다음 순간, 세상이 스스로 당신을 향해 마중 나오는 놀라운 일이 벌어질 것이다.

세상이 나를 마중 나온다

범인凡人의 마음은 거울 속의 그림자를 어떻게 해보려고 헛되이 애를 쓰지만, 필요한 것은 거울에 비치는 그림자의 본체인 심상 자체를 바꾸는 것이다. 사념의 특성과 방향이 심상으로 형성된다. 문제는, 사람들이 거울을 먼저 보고, 그다음에야 비로소 본 것에 대한 자신의 태도를 표한다는 것이다. 그리하여 의식적이든 무의식적이든 태도가 표해지면 그것이 그 현실을 더욱더 강화시킨다.

비관적인 성격은 거울 속에다 또 부정적인 분위기를 만들어낸다. 세계의 층이 어두워지면서 그 주인에게 불쾌하게 느껴지는 사건들로 채워지는 것이다. 사람이 침울해지면 침울해질수록 거울 속에서는 그에 상응하는 검은 구름이 점점 더 짙어진다. 또 거울을 공격적으로 대하면 그의 세계는 거기에 응답하여 곧바로 털을 곤두세운다. 잘 되살펴보라. 불만을 있는 대로 터뜨리면서 싸우고 난 후에는 또 다른 불쾌한 일이 닥쳐오지 않던가? 화를 내면 낼수록 새로운 불운에 집요하게 걸려들게 되고, 주변의 모든 일이 불쾌하게 꼬이는 것이다.

사람은 중요성의 오랏줄에 의해 거울에 묶인다. 거울 안에서 일어나는 모든 일이 바로 자신의 삶이니, 거울이 그에게 얼마나 중요하겠는가. 거울에 보이는 것이 그의 마음에 들 수도 있고 안 들 수도 있다. 어느 경우든 거울의 반영은 그의 생각의 내용과 일치하고, 그것은 현재의 상태를 더욱더 강화시킨다. 사념의 심상이 그 반영에 의해 좌우되면 그 사람은 주변 현실의 영향을 받게 된다.

감정이 강렬할수록 거울에 더 강하게 구속된다. '무슨 생각을 하는지'는 중요하지 않고 '뭔가를 생각하고 있다는 사실'이 중요하다. 거울의 반영을 좋아할 수도 있고 싫어할 수도 있지만 어느 쪽이든 간에 역시 당신은 그 대상을 생각하고 있는 것이다. 그러면 이젠 그 생각의 내용만이 의미를 가지게 된다. "이제 넌 꺼져버려!" 혹은 "아, 이젠 지긋지긋해!"와 같은 미움의 감정은 대상으로부터 멀어지는 방향을 향하고 있지만, 그럼에도 불구하고 그 태도는 모두 불만의 대상을 붙들고 있다. **영혼과 마음의 일치 속에서 태어난 격한 감정은 심상에 선명한 윤곽을 그려준다. 그 결과 그 심상의 내용에 상응하는 것들이 우세하게 반영되기 시작하는 것이다.**

그런 까닭에 가난한 이들은 자꾸만 더 가난해지고 부자들은 더욱 부유해진다. 그들은 모두 세상이라는 거울을 바라보면서 제각기 그것으로부터 자기 현실의 청사진을 찍어내고 있는 것이다. 이 현실은 사람을 늪처럼 빨아들인다. 연금을 받으려고 긴 줄을 서 있는 할머니, 무거운 가방을 들고 만원버스에 몸을 싣고 있는 지친 여인, 이 병원 저 병원을 전전하는 환자들, 그들은 모두 자신의 사념으로써 그런 우울한 현실 속에 머물고 있다. 그러나 같은 시간에 어떤 사람은 인생을 한껏 즐기고 있다. 바다, 요트, 여행, 화려한 호텔, 비싼 레스토랑 ― 그들은 마음이 원하는 모든 것을 누린다. 상황의 성격에 상관없이 어떤 경우든, '우리는 이렇게 살아'라는 각자의 생각이 현실 속에서 확증되는 것이다. **정확하게 말하자면, 우리는 우리 존재에 대해 생각하는 바를 그대로 산다.** 거울이 그것을 확증해주고, 그로써 심상의 내용을 강화시키는 것이다.

인생의 초기 조건은 서로 다르다고, 즉 누구는 가난 속에 태어났고 누군가는 풍족한 유산을 물려받았다고 이의를 달아봤자 소용없다. 물론 삶이 어떤 지점에서 출발하느냐에 따라서 전개되는 양상이 크게 결정되기는 한다. 하지만 '초기 자본'이 모든 것을 결정한다고 할 수는 없다. 최하층민이 상류층으로 상승하거나, 혹은 그 반대로 되는 예가 비일비재하다. 하지만 그것은 드문 예외가 아닐까? 맞는 말일지도 모르지만, 예외가 존재할 수 있다면 그것은 더 이상 확고부동한 법칙은 아닌 것이다. 아무리 깊은 호랑이 굴속에 들어가더라도 이것을 알아차리라. 모든 것은 극적으로 바뀔 수 있다는 것을. 그 방법은 전혀 몰라도 괜찮다. 구체적인 방법은 스스로 드러날 것이다.

당신은 자신이 바꿀 수 없는 상황에 지배받고 있다고 생각한다. 그러나 사실 그것은 무대의 소품, 곧 환상이며, 원하기만 하면 쉽게 깨뜨릴 수 있는 것이다. 실제로 우리는 모두가 닫혀 있는 순환고리 안을 무의식적으로 맴돌고 있다. 닫힌 고리란 이것이다. **우리는 현실을 관찰하고 — 그에 대한 태도를 표하고 — 거울은 그 태도의 내용을 현실로 고착시킨다.** 현실을 변화시키기 위해서는 이 고리를 빠져나와야 하는 것이다.

자, 당신은 주변 현실을 바라보면서 그것은 변화시킬 수 없다고 생각하고 있다. 그리고 그것은 사실이다. 당신은 내부의도로써 그림자에 영향을 미치려고 애쓰지만 이렇다 할 영향을 미칠 수가 없다. 거울 안에서는 가능성이 너무나도 적다. 그 대신 당신은 현실에 대한 자신의 태도를 변화시킬 수 있다. 그럴 때 외부의도가 작동을 개시한다. 그에게는 불가능한 일이 존재하지 않는다. 거울의 반대편에는 상상하지도 못할 사건의 가능태들이 존재한다.

그러므로 외부의도를 작동시키려면 **'그림자로부터 사념의 심상으로 주의를 돌려야 한다'** 는 다섯 번째 거울의 법칙을 실천해야 하는 것이다. 달리 말해, 자신의 생각을 조종해야 한다는 뜻이다. 원하지 않고 피하고 싶은 것을 생각하지 말고, 원하고 성취하고 싶은 것을 생각하라.

다시 한 번 닫힌 고리의 공식을 살펴보자. **사람들은 문자 그대로 당나귀처럼 이 거울의 고리 안에서 빙빙 맴돌고 있다.** 현실에 대해 원시적으로 반응하는 태도로써 거울에 묶여 있는 사람은 너무나 단순하게도 그 그림자를 바꾸기 위해 그것을 붙잡으려고 애쓴다. 이제 거울의 순환고리의 방향을 바꿔보자. **우리가 태도를 표하면 — 거울은 그 태도의 내용을 현실로 고정시키고 — 우리는 그 현실을 본다.** 이렇게 하면 어떻게 될까?

거울 속의 그림자를 수동적으로 받아들이는 원시적인 반응이 멎고, 그 자리에 의도적이고 목표가 있는 심상이 반영되어 나타날 것이다. 거울 속에 보이는 것에 대해 습관적으로 불만을 터뜨리는 대신, 방향을 반대로 돌려 원하는 것의 심상을 생각 속에서 형성시키기 시작하는 것이다. 이것이 바로 거울의 미로를 빠져나가는 방법이다. 그러면 세상이 서서히 움직임을 멈추다가, 마침내는 나를 향해 움직여오기 시작한다. 이제 나는 뛰지 않고 그 자리에 가만히 서 있고, 현실이 나를 맞이하러 다가오는 것이다. 그리고 얼굴에 불어오는 바람의 느낌부터 벌써 다른데, 그것은 다름 아닌 외부의도의 바람이다.

나는 모든 것을 거꾸로 돌렸다. 무익한 그림자 좇기를 중단했고 세상을 놓아주었으며 세상이 나의 생각에 따라 움직이도록 놓아뒀다. 거울의 순환고리는 여전히 닫혀 있지만 이젠 내가 그 속을 돌고 있는 것이 아니라 그것이 외부의도에 의해 가동되어 스스로 돌고 있다. 그림자에 영향을 미치려고 애쓰기를 그만뒀기 때문에 나의 내부의도는 외부의도로 변했다. 나는 단지 집중하여 사념으로써 원하는 심상을 만들고, 이중거울은 가능태 공간에서 그에 상응하는 섹터를 현실로 실현시켜준다.

유일한 어려움은 상황이 특이하다는 데 있다. 여기서 특이한 것은 '현실을 보는' 부분이 가장 뒤에 놓여 있다는 점이다. 사람들은 '보이는 대로 말한다'는 원칙에 따라 행동하는데 익숙해져 있다. 당신이 자신의 관점을 세상으로 내보내면 세상은 메아리처럼 그 무기력함을 되돌려 보내는 것이다. '비 오는 게 싫어!' — '비, 비, 비……' '공부하기 싫다!' — '공부, 공부, 공부……' '일하기 싫어!' — '일, 일, 일……' **그 결과 '태도의 걸러진 알맹이'가 현실로 실현된다.**

이 모든 혼란에 지친 거울의 독백을 상상해볼 수 있다.

'넌 기분이 안 좋구나. 그래, 좋아지기 위해서 뭘 원하지?'

'넌 뭔가를 원하지 않는군. 그럼 뭘 원하는지를 명확히 말해주지 않겠니?'

'뭔가가 네 마음에 들지 않는군. 그렇다면 제발 무엇이 필요한지를 알려주지 않겠니?'

이 모두가 사실은 참으로 단순한 것이다. — **부정적인 태도를 긍정적으로 바꿔야 한다는 것.** 생각을 검열하여 '아니' 불(不) 자의 접두사를 모두 제거해야 한다. 불만, 부정적인 상념, 부인, 불찬성, 성공에 대한 불신 등이 모든 쓰레기를 쓸어 담아 쓰레기통에 던져버려야 한다. 모든 생각을 당신이 원하는 것과 좋아하는 것에 집중해야 하는 것이다. 그래야 거울 속에 유쾌한 것들만이 반영될 것이다.

좋은 현실이 그 자리에서 즉시 형성되지는 않는다는 점을 이해해야 한다. 인내와 깨어 있는 의식이 필요하다. 이제는 모든 것이 예전과는 다르다. **당신은 주변 현실에 반응하지 않으며, 주도권을 잡고 스스로 의도적으로 세상에 자신의 사념체를 보낸다.** 반영이 부정적으로 보이더라도, 그럼에도 불구하고 긍정적인 태도를 표하는 것이다. 이것은 정말 특이하다. 하지만 당신은 보통 사람들처럼 상황에 사로잡혀 있을 텐가, 아니면 내 마음대로 운명을 다루고 싶은가? 사람의 기분은 상황의 좋고 나쁨에 따라 덩달아 조성된다. 비관적인 성격은 기분이 늘 우울해져 있게 만든다. 그러나 당신은 그 반대로 해야 한다. 즉, 기분을 의도적으로 좋아지게 만들어야 하는 것이다. 내가 현실을 조종할 수 있다는 사실을 아는 것만으로도 기운이 북돋아 질 수 있다. 나 자신의 의도로써 내 현실의 뉘앙스를 선택하는 것이다. 상황과 상관없이 나 스스로 긍정적으로 생각한다. 이것이 바로 외부의 자극에 원시적으로 반응하지 않고 의식적으로 대처하는 법이다. 당신은 이런 습관을 가져야 한다. 청각적, 시각적 슬라이드가 최고의 기분을 얻도록 도움을 줄 수 있다. 가장 이상적인 그림은, 목표가 이미 달성되어서 당신이 아주 기분 좋아하는 모습이다.

다른 한편, 한동안은 당신의 세계의 층에서 아무런 변화의 기미도 찾아볼 수가 없으리라는 점을 알고 있어야 한다. 오히려 여러 가지 불쾌한 일이 일어날 수도 있다. 이건 어떻게 된 일인가? 그것은 모두 현실과 새로운 관계를 갖는 차원으로 이동할 때 일어나는 일시적인 불편이다. 물질현실의 거울이 그림자를 반영하려면 시간이 걸린다는 것을 당신도 알고 있지 않은가. 어떤 경우에도 눈을 다른 데로 돌리지 말고 자신의 길을 견지해야 한다. 아무 일이 일어나지 않는 동안에도 침착하게 기다려야 하는 것이다. '뒤돌아보지 말라. 그러면 돌이 되리라'는 어떤 이야기처럼, 뒤돌아보면 일이 허사가 되고 만다. 거울 속에서 무슨 일이 일어나든 내가 내 생각 속에 형성시켜놓은 심상은 머지않아 반영되리라는 것을 나는 알고 있다. 유혹에 빠져서 뒤돌아보지 않고 내 길만 따라 가면 거울 속에 나의 현실이 형성될 것이다. 모든 것이 내 뜻대로 될 것이다.

원하는 것을 이미 가지고 있다, 또는 곧 갖게 될 것이라는 세계감(세계에 대한 느낌)을 가져야 한다. 거울은 당신의 생각 속에 있는 것을 실현시켜 준다는 사실을 명심하라. 예컨대, 자신의 외모를 싫어하면 거울을 볼 때 즐겁지 않다. 당신은 모든 주의를 자기가 싫어하는 추한 모습에만 집중시킨 채 그러한 태도를 표출한다. 그러면 그 태도가 현실의 거울에 그대로 반영된다는 것을 알라.

현실의 거울을 그냥 보는 것이 아니라 '걸러 보기'를 새로운 규칙으로 삼으라. 그것은 좋은 것을 찾아내고 나쁜 것은 무시하는 필터로써 여과하여 보는 방법이다. 얻고자 하는 것에 주의를 집중하라. 전에는 어떻게 했는 가? '난 뚱뚱하고 못생겼어. 그런 내가 싫어' 하고 반응했다. 그러면 거울 은 '그래, 맞아. 그건 사실이야' 하고 맞장구치며 그것을 더욱더 움직일 수 없는 현실로 고착시켰다. 이제는 당신에게 다른 과제가 주어졌다. — 당신 의 모습에서 마음에 드는 특징을 찾아내고, 동시에 원하는 모습을 상상하 는 것이다. 이 순간부터 당신은 '날마다 더욱더 나아진다' 는 긍정적 변화 의 증거를 찾아내고 발견하게 될 것이다. 이 방법을 규칙적으로 실천하면 곧 놀라운 일들이 꼬리를 물고 일어날 것이다.

기본적으로, 무엇보다 먼저 태도를 취하고 나서 그다음에 거울을 봐야 하는 것이지 그 반대로 해서는 안 된다. 물론 이것을 습관화하려면 일정한 시간이 필요할 것이다. 그러나 이 게임은 큰 가치가 있다. 이제는 현실이 당신을 관리하는 것이 아니라 당신이 현실을 관리하게 되는 것이다. 물질 적 실현에는 관성이 작용한다는 점을 염두에 두면 반영은 시간을 두고 서 서히 긍정적으로 변화해가리라는 것을 알 수 있다. 당신의 세계의 층에 유 쾌한 것들이 많이 축적되고 나면 더 이상 당신이 나서서 힘을 쓸 필요가 없 을 것이다. 거울의 순환고리가 힘들이지 않고 자연스럽게 돌기 시작할 것 이다. 그 순환고리를 가동시켜놓은 다음 자신의 의도로써 가속시키는 것 이 중요하다. 그런 다음에는 모든 것이 매우 순조롭게 진행될 것이다.

지루해하는 어떤 독자는 이렇게 말할 수도 있을 것이다. "아니야! 믿을 수 없어! 세상 일이 그렇게 간단한 거라면……." 어쩔 수 없다. **믿고 싶지 않다면, 돌아가서 거울 순환고리 속의 반영을 따라가라.** 행운을 빈다. 그리고 만약 믿지 않고 원한다면, 나는 여기에는 믿음이 전혀 필요하지 않다고 말하겠다. 믿을 필요는 없다. 단 제시된 방법을 실천해보라. 그러면 어떻게 되는지를 스스로 확인하게 될 것이다. 외부의도의 작용은 눈에 띄지 않기 때문에 범인의 마음은 그것을 영원히 이해할 수 없을 것이다. 마음의 관점에서 보려고 하면, 이루어질 수 없는 희망이 무슨 방법으로 실현될 수 있을지를 결코 이해하지 못한다. 마음은 이루어진 현실을 대면할 때까지는 그 가능성을 믿지 않을 것이다. 마음이 의심 속에서 뒹굴게 놓아두고 당신은 그동안 해야 할 일을 하라.

'아냐! 뭔가 잘 되지 않는데…….' 게으른 독자는 이렇게 말할 것이다. 실제로 거울 기법은 너무나 간단해서 믿기 어렵다. 우리는 모두가 어려운 문제를 어렵게 해결하는 방식에 익숙해 있는 것이다. 사람들은 자신의 생각이 현실에 영향을 미칠 수 있다는 것을 믿지 않아서 그런 것을 진지하게 받아들이지 않고, 따라서 그렇게 해보려는 시도조차 하지 않는다. 이것이 결과가 나타나지 않는 첫째 이유다. 둘째 이유는 행동의 모순에 있다. 보통 사람들은 어떤 생각으로 금세 불타오르다가 다음 순간에 또 금방 식어버리고 만다. 하지만 기적은 없다! 단 이 경우에는 손이 아니라 머리로써 일정한 작업을 해야 한다. 당신이 거울 앞에 잠깐 서 있다가 가버린다면 '뒤늦게 비춰주는' 거울이 당신의 반영을 어떻게 형성할 수 있겠는가?

이제는 거울의 법칙을 다 알았으니 이것을 적용하여 실천하기만 하면 된다. 이것은 정말 간단하다. **생각의 심상**(사념체)**을 물질적 현실로 고정시키려면 그것을 정기적으로 재생해야 한다.** 달리 말하자면 생각 속에서 정기적으로 목표의 슬라이드를 상영해야 하는 것이다. 제멋대로 부침하는 백일몽과는 달리 이것은 구체적이고 체계적인 작업이다.

당신을 반영에 묶어놓는 감정을 다스리면 거울로부터 자유를 얻는다.

감정을 억제할 필요는 없다. 그것은 태도의 산물일 뿐이다. 태도 자체를 바꿔야 한다. 즉, 현실을 인식하는 방법과 그에 대한 반응 방식을 바꿔야 하는 것이다. 자유를 얻으면 당신이 필요로 하는 반영을 만들어낼 수 있는 능력을 갖게 된다. **달리 말해서, 생각의 방향을 조종하면 현실을 조종할 수 있다.** 그러지 않는 한은 현실이 당신을 조종한다.

현실의 조종은 여러 차원에서 이루어질 수 있다. 가장 쉽고 간단한 방법은 아말감이다. 그것은 전반적인 평안과 행복의 배경을 조성하게 하는데, 대부분의 경우에 이것만으로 충분하다. 그러나 소망을 이루려면 인내심을 가지고 꾸준히 목표를 지향해야 한다. 거울 기법은 누구나 자신의 필요에 따라 사용할 수 있다.

일반적으로 말하자면 세상이 우리의 생각의 반영이라는 주장은 전혀 새로운 것이 아니다. 모든 사람이 이것을 암묵적으로 이해하고는 있지만 동시에 그것은 어쩐지 추상적이고 불확실하게 들린다. 그래서 그러한 지식이 있어도 별로 유용하지가 않다. 그럼 무엇을 어떻게 해야 하는가? 영적인 깨달음을 위해 노력하고 자연의 비밀을 연구하거나 자신의 능력을 개발할 시간은 없다.

하지만 이제 구체적인 기법이 당신 손에 쥐어져 있다. 당신은 그것이 왜 효과가 있는지, 어떻게 해야 하는지를 알고 있다. 그냥 그것을 실천하라. 거울의 순환고리 안에서 맴돌기를 멈추면 세상이 당신을 맞이하러 다가오는 것을 보게 될 것이다.

현실 지배자의 의도

이제 거울 속에서 원하는 현실을 얻으려면, 사념으로써 의도적으로 심상을 만들어내고 반영이 지연되는 데에는 신경 쓰지 말고 '걸러 보기'를 하면서, 새로운 현실이 발현되는 것을 찾아내는 기본적인 작업만 하면 되는 것이다.

다만, 지연 현상을 이해하더라도 이 요상한 거울의 세계에 적응한다는 것이 좀 어려운 일이긴 하다. 현실은 손에 들린 막대기처럼 즉시 복종해야 한다거나, 아니면 아예 복종시키는 것이 불가능하다는 고정관념이 사람들의 의식 속에 굳어 있다. 소망이 곧바로 이루어지지 않으면 '그건 그저 불가능한 일'이라고 생각해버리고 마는 것이다. 안 되는 건 안 되는 것 아닌가. 사람들은 마법이란 그저 꿈이나 꿔볼 수 있을 뿐, 초월적인 것이고 불가능한 것이라고 생각한다.

마법은 현실과 동떨어진 것이라는 생각이 모든 사람의 통념이다. 환상의 세계는 저 건너편 상상의 나라에 있고 여기에는 실질적인 삶이 있으니, 이는 엄연한 사실이고 아무것도 바꿀 수가 없다. 마법사와 초능력자들은 자기들만의 특별한 세계에서 살고 있고, 우리같이 평범한 문제를 가진 평범한 사람들은 이곳에서 평범한 삶을 근근이 이어가고 있는 것이다.

사실이지만, 마법은 존재하지 않는다. 단지 이중거울의 법칙을 알아둘 필요가 있을 뿐이다. 이 지식은 공개되어 있다. 이것은 너무나 단순하고 평범해서 '마법'일 수가 없다. 하지만 알라딘의 마술램프도 놋쇠로 된 평범한 물건이었고 성배도 금으로 만들어지지는 않았을 것이다. 위대한 것들은 모두가 매우 단순하고, 자기 자신을 뽐내거나 숨어 있을 필요를 느끼지 않는다. 쓸모없고 가치 없는 것들이 항상 신비의 장막 뒤에 숨어 있는 법이다.

신비의 베일을 젖히고 일상 속으로 걸어 들어온 마법은 더 이상 신비의 대상이 아니다. 일상 속에 자리 잡은 마법은 그 현혹적인 신비감을 잃게 되는 것이다. 그러나 일상적인 현실이 일상적인 것으로 보이지 않고 낯선 현실로 변하는 것이 트랜서핑이 가져다주는 변화의 매력이며, 당신은 이렇게 전환된 현실을 자각몽처럼 조종할 수 있다. 그러기 위해서는 거울의 법칙을 지키기만 하면 된다.

당신이 이미 트랜서핑에 대해 다 알고 있고 목표의 슬라이드를 사용할 줄 안다고 가정하자. 그런데 시간이 지나도 아무 일도 일어나지 않는다. 편지를 보냈는데 답장이 없을 때와 같은 느낌이다. 마음은 걱정하기 시작하고 참을성이 없어진다. 내가 뭔가를 잘못하고 있는 건가? 이게 전부 엉터리인 것은 아닐까?

사실을 말하자면, 세상은 한자리에 가만히 머물러 있지 않으며, 거울 속 반영의 실현 과정은 진행중에 있다. 이 과정은 눈에 보이지 않기 때문에 아무것도 일어나지 않는 것처럼 보인다. 이럴 때, 거울이 반영을 위해 뜸을 들이고 있다는 것을 아는 지식과, 직접적인 행동 후에 결과를 당장 확인하려고 하는 옛 습관 사이에서 마음의 저울이 흔들리고 있는 것이다.

결과가 안 보이면 마음은 무슨 생각을 할까? 그것이 효과가 없거나 잘못되었다고 판단한다. 그런 경우에 거울은 무엇을 반영할까? 그렇다. '바로 그것'을 되비쳐준다. 따라서 과정이 지체되거나 옆으로 새는 것이다. 마음이 세상과 나눌 대화를 상상해보자.

— 장난감을 갖고 싶어!

— 물론 가져야지. 내 사랑.

— 네가 약속했잖아!

— 그럼. 네가 부탁해서 준다고 했지. 그 말에 만족한 것 같은데.

— 잘 못 알아들었나본데, 나는 지금 당장 장난감을 갖고 싶다구!

— 그럼. 다 알아. 지금 당장 원하고 있다는 것.

— 그럼 장난감이 어디 있어?

— 어? 진짜 어디 있지?

— 우리 둘 중 하나는 바보인가 보군.

— 맞아.

— 젠장! 네가 바보 같은 거울일 뿐이라는 걸 깜빡했군. 너와는 어떤 사이로 지내야 하더라? 아! 기억났어. 넌 나에게 장난감을 주려는 거지?

— 그럼, 그럼, 내 사랑.

— 그럼 받으러 갈까?

— 그럼, 내 사랑. 이리 와.

자, 이제 마음은 원하는 선물을 받기 위해 출발한다. 이제 인내심을 가지고 즐거운 준비의 시간을 보내면 되는 것이다. 영혼은 노래를 부르고 마음은 만족스러운 춤을 추고 있다. 왜 행복하지 않겠는가? 장난감을 받으러 가고 있지 않은가! 트랜서핑을 실천하는 사람은 자신의 선택이 필연적으로 실현되게 하는 확고한 법칙이 있다는 사실을 이해해야 한다. 그리고 그것을 실현시키기 위해서는 목표에 주의를 고정시켜야 한다. 하지만 사람들은 늘 뭔가 마음에 들지 않는 것을 발견하게 마련이다.

— 우리가 제대로 가고 있는 거야? 완구점이 안 보이는데.

— 내 사랑, 곧 도착할 테니 걱정 마.

— 언제? 아닌 것 같은데. 엉뚱한 골목으로 접어든 것 같아.

— 그렇게 생각하니?

— 그래. 우리는 길을 잃었어!

— 네 말대로야. 나는 언제나 너와 동의하는 걸 알지 않니?

— 바보 같은 거울! 넌 믿을 수가 없다는 걸 알고 있었는데! 대체 나를 어디로 데리고 온 거야?

— 난 그냥 가는 길에 놀이공원에 들러서 너를 회전목마에 태워주려고 했는데…….

눈을 가린 채로 걸으면 자신감이 떨어지게 마련이다. 마음은 아무 일도 일어나지 않거나 일이 생각대로 진행되지 않는 것을 용납할 수가 없는 것이다. 마음은 기계와도 같아서 작업 알고리즘(일의 논리적 진행순서를 제공하는 프로그램)이 깨지면 빨간 등이 켜진다. 차이가 있다면 마음은 순진하게도 모든 과정을 미리 계산해낼 수 있다고 생각하고 스스로 프로그램(시나리오)을 짜낸다는 점이다. '멀쩡한 이성'의 단순성은, 그것이 고정관념을 만들어낼 뿐만 아니라 그것을 완강하게 고집한다는 데에 있다.

선택을 내리면, 즉 최종 목표의 심상이 정해지면 세상이라는 거울은 그 주문을 받아 일정한 계획에 의해 그것을 실현하려고 한다. 심상의 반영을 어떤 방법으로 만들어내는지는 오직 거울만이 알고 있으며 마음은 그것을 이해할 수 없다. 하지만 마음은 사건이 이상한 시나리오로 진행되고 있는 것을 보면 경보를 울린다. 그러면 그것은 세상이 움직이지 못하게 막는 결과가 된다. '뭔가 조치를 해야 하잖아!' 그는 아무것도 되어가지 않는다고 생각하기 때문에 목표의 심상도 뒤틀려버린다. 게다가 고유의 시나리오대로 스스로 움직여서 성공을 향해 가고 있는, 그가 이해하지 못하는 계획이 실현되는 것도 훼방한다. 즉, 그는 '상자에 들어가지도 못하고 나오지도 못하고, 상자를 내던지지도 못하고 있는' 것이다.

그리하여 그는 목표로 가는 길이라고 생각하는 자신의 시나리오만 붙들고 매달림으로써 스스로 목표의 실현을 방해하고 있는 것이다. 하지만 그것도 다가 아니다. 장난감을 빨리 받으려는 욕망으로 잉여 포텐셜을 높여놓으면 거울이 문자 그대로 찌그러져버린다. 그런 찌그러진 거울에서 무엇을 기대할 수가 있겠는가?

소망 자체는 필요한 것이다. 소망 없이는 의도도 없으니까. 거기에 행동하겠노라는 결정을 더하면 목표를 달성하려는 의도가 생기는 것이다. **하지만 거기에 달성 가능성에 대한 의심과 실패에 대한 두려움이 들러붙으면 욕망이 일어난다. 이것이 의도적으로 낮춰야 할 바로 그 중요성이다.** 소망 자체는 잉여 포텐셜을 생성하지 않는다. 잉여 포텐셜은 당신이 의심과 두려움으로써 세상을 꼼짝 못하게 만들 때 발생하는 것이다.

사람들은 대개 다음과 같이 생각한다. 그걸 원하긴 하지만 안 될까봐 걱정되고 그게 과연 될 수 있는 일이거나 한지 의심스럽다. 그는 일의 성패에 대한 책임감의 압박을 느끼면서 자기 자신과 세상에게 엄격한 조건을 내세운다. 즉 세상에게는 기대하고, 자신에게는 요구하는 것이다. 결국 거울은 세 번 찌그러진다. ― **욕망하고, 두려워하고, 놓아주지 않는다.** 찌그러진 삼면경인 것이다.

의도란 것이 세상에게 뭔가를 결정적으로 요구하는 상태라고 생각한다면 당신은 받아야 할 것을 결코 받지 못할 것이다. 또한 세상에게 부탁한다고 해도 원하는 것을 얻지 못할 것이다. **당신에게 필요한 것은 '주문하고', 세상이 그 주문을 실행하도록 '허락하는' 것이다.** 당신은 요구하고, 부탁하고, 두려워하면서 의심하기 때문에 세상이 주문을 실행할 수 없게 만들고 있다. 그러면 세상도 뭔가를 요구하고 부탁하고 두려워하며 의심하는데, 그것은 당신의 태도가 완벽하게 반영된 것이다. 세상은 거울일 뿐이다.

이것을 지금 체험해봐야 한다. 세상을 당신의 손아귀에서 놓아줌으로써 세상이 당장 당신을 위해 안락한 곳이 되도록 허락해줘야 한다. 이것은 금세 휙 하고 지나가는 순간적인 느낌이지만 그것을 포착해보라. 적대적이고 말썽 많고 힘들고 불편한 세상이 갑자기 당신을 위해 즐겁고 편안한 곳이 되는, 믿을 수 없는 일을 한 번 상상해보라. **당신이 세상에게 그것을 허락해주라. 당신이 결정해야 하는 것이다.**

행복해지려고 애쓰라는 것이 아니라, 자신의 삶 속으로 행복을 들여보내라는 말이다. 불가능해 보이는 성공의 가능성을 받아들이는 만큼 당신은 행복해진다. 자신에게 행복해지라고 강요하지 말고 행복해할 수 있는 사치를 그저 허락해주라. 그냥 세상을 믿어보라. 세상은 목표에 도달하는 방법을 잘 알고 있고, 모든 것을 스스로 알아서 해나갈 것이다. 당신은 거울이 어떻게 마음속의 심상을 그대로 반영해줄 수 있을지, 그 방법에 대해 걱정하고 있지는 않은가? 거울 앞에 서 있을 때는 그저 보고 싶은 반영에 대해서만 생각하라. 세상이라는 거울은 완벽하게 작동한다. 다만 그 작동에 약간의 지연이 있을 뿐이다.

세상을 정말 믿을 수 있다는 확신이 생기지 않는 경우를 위해서 거울의 법칙이 두 가지 더 있다. 사람에 따라서는 법칙을 따라 움직이는 것이 더 쉬울 수 있다. **여섯 번째, 일곱 번째 법칙을 알아보기 전에 '원하지 않는 것을 생각하지 말고, 원하는 것을 생각하라'는 다섯 번째 법칙을 다시 떠올려보자.**

예컨대 당신이 목표를 정하고 규칙적으로 목표의 슬라이드 작업을 시작했다고 가정해보자. 당신은 결과가 금방 나타날 것으로 알고 있다. 그런데 시간이 지나가고 있는데도 아무 일도 일어나지 않거나, 일이 예상과 달리 전개되고 있다고 생각되어 마음은 불안해지기 시작한다. 그런 순간 의심이 온통 생각을 사로잡기 전에 깨어 있는 의식을 가동시키라. '뒤돌아보면 돌이 되리라'는 경고를 잊어버렸는가!

최종 목표가 이미 실현된 것처럼 주의를 거기에 고정시키라. 당신이 심상에 집중하고 있을 때 세상은 당신을 향해 다가오고 있다. 하지만 당신이, 무슨 일이 일어났는지 확인할 수 없는 (또는 아예 아무것도 일어나지 않는), 거울에 비친 반영으로 눈을 돌리면 세상은 그 즉시 걸음을 멈추고, 당신은 거울의 순환고리에서 헛되고 고된 맴돌이를 다시 시작하게 된다.

거울에 반영이 나타나고, 또 반영된 이 현실로 실현되는 데는 일정한 일시정지(puase) 기간이 필요하다는 것을 끊임없이 상기해야 한다. 그렇게 일시 정지되어 모든 것이 이루어지지 않는 것처럼 보일 때, 확고히 자신의 사념을 지켜야 한다. 절망에 굴복하지 않는 만큼 보답을 받게 될 것이다. 이것은 마법과 같은 성질의 것은 아니지만 실질적인 힘을 지니고 있는 진정한 마법이다.

거울을 바라보는 것, 즉 일어난 일에 대해 자신의 태도를 표하는 것은 긍정적인 변화를 발견하여 즐거운 놀라움을 경험하기 위해서 해야 한다. 다른 말로 하자면, 세상이 목표를 향해 가고 있음을 입증해주는 모든 사건에 대해 당신은 눈을 활짝 뜨고 있어야 하고, 그에 수반되는 부정적인 발현에 대해서는 눈을 단단히 감고 있어야 하는 것이다. '뒤돌아보지 않는' 인내심만 충분하면 그 결과는 상상을 초월할 것이다. 세상은 장난감을 사줄 뿐만 아니라 회전목마도 태워주고 아이스크림도 사줄 것이다.

아주 일반적인 의미에서, 거울을 사용하는 법칙은 다음과 같은 형태로 공식화할 수 있다. **거울을 볼 때 반영을 바꿔놓으려 하지 말고 심상 자체, 즉 자신의 태도와 생각의 방향을 바꾸라.** 다른 말로, 새끼 고양이가 거울 속에 있는 '자신과 똑같이 생긴 고양이'가 자기 자신인 것을 모르고 잡으려고 하듯이, 반영을 붙잡으려고 하지 말고, 자기 자신을 움직이라는 말이다. 유명한 음악가이자 철학자 보리스 그레벤쉬코프의 노래 가사 중에 이런 말이 있다. "그녀는 자기 자신을 움직일 수 있다…… 가만히 서 있는 채로."

자신의 축을 돌리면 잠시 후에 세상이 당신을 따라 천천히 돌기 시작하는 것을 관찰할 수 있을 것이다. 세상을 억지로 돌려놓으려고 서둘러 대들지 말라. 이것이 바로 내부의도와 외부의도의 차이다. 당신이 반영에 영향을 미치려고 애쓰는 것은 내부의도다. 외부의도로는 거울이 아니라 자신의 생각의 심상에 주의를 집중시키므로 세상을 움직일 수 있는 진정한 힘을 얻게 되는 것이다. '세상이 스스로 움직인다면 우리가 할 수 있는 일은 무엇일까?'

꽉 쥔 손을 풀어놓는 것이 이 힘의 비결이다. 사람의 마음은 뜻하지 않은 상황 또는 자신의 시나리오에서 조금이라도 벗어나는 것은 아무리 작은 것이라도 적대시한다. ― 반박하고, 포기하고, 고집하고, 논쟁하고, 돌발적으로 행동하고, 적극적으로 대책을 세우는 등등. 이것은 즉각적이고 원시적인 반응이다. 대체로 마음은 그림자를 붙잡고는 그것을 자기 뜻대로 해보려고 애를 쓴다.

물론 주의가 거울에 고정되어 있을 때는 손만 뻗치면 현실이 바로 눈앞에 있고 그것이 당장 내 뜻에 복종할 것처럼 여겨지는 환상이 생기는 법이다. 그러나 결코 생각하는 대로는 되지 않는다. 철없는 새끼고양이는 단면 거울에 속아 넘어간다. 하지만 이성적으로 한 수 위인 인간도 똑같은 함정에 빠지고 만다. 차이가 있다면 이중거울의 환상은 한층 더 교묘하다는 것이다.

그래서 거울에서 손을 떼야 하고, 세상을 놓아주어서 움직일 수 있게 해야 하는 것이다. 많은 경우에, 적극적인 행동은 전혀 할 필요가 없고 일이 일어나는 대로 유연하고 부드럽게 따라가는 것만으로 충분하다.《리얼리티 트랜서핑》시리즈에서 알 수 있듯이, 가능태 흐름을 방해하지만 않으면 그것만으로도 사건의 전개를 최적의 궤도 위에 올려놓을 수 있는 것이다. 자신의 견해를 고수하려고 할 때 원시적인 마음은 손으로 물을 허우적거리며 흐름을 거슬러 노를 젓는 경향이 있다. 이제 환상에서 벗어나기 위해서는 마음의 편협한 의도를 거꾸로 돌려 의연하고 늠름하게 예상 밖의 것들도 포용하면서 자신의 시나리오를 수정해가라는 것이다. 이것은 여태껏 해본 적이 없는 일일 테지만, 이것만이 새끼고양이의 수준을 벗어날 수 있는 유일하고 효과적인 방법이다.

자, **꽉 쥔 손을 풀어놓아주고 세상이 가능태 흐름에 따라 움직이도록 허용하라.** ─ 이것이 **여섯 번째 거울의 법칙**이다. 내부의도는 방향을 반대로 바꾸고, 조종하기를 포기한 당신이 오히려 상황을 실질적으로 조종할 수 있게 되는 기이한 현상이 벌어진다.

관찰자의 눈으로 주변을 바라보라. 당신은 연극의 연출자인 동시에 주변에서 일어나는 모든 움직임을 간파하며 초연하게 연기를 하고 있는 배우다. 누가 당신에게 무엇을 제안해오면 성급하게 거절하지 말라. 조언을 받는다면 그것에 대해 심사숙고해보라. 다른 사람의 의견에 대해 성급하게 논쟁을 벌이지 말라. 누군가가 잘못을 저지르고 있는 것을 보더라도 그냥 놔두고 지켜보라. 상황이 바뀌더라도 경보를 울리면서 호들갑을 떨 필요가 없다. 변화를 받아들여보라. 무엇을 하든 간에 가장 쉽고 간단한 방법을 가지고 움직이라. 선택을 해야 할 상황에서는 얻기가 가장 쉬운 가능태를 고르라.

이것은 당신이 이 모든 것에 다 동의해야 한다는 뜻이 아니다. 눈을 감은 채 흐름에 떠밀려 내려가는 것과 의도적이고 의식적으로 흐름을 따라가는 것과는 다른 것이다. 당신은 고삐를 당겨야 할 때와 의도적으로 고삐를 늦춰줘야 할 때를 스스로 알게 될 것이다. 세상을 풀어놓고 그것이 움직이는 것을 관찰해보라. 세상은 제자에게 선택의 자유를 주고 가끔씩만 필요한 방향으로 살짝 떠밀어주는 지혜로운 스승처럼 움직인다. 그것을 지켜보라. 세상이 당신 주위를 돌고 있음을 보게 될 것이다.

이제 가장 중요하고 강력한 거울의 법칙을 배울 시간이 되었다. 거울은 완벽하게 반사하는 능력과 함께 또 한 가지 중요한 성질을 가지고 있다. 거울 속에서는 오른쪽이 왼쪽이 되고, 멀어지는 공간이 실제로는 반대 방향으로 멀어지는 것이다. 사람들은 오래전부터 이 성질에 익숙해있고 생각 속의 환상을 현실이라고 착각하는 법을 배워왔다. 하지만 마음은 이중거울의 환상을 아직도 감당하지 못한다.

좋은 것을 나쁘게 보고, 긍정을 부정으로 바꾸고, 자신의 행복을 불운으로 해석하는 경향이 있는 것이 문제인 것이다. 사실 세상은 음흉한 일을 꾸미는 성질을 가지고 있지 않다. 사람들이 불쾌한 일에 더 많은 에너지를 소모하는 것이 비정상인 것이다. 자연은 에너지를 헛되이 소모하지 않는다. 가능태 흐름은 언제나 최소 저항의 경로를 찾아 흐른다. **상황은 늘 행운의 흐름을 따른다고 말할 수 있는 것이다.** 대부분의 문제는 사람이 손으로 물을 첨벙대며 조용한 흐름을 거슬러 노를 저음으로써 스스로 만들어내는 것이다. 아무튼 중요한 것은 비관적인 성향이 그에 걸맞은 심상을 만들어내고, 거울은 이것을 현실로 실현시킨다는 것이다.

세상은 단지 현실에 대한 당신의 태도를 완벽하게 반영해주고 있을 뿐이라는 점을 명심하라. 그 반영이 침울해 보일 때 당신이 거기에 또 부정적인 태도를 보인다면 그것은 더욱더 나빠질 것이다. 마찬가지로 부정적인 것을 보고도 의도적으로 그것을 긍정적으로 선언한다면 선언대로 될 것이다. 모든 상황과 사건이 당신이 모르는 ― 그러나 당신에게 유익한 ― 잠재된 가능성을 지니고 있는 것이다. 그 각각의 시점에서 당신은 자신의 태도를 표함으로써 추후의 사건이 좋은 방향으로 전개될지, 아니면 나쁜 방향으로 전개될지를 스스로 결정하고 있는 것이다.

어떤 경우에도, 심지어 **가장 불리한 상황에서조차 모든 반영을 긍정적으로 인식한다는 일곱 번째 거울의 법칙**을 실천한다면 당신은 결국 그 덕을 톡톡히 보게 될 것이다. 어떤 일도 그것이 당신에게 유익한 것인지 불리한 것인지를 확실히 판단할 수는 없을 것이다. 그러니 그것이 당신에게 유익하다고 생각하기를 선택하라!

그리고 모든 일이 원활하게 진행되고 있을 때, 그것이 당연한 일이란 듯이 무심하게 받아들이지 말고 그것을 기쁘게 받아들이고 모든 일이 훌륭하게 되어가고 있다는 사실에 주목해야 한다. **일어나는 모든 일은 그렇게 되어야 할 필요에 따라 일어나고 있다.** 이것은 다름 아닌 '의도 조율의 법칙'으로 알려져 있고 《리얼리티 트랜서핑》제1권에 그 작용에 관한 내용이 자세히 설명되어 있다.

예컨대 당신에게 어떤 문제가 생겼다고 하자. 갈림길에서 이 문제가 어려운 문제인지 아닌지는 당신만이 결정할 수 있다. 비관주의적인 성향과 힘든 삶으로 인한 피곤에 찌들면 문제의 압박을 견디지 못하고 그것을 암울하게 받아들일 수밖에 없다.

— 아이고, 너무 힘들다! 너무나 어려운 문제야.

세상은 여기에 바로 동의해준다.

— 원하는 대로 해, 내 사랑.

세상은 언제나 당신의 말에 동의한다. 그러면 그 반대로 해보라. **자신에게 모든 일이 아주 쉽게 해결될 수 있다고 말해보라.** 온 마음을 다해 이 문제를 쉬운 문제로 생각해보라. 이것이 공식이 되게 하라. 본질적으로 아주 사소한 부수적 상황이 일을 어려운 문젯거리로 만드는 것이다. 이 사소한 상황을 당신의 태도로써 결정하라. **그러면 무슨 일이 일어나든 간에 세상은 또 당신의 모든 결정에 동의할 것이다.**

─ 모든 것이 수포로 돌아가는 거야?

"아니야, 모든 것이 멋지고 훌륭하게 돌아가고 있어"라고 대답하라.

그리고 당신은 '합리적인' 사람의 눈에는 완전히 바보 같은 만족스러운 얼굴로 손뼉을 치면서, "우와, 너무 좋아!" 하고 기뻐서 펄쩍펄쩍 뛴다. 그러면 곧 당신은 불운으로 보이는 상황이 오히려 도움이 되는 것을 발견하게 될 것이다. 거울의 이런 성질은 예기치 못한 때에 갑작스럽게 작용하기 때문에 거기에 익숙해지기가 어렵다. 그러나 당신의 눈앞에서 번번이 실패가 승리로 변신하기 시작하면 당신은 무엇과도 비교할 수 없는 놀라움을 경험할 것이고, 그러면 이렇게 외치고 싶을 것이다.

─ 아, 이건 있을 수가 없는 일이야! 신비스럽고 놀라워!

하지만 지금까지 당신은 '합리적인 상식'의 관점을 지키면서 전혀 다르게 생각했기 때문에 이 삶에서 온갖 고난과 곤궁을 충분히 겪었다. 이 순간부터는 불쾌한 일이나 문제가 생길 때마다, 세상은 언제나 상황에 대한 당신의 태도에 그대로 동의한다는 사실을 명심하라.

─ 그대가 말하는 대로야. 내 사랑.

이제 자신이 무엇을 갖고 있는지를 상상할 수 있겠는가? 이제 더 이상 파랑새가 당신을 찾아오거나 운명의 수레바퀴가 원하는 방향으로 돌아가기만을 기다리고 있을 필요가 없다. **당신은 행운의 소유자인 것이다.** 당신의 의도로써 어떤 사건 또는 상황이 당신에게 유리하다고 선언하라.

이것은 당신을 사랑하고 보살펴주는 세상의 선한 의지에 기대는 것이 아니다. 세상은 말없는 거울이다. 세상이 당신을 보살피고 있다면, 그것은

'당신이 그런 모습을 보여주고 있기 때문에' 그런 것이다. 이것은 상황에 따라 수시로 흔들릴 수 있는 믿음이 아니다. 성공에 대한 맹목적인 믿음에서 나오는 자만도 아니다. 성격적 속성으로서의 낙관주의도 아니다. **이것은 현실 지배자의 의도다.** 당신이 스스로 자신의 세계의 층을 형성하고 자신의 현실을 창조하는 것이다.

'자신을 움직일' 줄 알고, 또 그와 동시에 세상을 자유롭게 움직이도록 놓아주면 당신은 현실의 지배자가 되는 것이다. 자신을 움직인다는 것은 마지막 세 가지 거울의 법칙을 따르는 것을 뜻한다. 현실의 지배자는 극성스러운 활동가가 아니라 관찰자다. **복종시키는 것이 아니라 허락하는 것이 그의 의지의 다른 점이다.**

이제 당신은 이 놀라운 이중거울의 사용법을 알고 있다. 이제는 세상 사람들이 적대적이고 완강한 문제의 구렁텅이로 여기는 세상을 두려워할 필요가 없다. 세상은 당신의 것이다. 세상의 손을 잡고 이렇게 말하라.

'나는 나의 세상과 함께 장난감을 받으러 간다!'

거울제조공

트랜서핑의 관점에서 보면 운명에 대해서는 아무런 문제가 없는 것처럼 보인다. 가능태 공간이 존재하므로 운명은 자유롭게 선택할 수 있고, 이중거울의 법칙을 지침으로 삼으면 이를 통제할 수 있는 것이다. 그러나 이 문제에 대해서는 좀더 주의를 기울여 살펴볼 필요가 있다.

운명에 관해서는 의견이 분분하다. 운명이 사람의 손에 달려 있다고 생각하는 사람들이 있는 반면, 또 어떤 사람들은 운명은 정해져 있다고 믿는다. 또 다른 사람들은 한 걸음 더 나아가 전생의 행위에 따라 하늘이 정해 주는 숙명이 있다고 믿는다. 어떤 관점이 더 진실에 가까울까?

각각이 모두 다 진실에 가깝다. 이 모든 견해가 똑같이 옳다. 거울의 세계에서 그들에게 무슨 차별이 있을 수 있겠는가? 거울 앞에 서면 누구나 자기 생각의 심상을 그대로 반영받는다. 내 얼굴이 우울하게 비칠지 즐겁게 비칠지를 거울에게 묻는 것은 의미가 없다. 한편에서 생각하자면 있는 그대로 반영되는 것이고, 또 다른 한편에서 생각하자면 나는 내가 보고 싶은 대로 보는 것이다. 그러니 예정된 운명을 택하든지 자유로운 운명을 더 좋아하든지 간에 운명의 문제는 선택의 문제일 뿐이다. 모든 것이 당신의 확신에 달려 있으며, 당신이 선택하는 대로 받게 될 것이다.

사람이 운명은 예정되어 있어서 피할 수 없는 것이라고 확신한다면 정말로 어떤 예정된 시나리오가 실현되고 만다. 가능태 공간 속에는 어떤 흐름이 있는데, 파도의 의지에 자신을 내맡기면 그의 인생의 작은 배는 파도의 의지에 따라 흘러갈 것이다. '멸망할 운명을 지닌 자'는 미물인 자신 안에서 몸부림치면서 경건하게 하늘을 우러러본다. 하지만 하늘에서는 '인생의 비운'이 솔방울처럼 우수수 떨어져 내린다. 그는 소리친다. "오, 예지의 힘이여! 오, 운명의 오른팔이시여!" 실제로는 모든 것이 '팔자'가 아니라 이마에 바보라고 새겨져 있는 당신이 스스로 그런 팔자를 붙잡고서는 무의식 속에서 꿈에 휘둘리고 있는 것이다.

그러나 사람이 스스로 그 흐름을 조종하기 시작하면 그의 삶은 더 이상 상황에 종속되지 않는다. 작은 배는 '운명'이 예정된 듯한 쪽에서 다른 쪽으로 벗어날 수 있는 것이다. 모든 것은 아주 간단하다. — 삶이란 강과 같은 것이다. 만약 당신이 직접 노를 젓고 있으면 스스로 방향을 선택할 수 있는 것이고, 흐름에 몸을 맡기면 당신이 타고 있는 급류를 따라 떠내려가야 하는 것이다. 카르마(업보)를 원하면 카르마를 받을 것이다. 당신의 운명이 냉혹한 상황이나 전생의 실수에 달려 있다고 생각한다면 당신은 그로써 그에 상응하는 가능태를 스스로 실현시키는 것이다. 당신은 신의 아이이므로 그것은 당신의 뜻에 따라 움직인다. 당신이 운명을 결정하는 자가 되고 싶다면 그것도 당신의 힘으로 가능하다. 이중거울은 모든 것에 동의해줄 것이다. 문제는 당신이 그것을 사용할 줄 아는가에 달려 있다.

트랜서핑 모델의 틀에서는 이것은 분명하다. 다만 가능태 공간만이 유일하게 이해할 수 없는 수수께끼다. **가능태 공간에 존재하는 것들을 누가 거기에 넣어두었을까?** 그것은 어디에서 온 것일까? 왜 있는 것일까? 그 모든 것을 넣어두기 전에는 무엇이 있었던 것일까?

솔직히 말해서 나는 모른다. 다만 하나의 가설을 세워볼 수 있다. 가능태 공간은 누군가가 '창조'한 것이 아니라 처음부터 늘 존재해왔다는 것이다. **사람의 마음은 속성상 이 세상의 모든 것이 누군가에 의해 창조되었고, 또한 모든 것에 시작과 끝이 있다고 생각한다. 그렇지만 전부가 그런 것은 아닌 것 같다.** 사람의 지각과 인지 수준을 더 끌어올린다고 해도 이것을 이해하기에는 부족할 것이다. 이 세상에는 이성의 한계를 넘어선 문제들이 존재한다. 왜냐하면 이성은 추상적으로 생각할 능력이 있기는 하지만 그저 하나의 논리적인 기계일 뿐이기 때문이다.

그래서 나의 추상적인 사고 수준으로 초보적인 수학적 모델을 구축할 수 있는 것이다. 누군가가 의식의 각성 수준을 무한정 끌어올려 계속 집중함으로써 한 점이 된다면 다음과 같은 의문이 제기될 것이다. '왜 점인 내가 좌표 내에서 마음대로 위치를 차지할 수 있는 것일까? 누가 이 좌표를 만들었지? 이 좌표는 누구에게 필요한 것일까? 이것 이전에는 무엇이 있었을까?…… 정말 이해할 수 없는 일이군…….' 그리고 그 점에게 2차원

외에 3차원 또는 n차원이 있다고 말해주면 그는 미쳐버리고 말 것이다.

그러니 모든 것이 다 들어 있는, 상상하기 힘든 가능태 공간이 존재한다고 믿는 것보다는, 운명이 하늘에 있는 높은 힘에 의해 예정되어 있고 운명을 '계산'하고 예견할 수 있다는 쪽을 믿기가 더 쉬운 것이다. 사람들은 무지 속에서 사는 것이 불안하기 때문에 미래에 대해 어떤 것이라도 암시를 받기 위해 예언가, 점성술사, 또는 점쟁이들을 찾는 것이다. 여기서 또다시 원론적인 선택의 문제가 제기된다. 나의 의도란 무엇인가 하는 문제다. — 나의 미래를 점치는 것인가? 아니면 내가 원하는 것을 창조하는 것인가?

소극적인 입장을 택했다면 '운명의 책'을 읽을 수 있다고 자부하는 자들에게 도움을 청하는 단 하나의 방법밖에는 남지 않는다. 하지만 그것이 가능한 것일까? 누군가가 과연 미래를 계산하고 예고할 수 있을까? 물론할 수 있다. 가능태 공간이 존재하기 때문에 그런 것이 가능하다. 그렇지 않다면 예언자들이 과거와 미래의 단편들을 어디서 얻어낼 수 있겠는가?

사건들은 제멋대로 벌어지는 것이 아니다. 가능태 공간의 섹터들은 인과관계의 사슬로 연결되어 인생트랙을 형성하는데, 그것은 일정한 법칙에 종속된다. 그러면 이 법칙을 무엇을 통해 알 수 있을까? 천체의 위치, 꿈, 타로카드의 조합, 심지어 커피 찌꺼기까지도 그것의 외면적 징조가 될 수 있을 것이다. 우연이란 없다. 우연이란 사건의 원인에 대한 구체적인 정보가 없을 때 결과를 인식하는 하나의 특별한 방식일 뿐인 것이다.

하지만 과거와 미래의 영화필름 보관소인 가능태 공간이 존재한다는, 동일한 이유 때문에 또한 예언이 항상 맞지는 않는다. 가능태의 수는 무한하고, 그래서 '영사기에 끼워 넣어야 할 바로 그 영화필름이 선택되리라'는 보장은 전혀 없다. 우리는 확률에 대해서만 이야기할 수 있는 것이다.

반가Vanga라는 이름으로 세계적으로 잘 알려진 불가리아의 예언자 반 겔리아 디미트로바Vangelia Dimitrova는 가장 '정확한' 예언능력자였다. 어린 시절에 시력을 잃었던 그녀는 그 대신 가능태 공간을 볼 수 있는 능력을 얻 었던 것이다. 하지만 그녀가 자신의 희귀한 재능으로 과거와 미래에 대해 '정확히 맞출 확률'은 70~80퍼센트 사이에서 가변적이었다.

예언은 예언자의 지각 능력과 그 해석에 의해 왜곡된다. 노스트라다무 스의 예언은 아직도 여러 가지 변형된 해석이 존재한다. 예언에서 말한 것 을 사람들은 엉뚱한 곳에서 찾는 경우가 많다. 반가가 "쿠르스크가 물밑으 로 가라앉을 것이다"라고 예언했을 때는 아무도 그 뜻을 제대로 알아듣지 못했다. 쿠르스크라는 도시는 바다에서 아주 멀리 떨어져 있었기 때문이 다. 하지만 동일한 이름을 가진 잠수함이 침몰했을 때 이 예언을 들었던 사 람들은 등골이 오싹해졌을 것이다.

그렇지만 예언자가 가능태 공간의 '바로 그' 섹터를 보았을 확률에 대 해서만 말한다면, 그런 예언이 상당히 높은 확률로 적중하는 이유는 무엇 일까? 그것은 아마도 사람의 기억에 새겨진 예언은 원하든 원치 않든 간에 그의 의도로 전환되기 때문일 것이다.

예언에 대한 여러 해석과 점성술에 대한 태도에는 특별한 뭔가가 있다. 그것은 믿음과 의심의 균형이다. 사람들은 한편에는 이런 것을 전적으로 믿지 않는 경향이 있지만, 잠재의식 깊은 곳의 다른 한편에는 '혹시 맞으 면 어쩌지?'라는 생각이 있다. 예언 해석의 중요성은 최소가 된다. 실현되 어도 좋고 아니라도 좋다는 것이다. 이것은 게임과 같고 사람들은 일면 심 각하면서도 동시에 무심하게 이 게임에 참여한다. 그 결과, 자기도 모르게 영혼과 마음의 일치가 일어나는 것이다. 이런 조건에서 순간적이지만 명 확한 심상이 형성되고, 이를 세상의 거울이 기꺼이 현실로 실현해낸다. 사람들이 자신에게 예언되었던 것을 스스로 무의식적으로 실현하기 때문에 실현되는 확률이 평균 이상이 되는 것이다.

반가의 생애를 보면 그녀는 어릴 때 놀이를 통해 자신의 미래 운명을 의도적으로 계획하고 있었다는 것을 발견할 수 있다. '환자'인 이웃 어린이들을 치료하는 것이 그녀가 좋아하는 놀이였다. 또한 그녀는 이야기를 꾸며낼 줄 알았고 사람들은 마법에 걸린 것처럼 그 이야기에 빠져들었다. 그 외에 반가는 이상한 게임에 열중했는데, 어떤 물건을 한적한 곳에 숨겨놓은 다음 그 물건 쪽으로 더듬어서 걸어가면서 눈 감은 채로 그것을 찾곤 했다. 이처럼 그녀가 만들어낸 심상은 매우 완벽해서 세상의 거울이 그것을 아주 정확히 현실로 실현했다. 반가는 사고로 시력을 잃고 치유가, 예언자가 되었다. 열두 살 되던 해, 그녀는 태풍에 휩쓸려간 후 모래에 덮인 채 들판에서 발견되었다.

반가는 예정된 것은 아무리 노력해도 결코 바꿀 수 없다고, 즉 운명을 피할 수 없다고 확신했다. 미래에 일어날 불운을 봤을 때 그녀는 그것을 막으려고 애써봤지만 되지 않았다는 것이다. 어떤 사람이 죽을 것이라는 운명을 알았을 때, 그에게 여행을 가지 말라고 단념시키거나 머물러 있는 곳을 떠나라고 권유했던 경우도 있었다. 하지만 그것 역시 도움이 되지 않았고, 사람들은 그녀의 말을 귀담아 듣지 않았다. 따라서 여기에는 트랜서핑과 모순이 있다. 결국 운명이란 예정된 것일까?

실제로는 아무런 모순이 없다. 어느 누구도 자신의 의도로써 다른 사람의 인생에 본질적으로 영향을 줄 수는 없는 것이다. 사람은 오직 자신의 세계의 층만을 형성할 수 있는 권리를 가지고 있다. 옆에서 볼 때는 영향력 있는 정치가가 한 민족의 운명을 결정하는 것처럼 보이지만 사실 그는 그를 탄생시킨 구조체의 의도를 수행하는 것일 뿐이다.

누구나 자신의 운명을 통제할 수 있다. 단, 하나의 조건이 있는데 그것은 그 자신이 직접 통제해야 한다는 것이다. 그것은 적극적인 입장을 택하느냐 혹은 소극적인 입장을 택하느냐의 문제다. 운명은 하늘이 정해주는 것이라고 생각하고 점집을 드나들며 살 수도 있다. 다른 한편, 어리석은 마음의 열정으로 일을 벌이면 다시는 그런 일을 하고 싶지 않을 만큼 잘못된 운명을 창조할 수도 있다. **그러니까 손으로 물을 철버덕거리며 허우적대거나 흐름을 거슬러 노를 젓는 것이 아니라, 거울의 법칙을 따라 자기 생각의 방향을 조종하려는 의도가 바로 적극적인 태도인 것이다.**

이러한 태도가 운명에 영향을 줄 수 있는 진정한 힘을 준다. 이런 경우에는 예언가의 충고도 의미를 잃고 만다. 그들의 예언이 거짓이라고 주장하려는 것이 아니다. 물론 개별적인 예언이 사실로 입증되는 경우도 흔하지만 그런 예언은 자신의 삶을 무의식적인 꿈으로 선택한 사람들에게만 필요한 것이다. 그런 사람들이 대부분일 테지만, 자신의 삶을 조종 가능한 의식적인 꿈으로 전환하고 싶다면, 그런 당신에게는 거울제조공의 도움이 정말 아무런 의미도 없는 것이다.

점성술사와 예언가는 거울제조공이 아니고 무엇이겠는가? 그들은 그저 악의 없는 예언만 제공하는 것이 아니라, 당신이 어쩔 수 없이 볼 수밖에 없는 당신 운명의 대용품인 거울의 한 조각을 제공하는 것이 아닌가. 다른 수가 있을까? 당신이 그 예언을 심각하게 받아들이든 말든 그것은 중요하지 않다. 아무튼 당신은 이미 그 예언을 들었기 때문에 그것은 잠재의식 속에 머물면서 당신의 미래 운명을 꾸며내고 있을 것이다. 혹 예언가들이 돈을 요구하지는 않았다고 치자. 그렇지만 당신은 미래의 한 조각을 그냥 받을 수 있다고 생각하는가? 운명의 책은 아무 대가 없이는 들여다볼 수 없는 것이다. 이 상품에 대한 대가는 단 한 가지다. **당신은 원하든 원치 않**

든 이 상품을 가지고 당신 삶의 일부분을 만들어야 한다.

이 대가는 치명적일 수도 있다. 그리고 이것은 운명을 상품처럼 파는 사람들의 잘못이 아니라 이 상품을 구매하는 사람들의 잘못이다. 예언에 관심을 가진다는 것은 거울제조공에게 가서 거울을 사면서 당신이 오늘 그 거울을 보고 웃을 수 있겠느냐고 물어보는 것이다. 하지만 당신에게는 당신의 세계의 층인 거울이 이미 있고, 그것을 가지고 원하는 것을 모두 창조할 수 있다. 나의 거울과 나는 자유롭다. 원한다면 나는 현실지배자의 의도로서 패배를 승리로 바꿀 수 있고, 그까짓 예언 따위는 우습게 볼 것이다.

하지만 자기 현실의 지배자가 되고 싶지 않다면 거울제조공의 도움을 받을 수 있다. 그것 또한 하나의 선택이고 존재 방법이다. 정확하게 말하자면 운명의 궤도를 따라 안전하게 살아가는 방법인 것이다. 예언은 발생할 수 있는 불운을 경고하거나 성공에 대한 기대를 심어줄 수 있는 안내 신호의 역할을 할 수 있다. 그런 면에서 거울제조공은 유익한 일을 하고 있다. 하지만 그것이 다는 아니다. 세계적인 사건을 예언하는 자들은 가장 해로운 부류다. 닥쳐올 자연재해나 세계 종말을 예언하면서 그들은 많은 사람들의 생각을 파괴적인 방향으로 고정시켜버린다. 달리 말하면 집단의식을 프로그래밍하는 것이다. 그 때문에 그런 예언들은 그냥 아무 일 없이 지나가지는 않을 것이다.

재미있는 것은 과학자들도 사람들의 운명에 직접적인 영향을 주지는 않지만 거울제조공들의 연맹에 속한다는 사실이다. 역사상 그들은 세상이 어떻게 만들어져 있는지를 우리에게 설명하려고 해왔다. 언젠가 지구는 평면이었고 고래 세 마리와 코끼리와 거북이 등 위에 서 있었다. 옛날에는 천체들이 지구 주위를 돌았다. 몇 천 년이 지난 지금, 어느 정도 해명된 것도 있지만 새로운 모델을 짜맞추는 과정은 여전히 계속되고 있는 것이다. 고전물리학의 자리에 양자물리학이 대두했다. 이제 극미세계의 대상들을 소립자라 부르기 시작한다. 그것은 때로는 파동이 되고 때로는 소립자로 있으려고 한다. 그 후에는 이 미세한 대상들이 파동도 아니고 입자도 아닌, 10차원 시공간의 끈이라고 선언하는 이론이 탄생한다. 그러면 세계는 연신 옷을 갈아입으면서 이 모델들에 동의해주는 것이다. 그럼에도 불구하고 뭔가 미심쩍은 부분이 남는다. 과학자들은 어쩔 수 없이 11차원을 추가하고, 그 결과 최첨단의 막 이론(M-theory)이 탄생한다. 이 이론에서 끈은 막(membrane)이 되는 것이다. 재미있지 않은가? 그다음엔 무엇일까?

이 과정은 무한히 계속될 것이다. 일련의 모델 다음에 또 다른 새로운 모델들이 생길 것이다. 손에 거울을 들고 다른 거울 앞에 서보면 당신은 왜 세계가 무한한 수의 모델을 가지고 있는지를 이해하게 될 것이다. 당신이 당신 앞에 있는 거울 속에서 거울을 들고 있는 당신을 보고, 거기서 당신이 든 거울에 다시 당신이 반사되고 또 거기서…… 이해되는가?

세계가 어떻게 만들어져 있는지에 대한 해답은 없을 것이다. **인간의 이성의 틀 안에서 가장 추상적인 정의까지 올라가면 세계는 아무것도 아닌 것처럼 보인다.** 그것은 단순히 우리의 생각을 비쳐내는 거울일 뿐이다. 우리가 그에 대해 생각하는 대로 일어나는 것이다. 단, 확실히 주장할 수 있는 것은 현실은 다면적이고 그에 대해 몇 가지 법칙을 말할 수 있다는 점이다.

세계의 구조를 연구하는 과정이 이와 같다. 현실의 발현을 바탕으로 삼아 연구를 하면, 그 하나의 변형인 거울 한 조각을 얻게 된다. 그 거울 조각을 들고 커다란 거울 앞에 서 있으면 그 반영에서 새로운 관점을 보게 될 것이다. 이 새로운 관점의 발현 중 하나를 가지고 우리는 또 다시 하나의 개별적 현실의 변형을 얻게 될 것이다. 다시금 그 작은 거울에서 반사가 일어나 새로운 거울이 나타날 것이다.

실제로 세계는 어떤 것일까? 당신은 한 예로써 서로 가깝게 마주 놓아 둔 똑같은 두 개의 거울을 상상해볼 수 있다. 두 거울은 서로를 반사한다. **두 거울 속에는 아무것도 없고, 즉 무無가 있고, 그것은 무한히 반사된다. 끝 없이 깜깜하고 아득하고 현묘한 무한성 — 그 속에서 무가 무를 반사하는 것 이다.** 우리 이성이 가지고 있는 지식으로 이것을 이해할 수 있을까? 아마 이해하지 못하리라.

끝으로 한 가지 더 덧붙이자면, 거울제조공들의 펜듈럼은 어떤 경우에 도 당신의 운명을 염려하지 않는다. 다만 자신의 이익을 추구하는 것이다. 이들은 '고객'들로부터 얻어내는 에너지의 지속적인 공급이 필요하다. 사 람들은 날마다 내일은 어떤 하루가 기다리고 있는지를 알고 싶어하며, 그 래서 계속 '잘 아는 자'를 찾아간다. 이로써 자신의 에너지를 넘겨주고 그 대가로 대용품인 조작된 운명의 한 조각을 받는 것이다. 사람의 주의가 운 명을 판매하는 펜듈럼의 그물에 걸리면 그는 점을 치거나 꿈을 풀이하기 전에는 확신을 느낄 수가 없게 된다. 이미 마약 중독과 같은 일종의 중독 이 생기는 것이다. 내일에 대한 망상적인 확신을 유지하기 위해서는 지속 적인 투약이 필요해진다. 펜듈럼은 이렇게 진폭을 키우면서 번성하는 것 이다.

트랜서핑은 이런 종류의 에너지 공급을 필요로 하지 않는다. 법칙을 알 았으면 이제 무엇이든 당신 마음대로 해도 되는 것이다. 지식은 그 자체로 서는 펜듈럼이 아니고, 일정한 조직이 형성될 때 펜듈럼이 된다. 트랜서핑 은 세계의 구조를 설명하려들지 않으며, 다만 실용적인 모델을 제시해주 고 현실이 조종할 수 있는 것임을 이해하도록 도와준다. 그리고 그 방법을 알려주는 것이다. 자동차의 구조와 기계장치를 몰라도 운전을 잘 할 수 있는 것과 같은 이치다. 트랜서핑의 사명은 사람들에게 '운전면허증'을 전해주는 데 있는 것이다.

거울제조공들은 좌표상의 점에게 그래프의 선을 따라 한 치 오차 없이 이동해야 하고 다른 가능성은 주어지지 않는다고 설득하려는 것이다. 점이 스스로 그런 조건을 받아들이는 경우에는 실제로 그렇게 되는 것이다. 현실이 당신과 상관없이 존재하게 된다. 당신이 거기에 동의하고 있는 동안에는 그렇다. 당신이 전 세계를 바꿀 수는 없지만, 세계의 개별적인 층은 당신의 손아귀에 들어 있다. 그것을 위해 자기 자신을 바꿀 필요는 없다. 다만 지배자인 자신의 권리를 이용하기만 하면 되는 것이다.

이제 당신에게는 이중거울이 있는데, 이것은 모든 소원을 이루어주는 지니(알라딘 램프에 나오는, 모든 소원을 들어주는 거인 – 역주)와도 같다. 이것은 옛날이야기가 아니라 지금까지 일상이라는 위장막을 덮어쓰고 당신의 눈을 피해 숨어있던 진짜 현실의 이야기다. 다만 아라비아 동화에 나오는 지니와는 달리, 거울 지니에게는 명령을 하면 안 된다. 간청하거나 동정을 구하는 것도 소용없는 짓이다. 그러나 당신이 자신의 의도를 선언하면 그 즉시 마법의 거울은 기꺼이 거기에 동의할 것이다. "그럼, 그럼. 내 사랑." **의도를 발휘하면 당신은 자기 운명의 진정한 지배자가 되는 것이다.** 자신의 운명을 거울제조공에게 맡기지 말라!

요약

- 거울의 법칙

  1. 세상은 거울처럼 세상에 대한 당신의 태도를 반영한다.

  2. 반영은 영혼과 마음의 일치 속에서 형성된다.

  3. 이중거울의 반응에는 시간이 지체된다.

  4. 거울은 태도의 내용을 반영할 뿐, 태도의 방향은 무시한다.

  5. 원하지 않는 것에 대해 생각하지 말고,

     달성하고자 하는 목표를 생각해야 한다.

  6. 세상을 꽉 쥐고 있는 손아귀를 풀어,

     세상이 가능태 흐름을 따라 움직이도록 허락해야 한다.

  7. 어떤 반영이든 긍정적으로 인식해야 한다.

- 생각의 방향을 조종하면 당신은 현실을 조종하게 된다.

- 기회 있을 때마다 아말감 공식을 확언하라.

- 반영을 움직일 것이 아니라, 자신의 태도와 생각의 방향인
  심상 자체를 움직여야 한다.

- 최종 목표가 이미 달성된 것처럼 느끼고 주의를 그것에 고정시켜야 한다.

- 슬라이드를 실현하려면 그것을 생각 속에서 충분히 오랜 시간동안
  규칙적으로 상영해야 한다.

- 감정을 억누를 필요가 없고, 자신의 태도를 바꾸어야 한다.

제4장

영원의 문지기

나는 세상과 함께 장난감을 받으러 간다

의도의 에너지

위에서 당신은 현실을 조종하는 법칙에 대해 알게 되었다. 지금부터 그 구체적인 방법에 대해 이야기하기로 하자. 첫째로 필요한 조건은 충분히 높은 에너지 수준이다. 이것이 없이는 트랜서핑이 전혀 불가능하다.

에너지는 두 가지 종류가 있는데 생리적 에너지와 자유에너지다. 생리적 에너지는 온기와 체력으로 느껴지는 것인데 이는 신진대사를 통해서 생성된다. 생리적 에너지를 필요한 수준으로 유지하기 위해서는 음식을 충분히 섭취하고 휴식을 취하고 야외활동을 하기만 하면 된다.

자유에너지는 우주에서 내려와 에너지 통로를 흐르고 원기元氣 또는 생명력으로 나타난다. 이것은 바로 의도의 에너지이고, 이로 말미암아 사람이 적극적이고 단호한 행동을 할 수 있게 된다. 당신이 나날의 일상적인 일을 할 정도의 기운만 남아 있고 다른 것은 아무것도 하기가 싫어진다면 이것은 에너지 수준이 매우 낮아졌음을 알려주는 징표다.

자유에너지와 생명력은 똑같은 것이라고 말할 수 있다. 의도의 에너지가 흘러넘칠 때가 바로 청춘시절이다. 몸이 아파 보이는 노파를 상상해보라. 이 할머니는 끙끙대고 절뚝거리면서 걸어간다. 움직임 하나하나가 할머니에게는 힘든 일이다. 그런데 똑같은 나이의 다른 어떤 노파는 갑자기 전속력으로 달리다가 탄력 있게 높이 뛰어 올라 "오 예!" 하고 승리의 구호를 소리높이 외치면서 손으로 힘차게 공기를 가른다. 믿기 어렵긴 하겠지만 아무리 노파라도 기운을 충분한 수준으로 끌어올리기만 하면 이렇게 하고 싶어질 것이다.

왜 인간은 최고의 걸작을 인생의 전반기에 창작해내는 것일까? 의도의 에너지 때문에 그런 것이다. 의도의 에너지를 일정 수준으로 유지하기만 하면 어떤 나이에도 걸작을 만들어낼 수 있다.

사람이 무엇을 지향하기를 멈출 때 생명력과 창조적인 힘이 위축된다. 세상을 무관심한 눈으로 바라보는 사람들이 있다. 그들은 산전수전을 다 겪어보아서 이제는 이 권태감을 좋아하는 것 같다. 그들에게 이 세상은 하나도 놀라울 것 없는, 속속들이 다 돌아다녀본 공원과도 같다. 그들은 모든 것을 알고 있다는 양 무심하고 느릿느릿한 목소리로 다른 사람들을 훈계한다. 그런 사람들이 일찍 늙어간다. 눈을 크게 뜨고 세상을 바라보기를 잊지 말라. 그러면 에너지가 커질 것이다.

사람이 더 이상 경탄할 줄 모르고 새로운 목표를 지향하지 않을 때, 그는 더 이상 발전하지 않을 뿐만 아니라 퇴화하고 늙어가는 것이다. 삶이란 멈춤이 있을 수 없는 과정이다. 앞으로 가거나, 아니면 뒤로 가는 것일 뿐이다. 자연계에는 '멈춤'이라는 상태가 존재하지 않는다. 꿈쩍 않는 것처럼 보이는 바위마저도 끊임없이 모습이 변해가고 있다. 의도의 에너지를 활성화시키려면 목표로써 그 에너지를 '낚아채야' 한다.

적극적인 활동은 에너지를 타오르게 한다. 일종의 피드백 고리가 생기는 것이다. 적극적인 활동이 의도가 생기게 하고, 의도는 생명력을 타오르게 한다. 가만히 앉아서 아무것도 하고 싶지 않을 때는 그저 뭐라도 시작을 하면 에너지가 생길 것이다. 한 자리에 가만히 멈추어 있을 때 새로이 움직이려면 가끔은 최초의 자극이 다시 필요하다.

당신에게 에너지가 부족하고, 그것을 어딘가로부터 얻어와야 하는 것처럼 보일 수도 있지만 사실은 그렇지 않다. 실제로 당신에게는 충분한 에너지가 있다. 왜냐하면 그것은 우주로부터 내려오는 것이기 때문에 필요한 만큼 얼마든지 가질 수 있는 것이다. 사실은, 당신은 이미 가질 만큼 충분히 가지고 있다. 그 에너지가 다 사라져버린 것이 아니라, 거의 전부가 바로 지금 어딘가에 사용되고 있는 것이다. 가장 큰 소모는 다음의 두 가지 부하負荷를 감당하는 데서 일어난다.

그 첫 번째는 당신에게 부담을 주는 의무와 제약이다. 이렇게 상상해보라. 당신이 무엇을 해야만 한다는 의무를 가지게 되면 그 즉시 무거운 저울추가 하나 목에 걸린다. 자신에게 어떤 조건을 내세웠을 때도 또 하나가 걸린다. 자신에게 또는 다른 사람에게 무언가를 약속하면 또 저울추가 하나 더 매달린다. 당신 목에는 얼마나 많은 저울추가 걸려 있는가? 그것이 많지 않을 때는 살 만하다. 하지만 어느 날 부하는 더 이상 감당할 수 없는 지경에 이르고 만다. 이럴 때 사람은 좌절하여 구석에 틀어박힌 채 병들고 우울해지거나 곤경에 빠져 있게 되는 것이다. 그는 잔뜩 긴장한 채 두려움과 불신의 눈으로 세상을 바라보기 시작한다. 그 결과 생각의 반영인 현실은 실제로 더욱더 우울해지고, 아주 오랜 세월동안 이어질 수도 있는 불운의 시기가 시작되는 것이다.

그다음으로는 잉여 포텐셜의 부하가 있다. 많은 것에 지나친 중요성을 부여할 때, 당신은 스스로 자신에게 과도한 부담을 가중시키는 것이다. 이것은 산더미처럼 거대하고 무거운 짐이다. 열등감 ─ "나는 늘 '엄격한 사람'이 되어야 하고 나의 중요성을 보호하고 공고히 해야 한다." 죄책감, 책임감 ─ "나는 죗값을 치르고 나의 임무를 수행해야 한다." 문제를 과장하기 ─ "나는 엄청난 일을 해야 한다." 그 밖에 의심과 걱정도 항상 부하로 작용한다.

많은 사람들이 이처럼 온갖 의무, 마무리되지 않은 일, 엄격한 조건, 계획 및 수많은 목표를 가지고 삶을 살아간다. 목표는 계획으로만 잡혀 있어서는 안 된다. 그것은 현실로 실현된다는 조건하에서만 의도 에너지를 활성화시킬 수 있다. 어떤 일을 계획하거나, 조건을 걸거나, 약속을 하는 것은 매우 쉬운 일이다. 하지만 알아야 할 것은 아무리 사소한 조건이라 할지라도 그것은 당신에게 짐을 지운다는 것. 그리고 그것은 의도 에너지의 일부를 소모시킨다. 그러면 당신은 그 짐을 계속 짊어진 채 걸어가야 한다.

그 밖에 에너지가 낮아지게 하는 또 하나의 요인은 평범한 찌꺼기로 인한 오염이다. 매사는 단순하다. 에너지 통로는 찌꺼기가 낀 낡은 파이프처럼 좁아지고, 그 결과로 에너지 흐름이 가는 줄기가 되어버리는 것이다. 따라서 자유에너지가 부족해지고, 이것이 다른 문제들을 일으키게 된다. 그런 문제로는 창의성 저하와 체력 저하, 질병, 그리고 그 질병에서 비롯되는 다른 문제들이 있다.

그리하여 좁은 에너지 통로를 가까스로 뚫고 나온 에너지 중 많은 부분이 쓸데없는 저울추 화환을 목에 걸고 있기 위해 소모되는 것이다. 남아 있는 얼마 안 되는 에너지만이 생명력으로 사용된다. 생명력은 원기, 활동성, 쾌활함, 낙천성, 모든 것을 즉시 바라는 힘, 산을 굴려 옮길 수 있을 것처럼 느끼는 자신감을 이루는 바탕이다. 자신의 상태에 따라 각자 자신의 에너지가 얼마나 남았는지를 가늠해볼 수 있을 것이다. 에너지가 '부유한' 사람은 그리 많지 않다.

그리하여 모든 자유에너지는 실현되지 않고 잠자고 있는 의도(계획)를 위해 소모되어버리고, 그것은 부담만 계속 가중시킨다. **자원의 여유를 갖기 위해서는 잠자고 있는 계획의 일부를 포기하거나, 아니면 그것을 실현시켜야 한다.**

지금 당신이 어떤 압박을 받고 있는지를 생각해보라. 잘 따져본다면 많은 저울추를 미련 없이 버릴 수 있을 것이다. 자질구레하고 무거운 많은 짐들이 언뜻 보기에는 꼭 필요한 것처럼 여겨지지만, 결국은 실현시키지도 못하면서 지고 다니기만 한다면 무슨 소용이 있겠는가? 예컨대 나는 무조건 최고가 되어야 하고, 항상 가장 높은 위치에 있어야 하고, 내가 최고라는 것을 모두에게 확인시켜주어야 하고, 내가 선택한 길을 꼭 걸어가야 하고, 내가 나 자신을 존경하기 위해서 꼭 승리해야만 하며, 나에게는 더 이상 실수할 권리가 없다는 생각 등이 그것이다. 그에 더해서 담배 끊기, 외국어 배우기, 또는 월요일부터 새로운 삶을 시작하기 등과 같은 종류의 일이 그런 것들이다.

무엇을 나중으로 미루는 것은 무익한 짐이라는 점에 동의하는가? 그것을 실현하는 데는 많은 에너지가 필요하기 때문에 그것은 버려야 할 짐인 것이다. 헛되이 에너지를 소모하는 것은 어리석은 일이다. 예컨대, 좋지 않은 버릇을 버리는 과정에 있을 때는 이를 위해 에너지가 두 배로 필요한데, 한편에서는 펜듈럼에게 이자를 지불해야 하고, 또 다른 한 편에서는 자신에게 버려야 한다는 의무를 부여하여 그 무거운 짐을 지고 가야 하기 때문이다.

이런 지루한 일이 몇 년 동안 지속될 수도 있다. 자신을 괴롭히기를 그만두고 그것을 자신을 설득하는 작전으로 바꿔야 한다. 즉, 어떤 것을 포기하는 일은 의무감에서 할 것이 아니라 스스로의 확신으로써 해야 하는 것이다. 강제적인 방법으로 자신을 구석에 몰아넣는 사람은 더욱더 긴장하게 되고, 급기야는 좌절하고 만다. 그러니 다음의 둘 중 하나를 선택하는 것이 합리적이다. 의도를 결정적으로 실현하거나, 아니면 의무의 저울추를 던져버리고 통제할 수 있는 궤도 안으로 습관을 끌어들이라.

담배를 빌어 피우거나 담배꽁초를 주우러 다니는 것보다는 고급스러운 파이프와 좋은 담배를 사는 편이 낫다. 꾀죄죄한 식당이나 포장마차에서 술을 마시는 것보다는 멋진 술병을 주머니에 넣고 다니는 것이 낫다. 이것은 자신의 채권자와 동업관계를 맺는 것을 뜻한다. 그 결과 악습이 온건하고 통제할 수 있는 습관으로 변하는 것이다. 은행은 권위 있는 손님에게 특혜를 제공할 것이다. 싫어하면서도 버리지 못하는 습관보다 자유롭게 풀어놓은 습관이 덜 해롭다는 것은 두말할 나위가 없다. 습관에 대항하여 의도를 선언하는 것은 문제를 더 악화시킨다. 이것은 문제해결을 위한 최상의 방법이 아니다. 악습을 문명사회의 매너로 바꿔놓으려면 그것과 진지하게 대화를 나눠봐야 하는 것이다.

또 하나의 부담스러운 저울추가 있는데, 바로 공부 즉 '무조건 외우기'다. 의도가 머리에 정보를 채우는 쪽으로 향하면 심한 긴장이 발생한다. 그러면 의도는 실현되지 않고 압박감만 커진다. 움직임은 없고 긴장만 감돌게 된다. 이것은 너무나 자명한 사실이지만 반복해서 강조할 만한 가치가 있다. 정보를 저장하는 것은 아무런 의미가 없다. 그것은 '쌓아두기 위해서만도' 많은 힘을 소모시키는, 전혀 쓸모없는 짐이다. 그러나 정보와 달리 지식은 의도가 실현되는 구체적인 예를 통해서, 그런 활동을 통해서만 습득하게 되는 무엇이다. 예를 들어, 당신이 아이들에게 숙제를 설명해주는 것에 익숙해져 있다면 이제부터는 아이들이 당신에게 숙제를 설명하도록 시켜보라. 반대로 해보면 즉시 그 차이를 느낄 수 있을 것이다. 이것은 의도의 방향의 문제다. **그 방향을 소극적인 쪽에서 적극적인 쪽으로 바꿔야 하는 것이다.** 그러면 외우려고 애쓰는, 필요 없는 저울추가 떨어져나갈 것이다.

당신은 혹시, 버려야 한다고 생각한지 오래된 엄청나게 큰 저울추가 있지만 아직도 버리지 못하여 망설이고 있는가? 그것을 버리면 얼마나 가벼워질지를 상상해보라. 자신을 풀어주고 더 많은 자유를 누리라. 당신에게 압박을 가하는 제약들의 목록을 작성하여 그것을 어깨에서 내려놓으라. 그러면 즉석에서 의도의 예비 에너지가 생겨나서 앞으로 나아갈 수 있게 될 것이다.

이미 언급했듯이 목표실현 과정에서 목표는 의도의 에너지를 활성화시킨다. 물론 자신만의 목표를 찾는 것이 가장 이상적이다. 그렇게 할 수만 있다면 에너지 부족 문제는 절로 사라질 것이다. 영혼과 마음이 생기에 넘쳐 소중한 꿈을 향해 열띤 질주를 시작할 테니까. 하지만 만약 이 순간에 당신이 새로운 고지를 차지하기 위해 적극적으로 나서야 한다고 느끼지 못한다면 자신의 목표를 찾으려는 시도조차 할 필요가 없다. 이럴 때야말로 당신의 나약함을 틈타 펜듈럼이 당신에게 남의 목표를 강요하고 있을 가능성이 가장 높기 때문이다. 자신의 목표를 찾으려면 충분한 자유를 가지고 있어야 하고, 특히 다른 사람과 자신에 대한 의무로부터 자유로워야 한다. 또한 무엇보다도 저울추로부터 자유를 얻어야 한다. **당분간은 자신의 목표를 가지지 않는 여유를 허락하라.** 목표를 찾기 위해서는 자유 에너지가 있어야 하는데 이것이 가장 우선적으로 해결되어야 할 일이다.

에너지 수준을 높이려면 세 가지 방법을 이용할 수 있다. 허비되고 있는 자원을 자유롭게 풀어놓기, 에너지 흐름을 느끼는 연습, 에너지 통로의 확장 연습이 그것이다.

허비되고 있는 자원을 자유롭게 풀어주면 힘이 현저하게 커진다. 이전에 당신은 술, 담배와 같은 펜듈럼들에게 에너지를 주었는데, 이제는 이 에너지가 당신의 통제하에 있는 것이다. 이전에 당신은 근심과 걱정에 에너지를 바쳤지만, 이제 이 에너지는 행동하겠노라는 결정으로 전환되었다. 전에는 의심과 망설임에 에너지를 바치고 자신이 올바르게 행동하고 있는지를 고민하느라 무척이나 괴로워했었다. 그러나 이제는 무엇이 옳은지 그른지를 당신이 스스로 결정한다. 전에는 에너지가 죄책감에서 비롯되는 걱정과 의무감에 바쳐졌었다. 이제는 그 에너지가 풀려났다. 전에는 자신의 중요성을 재확인하는 일로 쉴 새 없이 시달렸다. 이제는 자신의 신념에 따라 살도록 스스로 허락했으므로 당신의 마음은 가벼워졌다. 이전에 헛되이 소모되던 에너지가 이제는 의도의 에너지가 되고, 이것으로 당신은 자신의 현실을 창조해낼 수 있는 것이다.

《리얼리티 트랜서핑》 제3권에서 이미 언급했듯이, 의도 에너지는 훈련시킬 수 있다. 운동을 하면 근육이 발달하듯이 새로운 목표의 달성은 의도 에너지를 키워준다. 하지만 모든 고지가 정복되고 인생이 조용한 궤도를 따라 흐르면 의도의 에너지는 퇴화한다. **에너지 수준이 낮아지면 에너지 훈련을 통해서 그것을 보강할 수 있다. 제3권에서 기술했듯이, 운동을 할 때는 척추를 따라 흐르는 중앙 에너지 통로의 상승하는 흐름과 하강하는 흐름에 주의를 집중하는 것이 좋다. 여기에다 당신의 에너지가 날마다 향상되고 있는 모습의 슬라이드를 상영하는 심상화 과정을 덧붙이면 훈련의 효과는 더 커진다.** 의도의 에너지는 유도에 의해 스스로 증폭되는 것이다.

당신이 오늘 에너지를 높이는 훈련을 집중적으로 하고 있다면 내일의 결과를 기다려보라. 에너지가 증가할 거라고 생각하는가? 절대 그렇지 않다. 반대로 체력이 완전히 떨어진다. 그것은 오랫동안 운동을 안 하다가 갑자기 열심히 하면 그 다음날 온몸의 근육이 쑤시는 것과도 같다. 의도 에너지의 훈련도 마찬가지다. 다만 이 경우에는 근육의 통증이 아니라 피곤과 침울함을 느낀다. 이것은 걱정할 필요가 없다. 곧 모든 것이 정상으로 돌아올 것이다. 중요한 것은, 지속적으로 훈련해야 한다는 것이다. '나의 에너지는 날마다 더 커진다'고 방향을 설정하라. 몇 번만 해보면 벌써 뛰고 날고 싶은 충동을 느끼게 될 것이다.

그리고 에너지를 높이는 가장 직접적인 방법은, 신체를 정화하고 열을 가하지 않은 천연 식품으로 식단을 바꾸는 것이다. 왜 그럴까? 이것은 간단한 문제가 아니라 또 하나의 특별한 주제이기 때문에 다른 책에서 다루기로 하자. 당분간은 간단하게 다음과 같은 비유로써 대신하고 싶다. 에너지는 수도관에 물이 흐르듯이 몸 안을 흐르고 있다. 깨끗한 신체에서는 깨끗한 수도관 내에서처럼 수압이 세다. 따라서 신체를 정화하여 깨끗하게 유지하는 것은 당연히 필요한 일이다. 물론 강력한 수압으로 수도관을 청소하는 다른 방법도 있다. 그것은 명상하는 사람들이 따르는 방법이다. 하지만 그것은 어렵고 오랜 시간이 걸리기 때문에 나는 직접적이고 단순한 방법인 생리적 정화법을 제안하는 것이다.

높은 수준의 에너지는 사람에게 영감을 받아들일 수 있는 상태를 만들어준다. 이런 상태에서 당신은 새로운 아이디어를 떠올리고 천재적인 답을 찾아내고 걸작을 창조할 수 있는 것이다. 예술의 신 뮤즈가, 나방이 불을 보고 날아오듯이 찾아올 것이다. 회의심과 둔감함은 에너지가 낮은 수준임을 드러내주는 징표다. 에너지가 부족할 때 당신은 항상 세계를 비관적으로 바라보고, 이것은 반드시 현실에 그대로 반영된다. 하지만 생명력이 높을 때 당신은 세상의 거울에 성공한 사람의 강력한 심상을 전송하고,

그에 따라 행운이 스스로 당신을 찾아오는 것이다.

이와 관련해서 이것도 말해둬야겠다. 영감은 가끔씩 이상하게 작용한다. 때로는 불가능이 가능해 보이는 영적 격동의 순간이 찾아오지만 그 열정은 금방 사라져버리고 어느새 현실주의자로 돌아와 있는 것이다. 낙천성의 모닥불은 금방 사그라지고 희망으로 보였던 생각들이 다시 절망으로 변하여 평범하고 침울한 세계가 사방에서 밀려온다. 사상누각과도 같은 이런 영감이 무슨 소용이 있단 말인가?

사실 이것은 모두가 영감이 아니라 도취상태다. 낮은 에너지 수준에서 높은 에너지 수준으로 급격히 이행할 때 이런 현상이 생기는 것이다. 이러한 이행은 강력한 자극제를 복용한 이후나 혹은 비정상적인 정보가 상상력을 자극할 때 나타난다. 에너지의 비정상적인 방출에 의해 의식이 가능태 공간의 현재진행중이거나 이미 실현된 섹터로부터 벗어나, 멀리 떨어져 있는 다른 섹터에 접속할 수 있게 되는 것이다. 이론적으로는 이 가능태들도 실현될 수 있는데, 다만 이들은 가능태 흐름의 궤도로부터 멀리 떨어져 있기 때문에 실현되려면 엄청난 에너지 소비가 요구된다. 이런 이유 때문에 꿈속에서는 너무나 훌륭해 보였던 아이디어들도 깨고 나면 색이 바래는 것이다. 이처럼 영혼은 꿈속에서 종종 현실과 전혀 무관한 지역을 날아다닌다.

진짜 아이디어는 안정된 의도 에너지에 의해서 생겨난다. 그리고 그것은 가능태 흐름 가까이에 있다. 의식이 물질적인 세계의 틀을 벗어나 그런 아이디어를 포착하기 위해서는 특별한 능력이 있어야 하거나, 아니면 안정되고 높은 수준의 에너지가 필요하다. 높은 에너지 수준은 능력 부족을 충분히 보완해줄 수 있는 것이다.

의도 에너지는 사람에게 물질세계에서 효율적으로 행동할 수 있는 높은 생명력을 제공해주는 데서 그치지 않는다. 그보다 훨씬 더 흥미로운 것은, 에너지가 높으면 높을수록 원하는 것이 더 빨리 현실로 실현된다는 사실이다. 우주의 에너지는 사람의 인체를 통과하면서 그의 사념에 의해 변조되어 정형화된 의도 에너지의 형태를 띠게 된다. 라디오 전파송신기가 전기를 정보가 담긴 신호로 변환하듯이 말이다. 그리하여 정보적으로 정형화된 의도 에너지는 손전등 불빛처럼 그에 해당하는 가능태 공간을 '조명'한다. 그 결과 비물질적인 가능태가 이중거울의 물질적 표면에서 현실로 발현되는 것이다. 즉, 생각이 실현되는 것이다.

방사되는 에너지의 출력이 높을수록 실현과정의 효율도 더 높아진다. 이미 잘 아시다시피 사념의 현실화는 즉석에서 이루어지지 않는다. 만일 그랬다면 우리의 삶은 완전히 혼돈의 우주 속에서 컴퓨터 게임을 하는 것과도 같았을 것이다. 거울 속에 반영이 형성되려면 영혼과 마음의 일치 속에서 태어난 정확한 심상이 필요하다. 그게 아니라면 지속적이고 의도적인 주의집중이라도 해야 하는 것이다. 아마도 언젠가는 가능태 공간 '실현기계'가 개발될 수도 있을 것이다. 물론 신이 허락해준다면 말이다. 아직도 인공지능이 충분히 개발되지 않았고, 그것이 개발되면 어떻게 될지는 아무도 모르기 때문에 오히려 다행일 수도 있다. **우리에게 중요한 것은, 우리가 우리의 소망을 현실로 만들 수 있다는 것이다.**

높은 에너지 수준은 강한 힘을 사용하는 것을 의미하지 않는다. 자신의 세계의 층을 효율적으로 형성시키려면 그것과 일치되는 느낌, 나아가서는 동일성을 느껴야 한다. 그리고 주변 현실을 새롭게 바라보아야 한다. ― **나는 내 몸을 조종하듯이 현실을 조종한다.** 현실과 함께 움직이면서, 급격한 변화를 기대하지 말고 차분히 인내심을 발휘하면서 꾸준히 목적을 지향하는 사람이 되어야 하는 것이다.

당신은 자신의 몸을 쉽게 통제할 수 있다. 그것은 평범하고 일상적인 일이다. 하지만 병 때문에 이 능력을 잃은 사람들도 있다. 몸은 무의식에 의해 움직일 수도 있고, 마비가 되어 마음대로 움직일 수 없게 될 수도 있다. 어떤 무의식적 충동을 느낄 때는 몸이 전적으로 마음에 복종하지만은 않는다. 예컨대 걱정에 사로잡혀 있거나 부끄러워하는 사람은 무의식적으로 팔을 흔들 수도 있다. 이것은 영혼과 마음과 몸의 일치가 결여된 상태다.

사람과 그의 세계의 층 사이의 관계는 이보다도 훨씬 더 좋지 않다. 사람은 자신이 주변현실로부터 분리되어 고립되어 있다고 느낀다. 세계의 층은 어딘가 외부에 있다. 그래서 사람은 무의식적으로 행동하고, 거기에 아무런 영향도 미칠 수 없는 것처럼 느끼는 것이다. 하지만 자신의 세계와 일치감을 느끼기 시작하면 현실을 마치 자신의 몸처럼 통제할 수 있는 능력을 일깨울 수 있다.

이 능력은 지금은 완전히 퇴화되었지만 다시 회복시킬 수 있다. 그러기 위해서는 항상 주변 현실에 주의를 기울이는 습관을 들여야 하고 자신을 이 세계의 한 부분으로 느끼면서 그 흐름의 일부분이 되어야 하며, 그것과 이어지는 연결감을 찾아야 한다. **달리 말하자면, '이 세계의 작은 일부분이 되어서 그 속으로 녹아들어야 하는 것이다.'**

이것이 결코 쉬운 일이 아니라는 점은 군이 감추지 않겠다. 이것은 누가 가르쳐줄 수도 없고, 다만 날마다의 경험을 통해서 세계와 일치되어가도록 노력할 수 있을 뿐이다. 그 길을 가는 것은 한평생이 걸릴 수도 있다. 많은 노력이 요구되는 영적 수련에는 끌리지 않는 사람들을 위해 여기 간단하고 쉬운 방법이 있다.

사정은 이렇다. 우리는 원하는 것을 항상 즉각적으로 얻는 것은 아니다. 어떤 경우든 오직 자신의 의도가 지향하는 그것만을 얻는다. 예컨대 근육을 키우고 싶다면 당신의 주의는 근육이 커지는 슬라이드에 집중되어야 한다. 살을 빼려고 한다면 날씬해진 몸을 생각해야 한다. 만일 당신의 목표가 의도 에너지의 향상에 있다면 에너지 흐름과 에너지 보호막에 집중해야 한다. 의도에 일정한 방향이 없이는 아무것도 얻지 못한다.

아무런 목적도 없이 훈련을 하면 힘과 시간만 낭비된다. 주의가 목표가 아닌 노력에 집중되어 있을 때는 단순히 생리적 에너지만 허비되는 것이다. 왜냐하면 노력은 목표로 가는 길이고 그것을 달성하는 방법일 뿐이기 때문이다. 거울은 심상의 내용만을 반영해주기 때문에, 이 같은 경우 당신은 목표에는 도달하지 못하고 그 길만을 하염없이 걸어가고 있게 될 것이다.

어린이들은 에너지가 흘러넘치기는 하지만 그것을 조절할 줄을 모르고, 따라서 에너지는 허공 속으로 흩어져버린다. 마찬가지로 당신은 자신의 에너지를 높은 수준으로 끌어올리려고 하지만, 거기에 정확한 방향을 제시해주지 않는다면 그것은 헛된 에너지가 되고 말 것이다. 평범한 전구의 빛은 가까운 공간만 비출 수 있지만, 집중된 레이저 빔은 수십 킬로미터 밖까지도 비춘다. **그러므로 당신의 에너지가 제대로 작용하기를 바란다면 목표로 가는 정확한 방향을 제시해줘야 한다.**

목표지향성은 에너지를 한 방향으로 향하게 한다. **필요한 것은 집중, 긴장이 아닌 집중이다.** 평소에 우리의 머리는 제멋대로 생각하고 있다. 생각이 저 혼자 일어났다가 무심결에 사라지고, 한 주제에서 다른 주제로 널뛰듯 뛰어다닌다. 마음은 '어린아이가 혼자서 다리를 흔드는 것처럼' 제멋대로다. 현실을 조종하려면 자신의 생각을 조종하도록 노력해야 하는 것이다. 처음에는 힘들지만 시간이 지나면 습관이 든다.

그리고 이 습관을 기르려면 단순한 원칙 하나만 실천하면 된다. **지금 이 순간 자신이 무엇을 하고 있는지를 스스로 관찰하는 습관을 기르라.** 어떤 일이라도 무의식적인 생각 속에서 안일하게 그냥 넘겨버리지 말라. **의도를 선언하라.** 이것은 항상 어떤 생각이 준비되어 있어야 한다는 뜻이 아니다. 생각을 언제든지 풀어놓아도 되는데, 다만 다음과 같은 원칙 아래 의도적으로 하라는 것이다. **나의 마음은 내가 허락할 때만 방황한다.** 그런 다음 필요할 때는 의도적으로 집중 상태로 돌아오라.

중요한 것은, 당신의 생각 속 심상은 이중거울에서 보고자 하는 그림의 대부분을 포함해야 한다는 것이다. 목표를 달성하기 위해서 반드시 세계와 유기적으로 완벽히 일치된 상태를 이뤄야만 하는 것은 아니다. **체계적인 방법으로 목표 슬라이드에 주의를 고정시키는 것만으로도 충분하다. 생각의 방향을 조종함으로써 현실을 당신의 의지에 복종시키는 것이다.**

생각은 가끔씩 통제를 벗어나지만 거기에는 신경 쓰지 않아도 된다. 생각을 목표 슬라이드를 향하는 궤도로 되돌려주는 습관을 형성하는 것이 중요하다. 당신의 생각을 수시로 목표로 되돌리는 습관을 획득하면 슬라이드는 당신의 변함없는 동반자가 되고, 그 그림은 당신에게 일어나는 모든 상황과 늘 함께 있게 된다. 이렇게 되면 더 이상 의심을 하지 않아도 된다. 심상은 형성될 것이고 세상의 거울은 필연적으로 그것을 현실로 반영할 것이다.

자신의 세계 청소하기

사람은 저마다 자신만의 세계의 층을 가지고 있다. 말하자면 이중거울의 반사면이 무수한 층을 이루고 있는 것이다. 생명체는 누구나 태어날 때부터 자기 마음대로 쓸 수 있는 자신만의 거울면을 가진다. 각자의 생각과 의도에 의해 심상이 만들어지는데, 이것이 그 거울면에 반영되어 각 개인의 현실을 형성하는 것이다. 이와 같은 무수한 현실들이 서로 겹쳐져서 우리가 보는 물질현실의 세계를 이루는 것이다.

사람에 대해 말하자면, 그의 세계의 층은 그가 존재하고 있는 공간, 즉 그를 둘러싼 모든 것이다. 각 개인의 현실은 물리적 방법과, 그리고 비물리적인 형이상학적 방법에 의해 형성된다. 달리 말하자면, 사람은 자신의 세계를 자신의 행동과 생각으로써 만들어낸다. 이 두 측면 중에서 어느 쪽이 현실에 더 많은 영향을 주는지는 판단하기가 어렵다. 아마도 생각의 심상이 여기서 가장 중요한 역할을 하는 것으로 보이는데, 왜냐하면 이것이야말로 사람이 평생 동안 씨름해야 할 대부분의 물질적 문제를 만들어내는 근원이기 때문이다. 아시다시피 트랜서핑은 형이상학적인, 비물질적 측면만을 다룬다.

사람은 각자 자신의 고유한 환경 속에서, 무수한 사람과 물질적 대상에 둘러싸여 살고 있다. 이 각양각색의 주변 대상으로부터 별도의 존재 영역을 분리해낼 수 있을까? 아주 간단하다. 물질적인 것을 모두 제외시키고 나면 무엇보다도 우리의 관심사인 중요한 본질만이 남을 것이다. **일이 어떻게 되어가고 있는가? 형편이 좋은가, 나쁜가?** 환경이 풍족할 수도 있고 궁핍할 수도 있으며, 세상이 그에게 우호적일 수도 있고 적대적일 수도 있으며, 편안할 수도 있고 그렇지 않을 수도 있지만, 그것은 중요하지 않다.

이 환경 속에서 그 사람이 얼마나 행복한지, 자신이 지향하는 것을 얻고 있는지, 모든 상황이 성공적으로 조성되고 있는지가 중요한 것이다. 세계의 층의 특징을 이루는 고유의 뉘앙스가 물질적 현실에서 일어나는 모든 것에 결정적인 영향을 미치는 것이다.

세계의 층은 밝은 색을 가질 수도 있고 침울한 색을 가질 수도 있다. 그것은 사람이 자기 생각의 심상을 어떻게 정돈해 가지느냐에 달린 것이다. 부정적인 것들이 많을수록 현실도 더 침울해진다. 그리고 일이 잘 안 되면 안 될수록 부정적 반응이 축적되고, 그것은 피드백으로 작용하여 더욱더 세계의 층을 어둡게 만든다. 이 모든 사실로부터 다음과 같은 결론이 나오는데, 즉 자신의 개별적 현실을 신체와 같이 청결하게 유지할 필요가 있다는 것이다. 부정적 생각들이 당신의 세계를 망치지 않도록, 그것들을 모조리 미련 없이 내버려야 한다. 집안을 자주 대청소해야 하는 것과 마찬가지다. 낡고 못쓰는 것과 더러운 것들을 모두 버려야 한다. 그러지 않으면 아무리 노력해도 일이 사사건건 꼬일 것이다.

그러나 자신의 세계에서 쉽게 버려지지 않는 폐물들이 있다. **그중 왕초는 죄책감이다. 그다음은 열등감, 의심, 걱정, 두려움, 불만, 거부감, 불길한 예감 등이 있다.** 이들도 살갗에 난 상처처럼 금방 없어졌으면 좋겠지만 그렇게 되진 않는다. 그렇다면 치료를 해야 할 것이다. 여기 그것을 치료할 방법이 있다.

자신의 세계와 함께 마법의 버스를 타고 소원이 실현되는 곳으로 출발하는 것을 상상해보라.

— 자, 내 사랑, 우린 지금 너의 장난감을 받으러 가고 있단다.

— 응, 내 세상, 너무 좋아!

즐거운 여행은 많은 기대를 품게 한다. 모든 것이 잘 되어가고 부족함

217

이 없다! 하지만 불안해하는 마음은 이런 것에 익숙하지 않고, 뭔가 불쾌한 것이 없나 하고 늘 주변을 두리번거리고 있다. 만사가 너무 잘 되어가면 뭔가 좀 이상한 것이다!

— 저기, 잠시 멈춰봐. 저쪽에 있는 정직한 사람들이 날 비난하고 있는 것 같은데. 나의 잘못을 씻기 위해서 그들을 좀 태워줘야겠어.

— 아니야, 내 사랑. 그런 쓸데없는 생각은 머리에서 지워버려요!

— 아냐, 그렇게 해야만 해, 안 그러면 내가 불안해.

버스가 멈추고, 불쾌한 녀석들이 버스에 올라타서는 불만을 토하면서 뭔가를 자꾸 요구하기 시작한다.

— 우리는 너의 심판자들이다!

버스는 어쩔 수 없이 계속 가고 있다. 전반적으로 상황이 그리 나쁘진 않지만 사람들이 가만히 있질 않는다.

당신은 세상에게 이렇게 말한다.

— 저기 봐, 아주 좋은 사람들이야. 저 사람들도 태우자. 그들을 모범으로 삼으면 되잖아.

— 내 사랑, 그러지 말아. 필요 없는 동행자들은 안 태워도 되잖아?

세상은 미약하게 항의하지만 결국은 동의해야 하고, 그래서 버스는 거만한 자들로 가득 찬다. 이들은 당신이 그들과 같이 되려면 아직 멀었다는 것을 자신들의 모습으로써 보여주려고 한다.

— 우리는 너의 이상理想이다.

그리고 도로에는 벌써 두려움, 불안, 의심과 불길한 예감 등등이 버스를 세우려고 손을 흔들고 있다. 그리고 물론 당신은 겉보기에는 신중한 태도로 명분을 찾고 있다.

— 아마도 이 지혜로운 동행자들은 우리에게 가야 할 방향을 제시해주

고, 또 잘못을 저지르지 않도록 보살펴주지 않을까?

— 원하는 대로 해, 내 사랑.

세상은 거기에 동의하고 한 무리의 시끄러운 사람들을 또 태운다.

— 우리는 너의 건전한 이성이다.

그들은 이렇게 말하고는 그 건전한 이성의 아우성으로써 여행을 지옥으로 만든다. 게다가 불만, 비난과 적대감이 길을 가로막는다. 그들을 만나고 싶지 않지만, 당신의 세계는 이미 마음이 주의를 기울이는 모든 사람을 태우고 가는 데에 익숙해져 있다.

— 우리는 너의 악몽이다!

더욱 불쾌한 놈들이 소리를 지르면서 올라탄다. 당신은 이 동행자들 틈을 빠져나오고 싶지만 너무 늦었다. 버스는 만원이고 더 이상 도망갈 데도 없다. 사기꾼, 허깨비와 같은 우상들, 뭔가에 홀린 자들, 똑똑한 조언자들, 그 밖의 잡다한 무리들이 모두 여행을 망쳐놓는다. 하지만 누구의 잘못일까? 무엇 때문에 그들을 데리고 왔단 말인가?

이 모든 쓰레기 중에서도 가장 파괴적인 것은 죄책감인데, 그것은 의식적인 것이든 무의식적인 것이든 똑같다. 세상이 당신을 벌주고, 모욕하고, 조롱하고, 정복하려고 하는 것처럼 보인다면 이 질병의 증상이 있는 것이다. 이 더러운 것을 발로 차 내쫓아버리라. 죄책감은 당신의 집에 쳐들어온 불청객이다. 그는 소파에 퍼져 앉아 다리를 테이블에 올려놓고 당신에게 자신의 조건을 제시하고 있다. 그를 내쫓는 것은 당신의 권리임을 인식하라. 그러면 언제든지 그를 쫓아낼 수 있다. 당신이 정말로 무엇을 잘못했을 때, 당신은 용서를 구할 권리가 있다. 그것도 단 한 번만이다.

죄책감은 사소한 불상사로부터 큰 문제까지 여러 종류의 벌을 만들어낸다. 손가락을 베일 수도 있고 교통사고를 당할 수도 있다. 외부의도가 시나리오에 모종의 처벌을 추가할 것이다. 잘못한 것이 있으면 처벌이 있을 것이고, 영혼과 마음이 여기에 만장일치로 동의할 것이다. 당신의 세계관의 틀이 그렇게 되어 있는 것이다.

게다가 죄책감은 양극성을 더욱 팽팽하고 강력하게 만들어놓는다. 그결과, 균형력이 '죄 지은 자'에게 온갖 종류의 불운을 가져다줄 것이다. 그리고 그중에서도 가장 불쾌한 것은 사기꾼들인데 이들은 성가신 파리처럼 집요하게 달라붙는다. 그들은 자기의 '손님'들에게 죄책감을 유발하는 데는 달인이다. 누군가가 죄책감을 느끼는 듯해 보이면 사기꾼이 달려들어 그에게 더 많은 죄를 덮어씌우려고 무슨 짓이든 다 한다.

죄책감 콤플렉스는 어린 시절부터 외부에서 주입된다. 어른들은 아이들을 복종시키기 위해 가끔씩 금지된 방법을 사용한다. 만약 어린아이가 이런 전형적인 사기꾼의 보호 아래에 오랫동안 붙들려 있으면 무의식적인 의무감 또는 자신의 잘못을 씻어야 한다는 죄책감이 그의 연약한 심리에 일종의 마이크로 칩처럼 단단하게 내장되는 것이다.

'좀비가 된 자'는 잠재의식 속에 이 마이크로 칩이 들어 있는 동안 협잡꾼들의 손아귀에서 꼭두각시 노릇을 하면서 이 무거운 십자가를 지고 다니는 운명을 감수해야 하는 것이다. 어떻게 하면 그를 거기서 빼낼 수 있을까? 죄책감이 너무나 깊이 박혀 있기 때문에 쉽게 제거할 수가 없을 것이다. 영혼과 마음이 모두에게 무엇인가를 해야 할 의무가 있다는 그런 느낌을 너무나 오랫동안 가지고 살았던 것이다. 그들을 그런 상태에서 끌어낼 수 있는 구체적인 방법이 있다.

즉, 변명하기를 그만두어야 한다. 이것은 질병을 치료하면서 동시에 그 원인도 함께 제거하는 특별한 경우다. 누구에게 뭔가를 해야 할 의무가 전혀 없다고 자신을 설득할 필요도 없다. 그저 예사롭게 자신의 행동을 바라보기만 하면 되는데 이를 위해서는 의식이 깨어 있어야 한다. 만약 당신이 이전에 어떤 작은 이유 때문에 사과했었다면 이제는 다른 습관을 길러보라. **자신의 행동에 대해, 정말로 필요한 경우가 아니면 변명하지 말라.**

의무가 없다고 자신을 설득할 필요가 없다. 죄책감을 안에다 그대로 가만히 놓아두면 되는 것이다. 단 그것을 외면적으로 드러내 보여주지 말아야 한다. 사기꾼들은 당신이 반응하지 않는 것을 보고 점차 당신 곁을 떠날 것이다. 그와 동시에 영혼과 마음은 새로운 감각에 점점 익숙해질 것이다. 당신은 변명을 하지 않는다. 당연히 그래야 하며, 그러면 당신의 잘못이 존재하지 않는 것이다. 그 결과, 속죄를 해야 할 이유는 점차 줄어들 것이다. 그런 식으로 피드백에 의해서 외부적 형태가 내부의 내용을 조금씩 정리해줄 것이며, 죄책감은 사라질 것이다. 그에 따라 관련된 모든 문제가 함께 사라질 것이다.

거의 모든 사람이 다양한 수준으로 앓고 있는 또 하나의 질병이 있는데, 바로 열등감 콤플렉스다. 이런 짐을 지고 있는 사람은 자신을 가치 없고 무능한 사람이라고 생각하기 때문에 그것이 현실로 반영되어버린다. 사람이 열등감을 느낌으로써 자신의 중요성을 높이려고 할 때 어떤 문제가 생기는지는, 즉 내적 중요성에 대해서는 《리얼리티 트랜서핑》 제1권에서 자세히 이야기했다. 여기서 우리는 기이한 현상을 볼 수 있다. 양자물리학의 불확정성 법칙과 같은 법칙이 적용되는 것인데, 중요성을 강조하면 할수록 실질적인 중요성이 점점 더 떨어지는 것이다. 그리고 그 반대로 자신의 중요성에 관심을 두지 않는 사람은 실제로 중요한 사람이 된다.

자신의 위치를 고정시키려는 것, 자신의 장점을 강조하려는 것은 환상이고 거울의 순환고리에서 그림자를 좇는 짓이다. 하지만 당신이 가치 있는 존재이고, 그것을 증명할 필요가 없다는 사실을 자신에게 어떻게 설득시킬 수 있을까? 여기에는 결과가 원인을 제거하는 또 하나의 피드백 고리가 있다. 그 방법은 의식적으로 의도의 방향을 바꾸는 것이다. **자신의 중요성을 높이려는 모든 노력을 그만둬야 한다.** 그런 노력을 멈추면(모든 사람이 저만의 방식으로 중요성을 높이려고 애쓰고 있다는 것을 당신은 잘 알고 있다) 주변에 있는 사람들은 이 사람은 중요성을 인정받으려 하지 않는다는 것을 직관적으로 느끼게 된다. 그러면 그에게 호감을 느끼고 그를 존경하기 시작하는 것이다. 그 결과, 영혼과 마음은 점차 '나는 정말 가치 있구나' 하는 확신으로 충만해진다. 거울의 순환고리가 문득 멈추었다가 그다음 순간 반대로 돌아서 당신을 향해 움직이기 시작하는 것이다. 결과적으로 자기평가가 올라가고, 열등감 콤플렉스는 사라져버린다.

의심과 걱정과 두려움도 세상의 모습을 철저하게 망쳐놓는 것들이다. 이런 생각들이 거울에 비치면 정말로 두려워해야 할 것들이 당신의 세계의 층으로 침투해 들어온다는 사실을 잊지 말라. 두려움은 목표실현에 가장 큰 피해를 준다. 앞에서 알 수 있었듯이, 두려움은 소망을 욕망으로 추락시키기 때문이다.

패배에 대한 두려움으로 욕망이 불타오를수록 외적 중요성이 높아지고 성공의 가능성은 낮아진다. 욕망 형태의 기대는 버려야 한다. 그러지 않으면 아무것도 이루어지지 않을 것이다. 목표를 달성하기 위해서는 의도가 필요하다. 의도는 의심하지 않고 단순한 '원함'이 행동으로 이행될 때 생기는 것이다.

이 성급한 욕망의 불을 끄기 위해서는 실패할 경우를 대비하는 방법인 안전장치를 찾아야 하고, 또 처음부터 패배를 받아들여야 한다. 하지만 의문이 생긴다. 원하는 것을 얻고자 하는 갈급한 욕망이 참을 수 없을 정도로 자신을 괴롭히는데 어떻게 미리 패배를 받아들일 수가 있다는 말인가? 되는 일이 아무것도 없을 때는 좌절과 절망이 당신으로 하여금 결과에 대한 기대에서 아예 손을 놓아버리게 만들지 않던가?

내적 중요성, 즉 병적으로 자신에게 중요성을 부여하는 짓은 좌절과 절망에 의해 제거될 수 있다. 만약 당신이 하는 일이 잘 안 되고 그것이 자존심을 상하게 할 때, 절망감은 당신으로 하여금 모든 것을 포기하고 당신의 중요성조차 무거운 짐처럼 내던져버리게 만들 것이다. 그런데 그 즉시 당신은 가벼움과 자유로움을 느낄 것이다. 그러고 나면 모든 일이 순조롭게 진행될 것이다.

생각하는 일이 성공적으로 마무리될 것인지를 의심하는 것은 일반적으로 마음이 목표달성을 위한 수단과 방법을 궁리할 때 일어나는 현상이다. 《리얼리티 트랜서핑》 시리즈에서 목표 달성의 수단에 대해서는 전혀 생각지 말아야 한다는 점을 누누이 이야기했다. 목표가 어떤 방식으로 이루어질 것인지를 당신은 정확하게 알 수가 없다. 당신이 할 일은 목표가 이미 달성되었다는 상상과 그 느낌에 집중하는 것이다. 그러면 외부의도가 필요한 문을 열어줄 것이다.

이제 당신은 이중거울의 사용법을 알고 있으니 아무런 걱정도 하지 않아도 된다. 의심과 두려움을 벗어나기 위한 가장 효과적인 방법은 거울의 법칙을 실천하는 것이다. 첫째, 의도를 아말감을 유지하는 데 집중하라. "나의 세계는 나를 보살피고 있다." 둘째, 마지막 세 가지 거울의 법칙을 철저히 따르라. 예를 들어, 대학교에 입학하기 위해 시험을 잘 통과해야 한다고 하자. 시험 보기 전에 자신에게 말하라. '실패할지도 몰라. 하지만 그것도 나에게는 행운이 아닐까?' 그런 다음 아무 걱정 없이 즐겁게 시험을 보러가라. 이것을 '패배를 받아들이고 가능태의 흐름을 따르기'라고 부른다. 당신은 해야 할 일에 최선을 다하고 동시에 결과에 대해서는 신경을 쓰지 말아야 한다. **혹은 모든 결과가 다 성공적인 것이라고 생각해야 한다.**

목표를 달성하고 싶지 '않은 척' 하지 말라. 자신을 속일 수는 없을 테니까. 목표가 어떤 방법으로 달성될 것인지를 궁리하지도 말고, 자신의 시나리오에 집착하지도 말라. 슬라이드를 심상화하고 목표를 향해 걸어가는 것만이 당신이 해야 할 일이다. 시나리오가 아니라 거울의 법칙을 준수하는 데에 마음을 집중시켜야 하는 것이다.

그 어떤 경우에도 성공이 당신을 기다리고 있는데 왜 걱정하는가? 긍정적이든 부정적이든 당신의 태도는 당신이 스스로 결정하는 것이다. 사람은 자신의 성공과 실패에 대해 부정적 태도를 취하는 습관이 있기 때문에 성공하기가 어려운 것이다. 하지만 이제부터 당신은 비범하게 행동해보라. 실패를 성공이라고 불러보라. 그렇게 하면 당신은 실패자의 대열에서 빠져나와 승리를 얻을 수 있을 것이다.

죄책감이나 중요성의 피드백 고리는 이렇게 작용한다. 주의를 거울로부터 심상으로 돌리고 그림자 좇기를 그쳐서 거울의 순환고리를 멈추게 하라. 성공을 믿을 필요도 없고 자신을 설득할 필요도 없다. **당신에게 필요한 것은 법칙을 따라 의도의 방향을 돌리는 것이다.** 그 법칙들이 작용하기 시작하면 현실에 큰 변화가 일어나는 것을 보게 될 것이다. 당신의 마음은 거울이 정말로 작용하는 것을 확인할 것이다. 마음은 마침내 자신이 생각하는 방식이 아닌 또 다른 방식으로 목표가 달성될 수 있다는 것을 이해하게 될 것이다. 그 결과, 영혼과 마음은 차분해지고 두려움과 의심이 사라지며 거울의 순환고리가 당신을 향해 다가올 것이다.

당신의 세계의 층에서 버려야 할 남은 쓰레기는 비판, 불만, 거부와 불길한 예감이다. 첫째, 비판에 관련해서 잘 알아둬야 할 것은, 아무리 정당한 것이라 하더라도 비판은 언제나 무익하기 짝이 없다는 사실이다. 그것은 아무 짝에도 쓸모없는 짓이다. 균형력은 좋은 것과 나쁜 것 사이에 균형을 회복시키기 위해 비판하는 자를 피고석에 앉히려고 애쓸 것이다. 그럴 만한 이유는 언제든지 찾을 수 있다. 그러니 그 어떤 종류의 비판이라도 극구 삼가야 한다.

그 밖의 부정적인 태도들에 대해서는 단 한 가지를 말할 수 있겠다. 당신은 '나의 세계도 마음에 들지 않고 내 인생도 마음에 들지 않아' 라는 연극의 역할을 맡아서 그런 현실을 형성하고 지속시키고 있다. 당신이 거울 앞에 서 있다는 사실을 늘 상기하라. 아말감과 마지막 세 가지 거울의 법칙은 당신의 세계의 층을 안락한 곳으로 바꿔놓도록 도와줄 것이다. 더 이상 덧붙일 말은 없다.

마지막으로, 예컨대 현재의 모든 상황이 열악하고 어떤 법칙도 실천할 만한 힘이 없다고 하자. 무엇부터 시작해야 할까? 그리고 어떻게 현실을 바꿀 수 있을까?

인생이 더 이상 견딜 수 없을 만큼 비참할 때가 있다. 알코올 중독자가 술에서 깨어나서 불편하고 우울한 주변의 현실을 발견하는 경우처럼 말이다. 정말 전형적인 예를 들자면, 즐거운 모임이 끝난 후 우울한 아침이 오고, 당신은 이제 회사에 출근해야 한다. 연휴가 끝난 후에는 회사마다 끊임없는 문제들이 발생한다. 사람들이 일의 리듬에 적응하기 어려운 것은 이해가 되지만, 기계에조차도 이와 비슷한 일이 발생한다. 통계자료에 의하면 자동차, 컴퓨터, 기타 전자제품의 고장이 월요일에 가장 많다고 한다. 왜 그런 일이 벌어지는 것일까?

사람들의 세계의 층들이 서로 겹치면서 그런 현실이 만들어지는 것이다. 숙취에 시달리는 시간 동안 사람들은 펜듈럼에게 '이자'를 지불해야 한다. 자유 에너지가 부족할 때 사념의 심상은 부정적인 기운을 많이 품게 되는 것이다. 그래서 긴장된 분위기가 형성되고 일이 잘 풀리지 않는다. 그러면 거울이 그것을 반영하고, 그에 따라 현실은 일그러진다. 집안에서 가전제품이 고장 나는 정도는 약과고, 회사나 공장에서 일어나는 고장은 훨씬 더 큰 결과를 불러온다. 사고가 일어나고 장비가 고장 나고, 복잡하고 정밀한 장치들이 불안정하게 작동하는 것이다.

사람이 우울하거나 의식이 변화된 상태에 있을 때, 그의 세계의 층은 가능태 공간의 불투명한 구역으로 빨려 들어간다. 그의 현실은 모종의 막으로 덮여 있는 것만 같다. 주변 상황은 그대로이고 조건도 똑같고 날씨는 더 좋을 수도 있지만, 허공에 뭔가 무거운 것이 걸려 있다. 현실의 뉘앙스를 느껴보지 못했다면 그런 날에 한 번 잘 관찰해보라. 물질세계가 당신을 냉랭한 적대감으로써 노려보고 있는 것을 느낄 것이다. 세계의 층의 성질이 변한 것이다. '되는 일이 하나도 없다.' — 바로 이런 느낌의 불투명한 막이 기계를 포함한 모든 것에 드리운 채 만만찮은 영향을 끼치는 것이다.

불운의 순간은 자유 에너지의 부족에 의해 몸이 불편한 데서부터 비롯된다. 아니면 기대가 이루어지지 않을 때의 불편한 심기에서부터 시작되기도 한다. 이럴 때 자신의 현실이 불투명한 구역으로 진입하지 않도록 하기 위해서 에너지를 높여야 하는 것이다. 에너지가 적당한 수준에 도달하면 심기가 불편한 상태가 사라질 것이다. 그리고 물론 앞서 말했듯이 자신의 세계의 층이 깨끗하게 유지되도록 최선을 다해야 한다.

하지만 지금 당신이 우울하다면 가장 먼저 현실을 바꿔야 한다. 즉 자신의 세계의 층을 불투명한 구름 속으로부터 청정한 가능태 공간 구역으로 끌어내야 하는 것이다. 어떻게 해야 할까?

한 가지 처방이 있는데, 그것은 모든 천재적인 아이디어와 마찬가지로 매우 단순하다. 아이가 울고 있을 때 어떻게 하면 울음을 그치게 할 수 있을까? 설득은 먹히지 않을 것이다. 그를 달래고 보살피고 배려해주면서 주의를 다른 데로 돌려놓아야 한다. 당신이 기분이 몹시 안 좋을 때는 당신 안에서 한 아이가 울고 있는 것이다. 그를 돌보고 달래주라. 우리는 대부분 진지하고 점잖고 훌륭해 보이지만 마음속에서는 여전히 어린아이다. '당신을 회전목마에 태워주라.' 즉, 당신이 가장 좋아하는 것을 해보라. 현실 교정을 위해 시간을 충분히 가지고, 그 시간 동안은 그냥 쉬면서 문제에 대해 고민하지 말아야 한다. '우리는 세상과 놀러 가는 것이다.' 이 시간은 그만큼의 가치가 있다. 세계의 층은 많은 것에 영향을 미치기 때문에 그것을 정화할 필요가 있는 것이다. 좋아하는 음식을 사먹으라. "먹어, 어서 먹어. 내 사랑. 먹고 기운을 차려." 당신이 좋아하는 것을 하면서 당신을 위해 종일 시간을 보내라. 자신을 돌보고 정성스레 자신을 침대에 눕히라. "자장, 자장. 잘 자, 내 사랑. 너의 세계가 모든 걸 알아서 해줄 거야."

그렇게 될 것이다. 다음날 거울의 법칙 준수하기를 게을리하지 않는다면 주변 현실이 따뜻하고 포근한 색채를 띠기 시작하고, 세계의 층이 불투명한 구역을 빠져나오는 것을 볼 수 있을 것이다.

당신이 예민한 편이라면 이 모두가 정말 사실이라는 것을 깨닫고 깜짝 놀랄 것이다. 예전에는 단단히 고정되어 있는 것처럼 보이던 물질세계가 문자 그대로 눈앞에서 우아하고도 유연하게 변모해가기 시작한다. 강박적인 분위기는 어느새 사라지고 멈췄던 시계가 다시 움직이며, 사람들이 다시 호의를 가지고 다가오기 시작하는 것이다. 이 거대한 이중거울은 놀랍게 작용한다. 현실은 가능태 공간 속을 마치 시계바늘처럼 눈에 띄지 않게 움직이지만, 움직이고 있는 것만은 분명하다!

이런 식으로 현실의 '보수공사'가 시행된다. 하지만 이것이 전부가 아니다. 대보수공사를 벌여보고 싶지 않은가? 기억해보라. 청소년 시절에는 어땠는지. 모든 것이 화려한 축제와도 같았고 인생은 희망으로 가득 차 아름다웠다. 당신은 그때 정말 좋았다. 당신의 층이 당신의 몸과 같이 신선하고 깨끗했기 때문에 좋았던 것이다. 세상은 당신을 보살펴줬고, 당신은 그것을 인정해주지는 않았지만 특별히 불만을 제기하지도 않았다. 하지만 시간이 흐를수록 사념의 심상에 부정적 판단과 불평이 점점 더 많이 끼어들었다. 그 결과 당신의 세계 층은 색채가 바래고, 인생은 "그 시절이 좋았었지!……" 하고 한탄하는 시기로 접어든 것이다.

이런 현상은 《리얼리티 트랜서핑》 제1권에서 '세대차'라는 주제로 설명했었다. 시간은 쏜살같이 지나가버린다. 모든 것이 엊그제 있었던 일만 같은데 사실은 이미 오래전에 지나가버린 과거다. 세월은 고집스럽게 자기의 목적을 달성하고야 만다. 희망은 시들고 세상은 뻔하고 권태롭다. 파티는 정말 끝난 것일까?

아니다. 지금도 모든 것을 고스란히 되돌려놓을 수 있다. 예전의 색채, 감각의 새로움, 희망의 탄성, 그 모두를 되살릴 수 있다. 거울의 법칙을 따르기만 하면 놀라운 현상을 경험할 수 있다. **세계의 층이 예전의 신선함을 되찾을 것이다. 세대차를 회복하는 데 성공한다면 당신은 현실 조종이란 것이 과연 무엇인지를 실감하게 될 것이다.**

거울 조율하기

동굴벽화에서부터 복잡한 기계장치에 이르기까지, 사람들은 언제나 현실을 조종하기 위한 다양한 모델을 만들어왔다. 모든 모델은 한 가지 공통점을 지니고 있는데, 그것은 그 모두가 사람의 내부의도에 속한다는 점이다.

순전히 마음의 산물인 내부의도는 '차는 운전대를 돌리는 대로 달린다'는 식으로, 직접 나서서 행동한다. 사람은 자신의 게임의 속성으로부터 만들어진 현실의 한 부분만을 자신의 의지에 복종시킬 수 있다. 일례로, 강의 한 부분을 관리하여 에너지를 생산해낼 수 있다. 그렇지만 전체로서의 강은 통제가 안 되는, 현실의 한 독립된 부분으로 남아 있을 것이다.

당나귀를 내부의도로써 움직이게 할 수 있다. 직접적으로 힘을 가하면 된다. 하지만 당나귀가 하고 싶어하지 않는 것을 하도록 설득할 수는 없다. 독립적인 현실은 영혼과 마음의 일치 속에서 태어난 외부의도에만 복종한다.

사람은 두 가지 방법으로 현실을 조종할 수 있다. 첫 번째 방법은 주변 세계의 대상들을 자신의 부속물로 만드는 것이다. 이 경우 이들은 내부의도에 복종할 것이다. 두 번째 방법은 외부의도를 이용하여 자연과 조화를 이루며 사는 것이다. 이것은 문명 발전의 방향과는 근본적으로 상반된다.

우리 사회는 효과적이지 못한 첫 번째 방향을 따라 발전하고 있는데 이는 지구와 인간에게 치명적인 방향이다. 우리는 자연 전체를 지배할 수가 없고, 그래서 주변 환경과 늘 투쟁하는 상태에 있다. 우리는 환경을 오염시켰다가는 또 보호하기 시작했다가 하지만, 본질적으로는 동일한 원칙을 따라 행동하고 있다. 이 모두가 모든 것을 자신의 부속물로 만들어 자신의 내부의도에 복종시키기 위한 행위인 것이다.

길들지 않는 현실이 독립적으로 존재하며, 이 현실은 거울처럼 작용하는데, 거기에는 주변에 대한 사람들의 태도가 그대로 반영된다. 하지만 이 거울은 보통 거울과 같은 것이 아니다.

예컨대, 세상의 거울에서 어떤 사람이 반영을 오른쪽으로 돌려야 한다고 생각해보자. 그러면 그는 내부의도의 틀 안에서 그 반영된 영상 자체를 돌리려고 애쓴다. 그러면 그 결과 잉여 포텐셜이 발생해서 균형력은 반영을 그 반대 방향으로 돌린다. 거울이 일그러져서 세상이 고분고분 복종해주지 않는 것이다.

세상의 거울은 양극성으로 인해 일그러진다. 아시다시피 양극성은 두 가지 이유 때문에 생긴다. 첫째는 비교 또는 대조, 또는 일정한 조건을 바탕으로 하는 의존관계다. 예를 들어, "당신은 나쁘니까 나는 좋은 사람이야." 또는 "나의 우월성을 인정한다면 당신은 좋은 사람이야."

양극성이 발생하는 둘째 이유는 '나사 조이기'라고 정의할 수 있다. 사람이 자신의 내부의도로써 반영을 압박할 때 일이 잘 풀리지 않는 것이다. 그는 힘을 조금만 더 가하면 된다고 생각하고 자기 생각대로 밀어붙이려고 한다.

균형력은 반대되는 것들을 서로 충돌시킴으로써 양극성을 제거한다. 결과적으로 사람은 내부의도의 방향에 반대되는 결과를 얻게 되는 것이다.

양극성을 제거하면 거울을 바로잡을 수 있다. 이는 자전거 바퀴를 맞추는 것과 같이 아주 단순하다. 바퀴살을 과도하게 조이면 바퀴가 구부러진다. 세상이 말을 듣지 않고 매사에 '악의를 품고' 달려드는 것처럼 보일 때, 양극성이 무엇 때문에 발생했는지를 알아내고 해당 포텐셜을 약화시켜야 하는 것이다.

이것을 어떻게 하는지는 잉여 포텐셜에 매우 민감한 인디고 아이들이 이해를 도와줄 것이다. 인디고 아이들의 고유한 특징은 각성된 의식, 독립에 대한 갈망, 직감과 개성이다. **이 모든 특징은 주변세상이 그들을 닫힌 사회 조직의 틀 속으로 몰아넣는 데 대한 반응으로 나타난 것이다.**

가족을 포함하여 조직체의 모든 구성원은 아이들의 행동을 통제해서 정렬시키려고 한다. 이것은 사실 어느 정도는 필요한 일이다. 하지만 아이들을 자신의 게임의 부속물로 만들어서는 안 된다. 이 게임의 가장 중요한 규칙은, "너는 내가 원하는 대로 해야 한다"는 것이다.

이런 원시적인 접근은 당연히 양극성을 일으킨다. 결과적으로 아이들은 균형력의 바람에 날리는 나뭇잎처럼 통제할 수 없게 되는 것이다. 불만에 찬 멍청한 어른들은 늘 하던 대로 할 수 있는 짓을 다 해보려 든다. 즉, 규율의 나사를 조이는 것이다. 그러면 아이들은 그 보답으로서 더욱더 무례해지거나, 아니면 꺾여서 게임의 부속물이 된다. — 인생에서 '다 옳지만 좋을 것은 하나도 없는' 조직체의 한 요소가 되는 것이다.

물론 자기 자식이 왕따의 운명이 되기를 바라는 부모는 없을 것이다. 하지만 평범한 나사의 운명도 그보다 나을 것이 없다. 많은 사람들이 자신의 인생에서 '다 옳지만 좋은 것은 하나도 없다'는 것을, 또는 '좋은 것이 하나도 없으니 모두가 잘못된 것'임을 수긍할 것이다. 부모들은 모두 자녀들이 자신과는 다르게 살기를 원한다. 그래서 더욱더 양극성을 일으키면서 무지하게 고집을 부리는 것이다.

무지한 교사의 내부의도는 모두가 하나의 멍청한 공식으로 수렴된다. 곧, "나는 온 힘을 다해 (내가 가진 바보 같은 힘을 다해) 네가 잘 되기를 바라고 있으니까 너는 내가 원하는 대로 해야 한다"는 것이다.

교육의 모든 문제를 효과적으로 해결할 수 있는데, 그러기 위해서는 내부의도를 없애고 거울이 왜 일그러졌는지를 알아내야 한다.

먼저 양극성의 양극과 음극이 어디에 있는지를 알아내야 한다. 바퀴의 한쪽에서 바퀴살이 조여져 있으면 반대편은 풀려 있어야 하는 것이다. 인디고 아이들이 갈망하는 자유와 통제할 수 없는 상태는 '바퀴살이 풀려 있는' 것이다. 그 바퀴살은 반대편에서 무엇으로 조여져 있는가? 주변의 압박과 아이들을 굴복시키려는 어른들의 의지로 조여져 있다.

따라서 정렬과 통제는 더 큰 혼란을 초래할 수 있다. 압박의 나사를 계속 조이면 어떻게 될까? 반대편의 살은 더욱더 헐거워지고, 결국은 망가져 버릴 수도 있다.

그러니 양극성을 줄이기 위해서는 조이던 살을 풀어줘야 하는 것이다. 어떻게 하면 될까? **정렬과 통제를 지혜로운 방치로써 희석시켜야 한다.** 많은 방법이 있다. 침대 위에서 뛰기, 베개싸움, 괴성 지르기, 서로 밀고 네발로 돌아다니고 또 어떤 장난을 할지를 생각해내기 등이다.

가족 중의 누군가를 매복하여 기다렸다가 습격하거나 추태를 부려도 좋다. 식탁에 빵이 떨어졌다면 서로의 얼굴에 잼 발라주기를 하라. 아니면 여름날 강가에 더러운 물웅덩이가 있다면 이야말로 큰 행운이다. 당신은 거기서 무엇을 할지를 이미 알고 있을 것이다.

이런 '지혜로운' 어리석은 짓들을 많이 하면 할수록 아이가 말을 더 잘 들을 것이다. 이유는 당신이 잘 알고 있다.

정렬과 정돈은 너무 진지한 나머지 바보가 되는 영국식 유머로 잘 깨진다. 즐거움은 지루함과 같이 영혼의 한 상태다. 이미 말했듯이 지루함이란 본래 존재하지 않고, 현실을 통제하고자 하는 욕구만이 존재한다. 이 욕구는 빼놓을 수 없는 영혼의 본성이다.

하지만 영혼은 왜 즐거워야 하는가? 즐거울 때 좋으니까. 왜 좋을까? 유머와 즐거움이 중요성을 줄여주니까. 잉여 포텐셜이 있을 때는 이들이 의도의 에너지를 차단하고 세상의 거울을 찌그러지게 해서 현실을 조종하기가 불가능해진다.

사람을 접어서 묶어놓으면 몸이 불편을 느끼지 않겠는가? 영혼도 마찬가지로 늘 온갖 잉여 포텐셜에 꽉 긴 채 그와 같은 불편을 느끼는 것이다.

불안해하는 마음은 영혼을 쉴 새 없이 괴롭힌다.

즐거움이 긴장을 풀어주면 영혼은 자유를 얻는다. **그래서 좋은 것이고, 그래서 즐거울 때 마음이 편안함을 느끼는 것이다.** 이것은 물질과 마찬가지로 실제적인 것이다.

하지만 원리상 유머가 없이도 거울을 조율할 수 있다. 당신이 성격상 즐겁게 장난치는 것을 좋아하지 않는다면 조종 핸들을 어디서 풀어야 할지를 생각해봐야 한다.

피할 수 없는 요구는 자유로운 선택으로써 희석해야 한다. 예를 들어, "설거지 할래, 아니면 가게에 갔다 올래?" 하는 규율조차도 그 필요성을 인식한다면 자유로운 선택으로 전환될 수 있다.

어른이 "…하면 안 돼. 끝. 이유는 없어"라고 말한다면 이것은 어른이 아니라 권력을 쥔 어리석은 어린아이다. 평등한 입장에서 서로 의논하고 "…한다면 어떨까?" 하는 식으로 상황을 유도하는 것이 더 좋은 방법이 아니겠는가?

강요는 거울을 일그러뜨리고, 그래서 반대 결과가 나타나게 한다. 양극성을 제거하기 위해서는 당신의 방침을 재검토하여 권력을 행사하기보다는 존경을 얻도록 하고, 독재를 위임(믿고 맡김)으로 전환해야 한다.

강요하기보다는 해야 할 일을 아이가 스스로 나서서 하게끔 만들어야 한다. 그러기 위해서는 아이에게 지워지는 의무를 그의 중요성을 높여주는 일로 전환시킬 방법을 생각해내라. 자신의 중요성을 확인하고 강화시키는 것은 모든 사람, 특히 아이들에게 근본적인 행동 동기가 된다. 아이들과의 의사소통을 위해서는 《리얼리티 트랜서핑》 시리즈에서 설명한 프레일링의 원리를 적용하면 좋다.

직관(직감)은 또 하나의 덕목인데 이것을 적절히 개발해야 한다. 인디고들은 우뇌가 더 발달해 있다. 우리의 교육제도는 '좌뇌' 접근법을 사용하고 있고, 그 목표는 재능을 발달시키는 것이 아니다. **교육제도는 아이들이 공부하고 정기적으로 보고할 것을 강요한다.** 의도는 지식 습득이 아니라 제대로 보고하는 데에 쏟아지고 있는 것이다.

이것은 좌뇌가 활동하는 수동적인 방식이다. 머리를 정보로 꽉 채울 때 일어나는 반응은 하나밖에 없다. "하기 싫어!" 그런 방법으로 습득한 지식은 쓸모없고 그것은 창고에 쌓여 있는 짐처럼 단기기억 속에 수동적으로 저장되어 있다가 이내 못쓰게 돼버린다. 즉, 잊어버리는 것이다.

하지만 교육의 문제도 쉽게 바로잡을 수 있다. 학생의 의도를 다른 방향으로 돌리면 되는 것이다.

첫째는 근본적으로 교육의 방법론을 바꿔야 한다. **외우기가 아니라 실천하기로.** 그러면 뇌는 창고가 아니라 창조자로서 제 역할을 개시할 것이다.

둘째, 교육의 목표를 바꿔야 한다. **보고하기가 아니라 다른 사람들을 가르쳐주기로.** 그렇다. 특수학교들이 있는데, 거기서는 아이들이 말 그대로 서로를 가르쳐준다. 즉, 학생과 선생 역할을 번갈아가며 하는 것이다. 이 학교의 학생들은 어려운 과목들을 가장 짧은 시간에 훌륭하게 습득한다고 한다. 이것은 의도에 열성이 더해졌기 때문이다.

그런 학교들은 극소수이고 그런 학교에 입학하기는 매우 어렵다. 왜 백 퍼센트 효과가 입증된 이 방법을 전체 학교에 도입하지 않는 것일까? 지금의 구조에서는 절대로 불가능한 일이다!

조직에게는 이것이 유익하지 않다. 조직은 천재와 위인과 뛰어난 인물이 필요하지 않고 단지 바라는 대로 일해주는 요원들이 필요한 것이다. 이미 모든 것이 잘 갖추어져 있고, 교육제도는 그 완성의 극치다! 제도는 성실한 요원들을 양육하며, 그들은 조직, 즉 펜듈럼이 요구하는 대로 일해준다.

하지만 바위에서도 아름드리나무가 자라나고 규율의 억압 속에서도 가끔씩 천재들이 나타난다. 당신의 자녀가 탁월한 예외가 되기를 원치 않는다면 체제의 규칙대로 계속 그에게 압력을 가하면 된다. 그러나 자녀들이 진정으로 잘되기를 바란다면 그들과 대화할 때마다 늘 양극성의 수준을 살펴야 한다. 왜냐하면 그것은 거울을 일그러뜨리고, 아이를 통제할 수 없게 만드는 것이니까.

인디고 아이들은 훌륭한 특질을 가지고 있는데, 그중에서 중요한 것은 개성이다. 펜듈럼의 세계에서는 아이들이 이 특질을 유지하기가 어렵다. 그래서 트랜서핑의 주요 법칙을 늘 명심하고 있어야 하는 것이다. "당신은 당신 자신으로서, 다른 사람들은 그들 자신으로서 존재하게 하라."

그러나 바퀴살은 완전히 풀어버리면 안 된다. 매사가 도를 넘지는 말아야 하는 것이다. 이 중용을 어떻게 찾아야 할까?

당신의 주관대로 하지 말고, 관찰하고 생각하고 거울 조율의 법칙을 실천해야 한다. 당신은 아이들이 탁월한 인물이 되게 할 수 있다. 그러면 그들은 스스로 알아서 조직에 합류할 것이다.

현실의 지배자

지금까지 우리는 인생을 자각몽으로, 그리고 우리의 세계의 층을 안락한 곳으로 만드는 법에 대해 이야기했다. 거울의 법칙은 현실에 미치는 영향력이 분명하지만 그러면서도 부드러운 것이다. 이제부터 당신은 그보다 더 강력한 방법들에 대해 배우게 될 것이다.

트랜서핑의 주요 도구는 목표의 슬라이드로서, 목표가 이미 이루어진 모습을 심상화하는 것이다. 제1권에서 자세히 기술한 내용을 다시 반복하지 않고 중요한 부분만 상기시켜드리겠다.

슬라이드를 외부에서 상영되는 영화처럼 바라보아서는 안 된다. 목표가 이미 이루어졌을 때 무엇을 하고 있을 것인지, 그때 어떤 감정을 느낄 것인지, 주변에 무엇이 있을 것인지, 어떤 일들이 일어날 것인지 등등, 상상할 수 있는 모든 상황 속에 당신이 이미 몸을 담고 있어야 하는 것이다. 당신이 슬라이드의 중심부에서 하려고 하는 그것을 이미 잘 하고 있는 모습을 상상하라. 법칙은 단 하나다. **즉, 세상이라는 거울 앞에 서서 현실에서 얻고자 하는 것의 심상을 마음속에 형성시키는 것이다.**

목표의 슬라이드는 가능태 흐름의 벡터(vector, 방향)**를 정해준다.** 이것을 체계적인 방법으로 상상 속에서 돌리면 사건과 상황의 흐름은 목표를 향해 전개될 것이다. 시작할 때 그것을 어떻게 실현시킬 것인지에 대한 정확한 계획과 방법을 알아야 할 필요는 없다. 수단과 방법에 대해서는 생각할 필요가 없는 것이다. 적절한 시기에 열려야 할 문, 곧 구체적인 진로와 가능성(방법과 기회)이 열릴 것이고, 그것을 보게 될 것이다. **목표가 어떤 방법으로 달성되어야 하는지에 대한 강한 조건을 세우면 안 된다. 당신의 일은 결과에만 집중해야 한다.**

목표 슬라이드 외에도 제1권에서 설명했던 것 중에는 '과정의 심상화'가 있다. 목표가 어떻게 실현될 것인지를 이미 알고 있을 때, 그리고 이를 위해 물질세계에서 필요한 일을 행하고 있을 때, 즉 당신이 목표달성의 경로 위에 있을 때는 심상화를 통해서 그 과정을 촉진할 수 있다. 그 법칙은 다음과 같다. **나는 모든 것을 너무나 훌륭하게 해내고 있으며, 오늘은 어제보다 낫고 내일은 오늘보다 더 나을 것이다.** 이것은 가능태 흐름을 따라 노를 젓는 것이라고 말할 수 있다. 하지만 중요한 것은 가능태 흐름의 방향이다.

당신이 상상 속에 목표의 슬라이드를 지니고 있기만 하면 겉으로는 그렇게 보이지 않더라도 모든 상황은 목표달성을 위해 조성되고 있는 것이다.

슬라이드 상영은 언제든지 원하는 만큼 할 수 있다. 목표를 꼭 달성하기 원한다면 30분씩이라도 날마다 그것을 해야 한다. 심상화 효과를 높여주는 몇 가지 구체적인 방법이 있다.

그중 첫째는 — 에너지 흐름이다. 가능태 공간의 섹터는 사람의 몸을 통과하면서 사념에 의해 변조되어 의도 에너지로 변환된 에너지에 의해 실현된다. 방사되는 출력이 높으면 높을수록 그 효과는 더욱더 강력하다. 에너지 흐름에 주의를 집중하면 출력을 향상시킬 수 있다. 그것을 위해 복부의 신체 중심, 즉 태양신경총(solar plexus)이 있는 곳에서 서로 반대 방향으로 0.5미터 길이의 화살 두 개가 앞뒤를 향해 밖으로 뻗어 나온 모습을 상상해보라. 상상 속에서 이들 중 하나를 위로, 다른 하나는 아래로 방향을 돌려보자. 이렇게 '열쇠를 돌리면' 하향과 상향의 에너지 흐름이 활성화된다. 긴장하지 말고 에너지 흐름이 척추를 따라 하나는 하늘을 향해, 또 하나는 땅을 향해 서로 반대 방향으로 흐르고 있는 것을 상상해보라. 주의의 일부분을 흐름에 고정시키고 슬라이드를 즐겁게 상영하라. 이것은 사람들이 없는 곳에서 산책하면서 하는 것이 제일 좋다.

다음 방법은 — 프레임frame이다. 목표가 달성되었을 때 당신은 무엇을 하고 싶은지, 그리고 목표 슬라이드의 빼놓을 수 없는 부분들, 즉 그 필수적인 요소와 속성이 무엇인지를 생각해보라. 예를 들어, 벽난로 옆의 안락의자에 앉아 있는 모습, 자가용 요트를 조종하고 있는 모습, 집 정원에서 장미를 심고 있는 모습, 큰 계약을 맺고 동업자와 악수하고 있는 모습 등, 슬라이드의 전형적인 부분들을 생각해보라는 것이다. 이 장면을 머릿속에서 몇 번 돌려보라. 이 장면이 흘낏 스쳐 지나가는 이미지와 그에 동반된 느낌을 포함한 순간적인 슬라이드의 흔적으로서 하나의 통합적 인상을 형성해야 한다. 이것이 바로 프레임이다. 편리를 위해 여기에 이름을 붙일 수도 있다. 이제부터 이것을 전구 켜듯이 수시로 기억 속에서 순간적으로 켜야 한다. 이것도 마찬가지로 긴장하지 않고 언제든지 켜기만 하면 된다. 프레임은 우리를 가능태 공간의 목표 섹터와 연결해주는 또 하나의 연결 끈이다.

프레임의 효과를 폭발하는 파동의 도움으로 높여줄 수 있다. 머릿속에 현실로 실현시키고 싶은 프레임, 또는 단순한 그림을 만들어보라. 그다음에 당신의 에너지 보호막의 구체가 폭발하듯이 빠른 속도로 중심으로부터 사방으로 확장하는 것을 상상해보라. 폭발하는 파동은 당신이 상상할 수 있는 만큼 멀리 퍼져나간다. 이것을 지루해질 때까지 몇 번 반복해보라. 그러면 어떤 일이 벌어질까? 당신은 마음속에서 사념의 심상을 만들어서 그것을 주변세계로 방사하고 있는 것이다. 당신의 생각은 그냥 흔적 없이 사라지지 않는다. 그러니 의심하지 않아도 된다. 거울이 작동하는 데는 시간이 걸린다는 사실만 염두에 두라.

또 한 방법은 외면구체 만들기다. 아마도 당신은 자신의 에너지 막을 한 번도 느껴보지 못했을 수도 있다. 당신은 그것이 의도에 따라 확장되는 것을 느낄 수가 없었을 것이다. 그 이유는 당신이 그것을 내부의도로써 하려고 하기 때문이다. 그럼 이제는 당신 주변에 당신의 소유가 아닌 어떤 구체를 상상해보라. 이 구체가 당신을 끌어당기는 것을 상상해본다. 외부에 있는 뭔가가 당신의 몸을 잡아당겨 확장시키려고 하는 것을 느낄 것이다. 5~7미터 반경에 보이지 않는 경계막이 있는 것처럼 느껴진다. 이를 약간 잡아당겼다 놓았다 반복해보면 탄력 있게 저항하는 느낌을 통해 그것을 확인할 수 있을 것이다.

이제 당신은 확실히 그 구체를 느꼈다. 이것은 바로 우리를 외부세계와 연결하는 경계막이다. 구체 내부에 있는 모든 것은 당신의 것이고 그 밖의 것은 당신의 것이 아니다. 동시에 구체가 당신을 잡아당기는 것을 느낄 수 있기 때문에 구체는 당신에게 속한 것이다. 이제 당신의 의도는 방향이 전환되었다. 이제는 적극적인 행동이 당신 안에서 시작되는 것이 아니고, 외부에서 시작되는 것이다.

마찬가지로 내부의도로써 어떤 대상에 작용을 가하려고 하면, 예컨대 의지로써 연필을 움직이려고 한다면, 연필은 움직이지 않을 것이다. 이제 연필이 보이지 않는 끈을 통해서 당신을 잡아당기는 것을 상상해보라. 바로 이 연결 끈을 통해서 연필을 움직일 수 있다. 마찬가지로 자신에게 공중에 뜨라고 아무리 명령해도 당신의 몸은 뜨지 않을 것이다. 반대로 주변세계가 당신을 공중에 뜨게 하는 것을 상상해보라. 내부의도를 외부의도로 전환할 수만 있다면 그렇게 하는 것이 가능할 수도 있다. 당신의 의지가 '세계를 복종시키려' 하는 쪽으로부터 '세계가 알아서 하도록' 만드는 쪽으로 전환되는, 그 경계를 넘을 수만 있다면 말이다.

이것은 간단한 일이 아니다. 하지만 목표를 달성하는 데에 이것이 필수적으로 요구되는 것은 아니다. 외부에 있는 에너지 보호막의 존재를 느끼는 것만으로도 충분하다. 그 느낌을 느껴보고, 그 느낌에 주의를 고정시킨 채 목표 슬라이드를 상영하기 시작하라. 구체는 사념 에너지를 전파하는 안테나 역할을 할 것이고, 이것은 슬라이드의 효과를 몇 배나 강화시켜줄 것이다.

다음 방법은 무대장치 정합시키기다. 당신의 머릿속에 일어나는 모든 생각을 목표에다 집중시키려고 노력해야 한다. 아무렇게나 떠오르는 생각들조차도 대개는 서로서로 맞물려서 하나의 논리적인 사슬을 이루며 정렬한다. 목표의 슬라이드로 그 논리의 사슬을 완결시키라. 당신이 궁극적으로 무엇을 지향하고 있는지를 자주 자신에게 상기시키라. 무엇을 생각하든, 무엇을 하든 간에 자신의 주의를 항상 목표로 돌려보내라. 슬라이드는 당신 삶의 배경이 되고, 당신은 모든 사건과 정보를 그 맥락 속에서 인식해야 한다. 그렇게 할 때 당신은 효과적으로 자신의 세계의 층을 형성하게 되고 당신의 의도는 현실로 실현될 것이다.

주변풍경조차도 당신의 목표달성을 위해 존재하는 것으로 만들 수 있다. 예를 들어, 공원을 산책할 때도 마치 당신이 살고 싶은 전원주택의 정원에서 꽃나무를 가꾸고 있는 것처럼 목표 슬라이드를 머릿속에서 상영하면 된다. 이 슬라이드를 통해서 주변에 있는 꽃과 나무를 바라보라. 풍경의 모습이 미묘하게 변화하고 무대장치들은 새로운 뉘앙스를 띨 것이다. 당신이 이미 그 정원에 서 있는 것 같은 느낌이 들 수도 있다. 이런 효과는 주변풍경과 슬라이드가 겹쳐진 결과로 생기는 것이다. 눈은 물질적 현실을 보고 있지만 당신의 주의의 일부분은 미래의 정원이 있는 가능태 공간의 섹터에 고정되어 있다. 이럴 때 현실의 흐름이 당신의 목표의 섹터로 향하는, 일종의 흐름 변화가 일어난다. 이와 같은 순간에 사념의 심상이 현실로 실현되는 과정이 가장 활발하게 가동한다.

어린 시절, 삶이 그저 편안하고 수월하기만 했을 때 세상이 당신을 보살펴주던 기억을 떠올려보라. 그때는 그것이 고마운 줄도 몰랐다. 그저 마냥 즐겁고 기분 좋았다. 하지만 세월이 흐르면서 당신이 변덕을 부리기 시작하고 불만을 토하자 세상은 당신에 대한 관심을 잃어버렸다. 그 어린 시절의 평안함과 안락한 느낌은 무엇을 연상시키는가? 연상되는 그 광경이나 느낌을 당신을 편안하고 안전하게 느끼게 만드는 무대장치 정합의 열쇠로 만들면 된다. 수시로 그때의 그 안락하고 무사태평했던 분위기를 떠올리면 당신의 세계는 점차 안락하고 상냥한 세계로 돌아갈 것이다.

그리고 마지막으로, **특별히 게으른 사람들을 위한 방법 ─ 목표 아말감**이 있다. 성공적인 심상화의 중요한 조건은, 그것을 자신에게 스스로 강요하지 말아야 한다는 것이다. 머릿속에서 목표 슬라이드를 상영할 때 스스로 만족해지지 않고 억지로 하면 잉여 포텐셜이 발생한다. 그 결과, 균형력이 당신의 작업을 망쳐놓을 것이다. 그럴 때는 자신으로부터 이 무거운 의무의 짐을 풀어 내려서 당신 세계의 어깨 위로 옮겨놓아야 한다. 세상에게 당신을 '껴안아 달라'고 부탁하고, 당신의 선택이 실현되도록 세상이 알아서 보살펴주게끔 해야 한다.

'내가 전혀 모르고 있는 가운데도 모든 일은 스스로 알아서 해결될 것'이라는 의도의 지시를 자신에게 하달하라. 이러한 의도를 표명할 때 당신은 자신의 세계에 그와 같은 프로그램을 심어주는 것이며, 이 프로그램에 따라, 당신을 목표에 다가가게 만들기 위한 사건들이 자연스럽게 일어날 것이다. 그렇게 함으로써 당신은 꽉 쥐고 있던 손을 놓아서 외부의도로 하여금 목표를 실현할 수 있도록 허락하는 것이다. 이제는 긴장을 풀고 그저 목표 슬라이드를 즐기면 된다. 당신은 더 이상 슬라이드에 신경 쓰지 않아도 되며, 당신의 세계가 그것을 대신 해줄 것이다. '세상의 품에 안긴 채', 당신이 받고자 하는 것을 세상에게 수시로 상기시켜주기만 잊지 말라. 그리고 물론 환상에 빠져 있지는 말고 목표를 달성하기 위해 물질적 차원에서 당신이 해야 할 일을 수행해야 한다.

어떤 방법을 사용하든 당신은, '원하는 바'를 표명하는 것이 아니라 '강력한 의도'를 표명하는 것이며, 목표는 당연한 결과라고 여겨야 한다는 것을 항상 명심하라. "나는 가지고 있다"고 말할 수 없다면 적어도 "나는 가지겠다"고는 말해야 할 것이다. 당신이 정말 주문한 대로 받고자 한다면 그 진지한 의도를 보여주는 구체적인 행동을 해야 한다. 예를 들어, 아침에 정해진 시간에 일어나려고 하는데 늦잠을 잘 수도 있다. 하지만 자명종 시계를 맞춰놓으면 자명종이 울리기 몇 분전에 잠을 깰 가능성이 높아질 것이다.

의도를 고정시키는 것이 중요하다. '나무를 두드리거나' 왼쪽 어깨 너머로 침을 뱉을 때마다 이것을 하라. (나무를 두드리거나 왼쪽 어깨 너머로 침을 뱉는 행동은 어떤 말을 하고 나서 부정 타지 말라고 행하는 러시아의 관습이다. - 역주) 민간 신앙들이 가지고 있는 특유한 의례들도 이 법칙에 근거한 것이다. 예를 들어, 옛날에는 겁이 많아 잘 도망치는 행운의 새를 잡기 위해 사람들은 클로버(토끼풀)를 이용했다. 행운이나 불운이 있을 때에도 클로버가 그려진 물건에 손을 대고 있어야 했다. 토끼풀은 악령으로부터 사람을 보호하는 수단으로도 여겨졌다.

하지만 어떤 물건이 부적으로 사용될 수 있는 것은 그것이 원래 그런 속성을 지니고 있어서 그런 것이 아니다. 어떤 물건의 마법적인 힘은 그것을 다루는 사람의 태도에서 비롯되는 것이다. **사람이 부적 또는 어떤 의식 儀式이 마법을 부릴 수 있다고 믿으면 그로써 그는 거기에 의도를 고정시키게 된다.** 이런 식으로 자신의 의도를 쉽게 걸어놓을 수 있는 어떤 '걸개'를 생각할 수 있다. 하지만 이런 것을 선호하는 사람들은 따로 있다. 마법의식을 만들어낼 필요까지는 없지만, 당신의 적극적인 의도를 표출해주는 구체적인 행동을 취해야 하는 것이다. 일례로, 집을 갖고 싶다면 곧 이사 갈 것처럼 행동하라. 부동산 광고와 부동산 카탈로그를 살펴보고, 상점에서 가구와 전자제품을 구경하는 등, 일찌감치 그것에 관심을 기울이라. 의도를 고정시키는 것은 대단히 효과적인 방법이다.

슬라이드를 강화하는 방법은 다양하지만 어떤 것이 효과적이거나 덜 효과적이라고 말하려는 것은 아니다. 당신은 몇 가지 방법을 이용할 수도 있고, 아니면 그중 하나만 사용해도 된다. **선택의 기준은, 가장 마음에 들고 가장 잘 된다고 생각되는 방법이 제일 좋은 방법인 것이다.**

방법을 실천할 때 극성스럽거나, 아니면 반대로 아예 무사안일한 태도와 같이 극단으로 치우치면 안 된다. 어떤 방법은 온 정성을 다해서 강력하게 심상화를 하라고 하는가 하면, 또 어떤 방법은 사념을 만들어서 자유롭게 날려 보내고 난 후에는 주문이 실현되는 것을 방해하지 않도록 그것을 기억조차 하지 말아야 한다고 말한다. 그러나 아시다시피 중용中庸을 취하는 것이 가장 좋다. **하지만 중용이 어디에 있는지 찾는다고 애쓰지는 말고, 나에게 잘 듣는 것은 모두 옳은 것이라는 법칙을 기준으로 삼으라.**

자신만의 방법을 스스로 만들어내어 성공적으로 활용할 수도 있다. 중요한 것은 당신이 하는 일이 옳다는 데에 영혼과 마음의 뜻이 일치하게 하는 것이다. 그에 따라 마치 당신의 현실이 거울에 반사되듯이 형성된다. 거울 앞에서 어떤 모습으로 서 있을지는 당신 자신이 결정하는 것이다. **자신의 세계의 층을 당신이 편한 대로 창조하라.** 이것은 무엇을 뜻할까?

심상화를 할 때 감정적 불편을 느껴서는 안 된다는 의미다. 외부의도는 영혼과 마음이 일치될 때만 생긴다. 일을 억지로 하려고 하면 이 일치에 도달할 수가 없을 것이다. 그러면 당신은 시간만 낭비하고 아무것도 이루지 못하게 된다.

목표 슬라이드의 심상화는 편안하고 즐겁게 해야 한다. 단 한 가지 조건을 붙이자면, 슬라이드를 그림 보듯이 이만치 떨어져서 바라보는 게 아니라 가상으로라도 그 속에서 살아야 한다. 당신이 슬라이드 밖이 아니라 안에 들어 있는 모습을 심상화하라. 그 나머지는 당신 마음대로 하면 된다.

하지만 너무 열심히 하지는 말라. 다만 규칙적으로 가끔씩 이미 목표를 달성한 것처럼 여기면서 그것을 즐기면 되는 것이다. 무엇이든 성공적인 결과에 대해서 생각하는 것이 기분 좋지 않겠는가? 자신을 즐겁게 해주라. 그것을 의무로 만들지 말라. 유쾌한 것에 대해 생각할 때마다 당신은 점점 목표에 다가가고 있다. 그리고 목표에 다가가고 있음을 알면 그것이 자신을 즐겁게 해준다. 당신에게 이런 '즐거운 순환'이 일어나고 있다면 목표는 반드시 이루어지리라고 확신해도 좋다.

규칙성은 성공의 중요한 조건이다. 사념만으로 아주 쉽게 자신의 현실을 만들어낼 수 있다는 것은 놀라운 일일 수도 있다. 하지만 당신은 단 한 달 동안만이라도 규칙적으로 자신의 생각을 의식적으로 목표에 집중해본 적이 있는가? 아마도 그런 적이 없을 것이다. 당신은 자신의 생각을 제멋대로 움직이도록 내버려 두었을 것이다. 그것들은 흐물흐물 형체 없는 혼합물처럼 공간 속으로 흩어지기 때문에 눈에 띄는 어떤 결과를 보여주지 않았다. 단지 불길한 우려가 당신의 근심스러운 사념에 끌려와서는 현실화되어버린다.

이런 안타까운 상황을 상상해보자. 당신은 사과나무를 한 그루 심어놓고는 금방 사과가 열릴 거라고 잔뜩 기대하고 있다. 그런데 아무 일도 일어나지 않자 당신은 더 이상 기다릴 수 없다고 포기하고 떠나버린다. 사과나무는 "잠깐만 기다려 줘" 하고 외치고 싶어한다. 목표를 이루는 일도 이와 같은 것이다. 현실은 단순히 원하는 것만으로는 만들 수 없다는 말이다.

이것은 현실에서 활용할 수 있는 기본적인 방법들이다. 이것을 실천하면 재미있는 현상을 경험하게 될 것이다. 예컨대, 오늘 당신은 마음이 고무되어서 열심히 심상화를 한다. 그러면 다음날 현실이 어딘가 좀 이상해진 것을 발견할 수 있을 것이다. 예를 들어, 너무 키가 크거나 별난 옷을 입었거나 이상하게 생긴 사람을 하루에도 여러 명이나 만날 수도 있다. 아니면 아무것도 아닌 일로 싸움이 일어나는 광경처럼, 사람들이 이상하게 신경질적으로 반응하는 모습들을 만나게 될 수도 있다. 또는 꿈속처럼 이상하고 별난 사건들이 일어나는 것을 보게 될 수도 있다.

이것은 다음과 같이 설명할 수 있다. 평상시에는 당신의 세계의 층이 가능태 흐름을 따라 공간 속에서 에너지가 가장 적게 소모되는 궤도 위를 움직인다. 그런데 적극적인 심상화는 궤도를 직선으로 만들고, 가장 짧은 길로 목표에 도달하게 한다. 좁은 폭의 방향성을 가진 사념 에너지는 당신의 개별적 현실이 가능태의 경유 섹터를 거치게 만들고, 이들은 일상적인 흐름에서 벗어나 있으므로 거기서는 모든 것이 다 극단적이고 비합리적이다. **이것은 통과구역인데, 주로 꿈에 많이 나타난다.** 이것은 부자연스러운 시나리오와 무대장치를 가지고 있고 많은 에너지를 소모하기 때문에 현실에서는 매우 드물게 실현된다.

당신의 사념 에너지는 온 힘을 다해 현실에 영향을 주고, 현실은 건드려진 수면처럼 변형된다. 수면을 건드릴 때 나타나는 동심원 물결은 전혀 놀라운 것이 아니지만, 이제 당신은 정말 놀라운 것을 볼 수 있다. **그것은 현실의 동심원 파문이다.** 모종의 자기폭풍(magnetic storm)의 영향인 것처럼 신경질을 폭발시키는 사람들, 괴상한 외모를 가진 사람들을 만나게 되는 등, 관찰되는 이 모든 변칙은 우연이 아니다. 이 같은 기이한 현실은 당신의 세계의 층이 통과구역을 지날 때 만나게 되는 것이다. 동심원 파문은 심상화를 집중적으로 행했을 때 생긴다. 이 같은 동심원을 만날 때 이제는 이해가 될 것이다. 그것은 매우 인상적인 현상이다.

사용되는 방법에 따라 다양한 강도의 힘이 현실에 영향을 미칠 수 있다. 기본적으로는 자신의 세계의 층을 안락한 곳으로 만들어주는 아말감 하나만 있어도 된다. 하지만 위에 언급된 방법들과 현실 지배자의 의도까지 사용한다면 더 많은 것을 이룰 수 있을 것이다.

비교를 위해 두 아이가 만나는 장면을 상상해보자. 한 아이는 세상이 유모차에 태워서 가고 있고, 또 한 아이는 자기 세계와 손을 잡고 가고 있다. 첫 번째 아이는 여느 아이들과 마찬가지로 자랑스럽게 말한다.

— 나의 세계는 나를 보살펴주고 있어!

다른 아이는 이렇게 대답한다.

— 나는 나의 세계와 함께 장난감을 받으러 가고 있어!

차이를 알겠는가?

마지막으로 말하고 싶은 것이 있다. 어느 날 나는 한 독자한테서 편지를 받았는데 그 내용에서 그녀는 자기도 모르게 중요한 아이디어를 전해주었다. — "나는 트랜서핑 기법은 잘 모르지만, 삶에 대한 태도를 바꾸고 나서부터 나에겐 모든 일이 잘 되고 있고, 앞으론 더욱더 잘 될 것 같아요. 모든 일이 필요한 대로 잘 될 거라는 강렬한 느낌이 생겼어요."

당신이 모든 방법을 아예 잊어버리고서도 이런 통합된 느낌을 유지할 수 있다면 그것으로 충분하다. "나에게는 모든 일이 훌륭하게, 필요한 대로 이루어지고 있어"라는 공식에 따른 의도의 통합은 성공의 이미지를 창조하고, 그것은 현실로 반영된다.

당신의 가능성은 오직 당신의 의도로써만 제한된다.

당신의 현실을 창조하라!

꿈의 조율

사람은 태어날 때부터 각자의 특정한 상황에 처하게 된다. — 나는 가난 속에서 태어났고 이것을 벗어날 수 없다. 나는 주어진 것에 만족해야 한다. 나는 나의 임무를 해내야 한다. **이런 상황은 사람을 최면에 사로잡히게 하고, 그 사람은 그에게 제멋대로 벌어지는 현실이라는 꿈의 지배하에서 살게 되는 것이다.** 그가 이런 상황을 꿈꾸고 있는 동안 그것은 세상의 거울 속에서 더욱 확고하게 자리 잡는다. 이렇게 사람은 자기 현실의 영향을 받으면서 동시에 그것을 지탱해가고 있다. 가난한 자는 더 가난해지고, 부자는 더 부유해지는 것이다.

이중거울의 환상에 대해 말했던 것을 기억하는가? **반영에 주의를 고정하는 것은 삶을 무의식적인 꿈으로 만들고, 당신은 완전히 상황의 지배를 받으며 살게 된다.** 당신이 홀린 사람처럼 거울 속에서 일어나는 일을 걱정하며 지켜보는 동안, 현실은 당신을 압박해온다. 영화관에서 스크린에 주의가 사로잡혀 빠져드는 것처럼 인생극장에서도 반영에 점점 더 깊이 빠져드는 것이다. 당신은 반영의 최면에 빠진 채 거울의 순환고리에 말려들어간다. 어떻게 하면 당신의 이 무의식적 존재를 조종할 수 있는 의식적 꿈으로 전환할 수 있을까?

한 가지 단순한 사실을 이해해야 한다. — **이 세상에는 당신이 존재하고 또 거울이 존재한다. 당신의 주의가 반영에 고정되어있는 한 당신은 거울 안에 있다.** 거기서 일어나는 일들은 당신과 무관하게 제멋대로 벌어진다. 당신의 삶은 규칙을 정하지 않은 컴퓨터 게임과도 같다. 물론 그 속에서 일어나는 일에 당신이 어떤 영향을 미치려는 시도는 해볼 수 있도록 허용되어 있다. 하지만 중요한 것은, 당신이 이 게임에서 벗어날 수 있는 가능성은 없다는 사실이다.

한편 당신을 묶어두는 것은 단 한 가지 — 당신의 주의다. **당신은 거울 밖으로 나갈 수 있다.** 거울 속은 무의식적인 꿈이지만, 거울 밖에서는 의식적으로 꿈꾸는 것이 가능하다. 이 거울은 이중거울이라서 양쪽 면에 있는 현실은 똑같다. 하지만 거울 안에서는 당신이 현실을 조종하는 것이 아니라 현실이 당신을 조종한다. 그 속에서 당신은, 손을 대면 반영을 바꿀 수 있으리라는 환상 속에 살고 있는 것이다. 하지만 그런 변화는 내부의도가 외부의도로 변하는 바깥에서만 가능하다. 밖으로 나오려면 주의를 거울 속의 반영으로부터 심상으로 옮겨야 한다. 자신이 거울 앞에 서 있다는 사실을 자각하면 당신은 자기 생각의 심상으로써 현실을 만들어낼 수 있는 능력을 얻게 된다.

환상에서 벗어나서 거울의 다섯 번째 법칙에 따라 '원하지 않는 것'으로부터 '원하는 것'으로, '마음에 들지 않는 것'으로부터 '마음에 드는 것'으로, 질병으로부터 건강으로, 방법으로부터 목표로 생각의 방향을 돌리라. 잘 관찰해보면 당신은 늘 상황에 양보하고, 필연적이라고 생각하는 것들에 순종한다는 것을 알 수 있을 것이다. 당신은 꿈을 수동적으로 받아들이는 데 익숙해져 있다. 아니면 기껏 해봤자 자신의 시나리오를 고집하면서 상황에 저항하여 가능태 흐름과 싸우고 있다. 하지만 그럴 필요가 없다. 거울 앞에 있는 심상, 곧 자신의 태도만 바꾸면 된다. 그러면 당신은 더 이상 게임의 노예가 아니고, 게임은 당신 밖에서 당신의 의지에 따라 전개될 것이다. 당신은 이제 주사위를 던지는 사람이 된 것이다.

하지만 여기에는 새로운 규칙이 있다. 주사위를 던져서 당신의 관점에서 볼 때 실패로 여겨지는 조합이 나왔을 때도 그것을 성공의 조합으로 받아들이고 또 그렇게 선언해야 한다는 것이다. 또 다시 거울 속으로 들어가고 싶지 않다면 이 규칙을 어김없이 실천해야 한다. 생각의 방향을 바꾸는 것만으로는 부족하다. **시나리오를 쓰는 것으로부터 시나리오를 역동적으로 교정하는 쪽으로 전환해야 한다.** 여섯 번째와 일곱 번째 거울의 법칙을 따르는 한, 당신은 자기 세계의 주인이다.

마음은 이해할 수 없는 사건이 발생할 때 보통 그것을 인정하지 않고 거부하려고 한다. 그러나 이제는 그 반대가 되어야 한다. **현실이 시나리오와 일치하지 않는다고 마음이 불만을 제기할 때마다 정신을 바짝 차리고 즉각 만사가 잘 되어가고 있다고 다짐하면서 변화를 받아들여야 한다.**

눈앞에 아무것도 보이지 않는 출발점에 서 있을 때, 마음으로서는 방법을 걱정할 필요가 없다고 생각하는 것은 불가능하다. 마음은 무엇을 실현시키려고 할 때는 반드시 어떤 구체적인 방법이 있어야 한다고 생각하고, 온갖 부정적인 가능성들을 떠올리면서 걱정한다. 그에게 말해주고 싶은 것은 이것이다. "이 바보야, 그건 네가 걱정할 일이 아니란 걸 알아둬! 네가 할 일은 최종 목표에만 주의를 고정시키는 것뿐이야!"

사람들은 자신이 생각한 바가 실현되는 것을 스스로 나서서 훼방한다. 어떤 소망을 품을 때 마음은 항상 대략적인 사건의 전개도를 미리 짜낸다. 마음의 본성이 원래 그렇다. 그런데 일어나는 사건이 시나리오와 일치하지 않으면 마치 아무 일도 되지 않는 것처럼 보인다. 그러나 실제로는 모두가 되어야 할 대로 이뤄지고 있다. 그런데 마음은 틀에 꽉 박혀 있어서 시나리오를 수정하기 싫어하기 때문에 스스로 모든 일을 망쳐놓는 행동을 하기 시작한다.

바로 여기에 모순이 있다. 주문이 이루어지기 위해서 사건이 어떻게 전개되어야 할지를 확실하게 알 수 있는 자는 아무도 없다. 사람이 그것을 알고 있노라고 주장하고 나서면 결국은 모든 것이 실패로 돌아가고 만다. 당신의 희망이 이루어지기 어려운 것처럼 보이는 것은 당신이 틀 안에 들어 앉은 채 그 희망이 이루어지지 못하도록 훼방하고 있기 때문이다. 당신의 문은 고정관념의 자물쇠로 채워져 있는 것이다.

원하는 목표의 심상을 사념으로 만들어내고 그다음에는 그냥 그쪽으로 걸어가기만 하라. 어떤 일이 일어나든 간에 그것은 모두가 당신의 주문을 완수하기 위한 움직임이다. 현실 지배자의 의도를 가지라. **내가 그렇게 결정했기 때문에 모두가 필요한 대로 움직이고 있다.** 나의 세계에서 나는 모든 것을 내가 원하는 대로 관리한다. 나는 이미 상황의 영향을 벗어나 있고 그것을 조종하려 애쓰지 않는다. 생각 속에서 목표의 슬라이드를 돌릴 때, 나는 상황을 만드는 것이 아니라 내가 살고자 하는 궁극적 목표의 세계를 형성시키는 것이다. 사건에 영향을 미치려고 덤비는 것은 마음의 내부의도가 벌이는 짓이고, 그것은 자신의 시나리오를 고집하는 것이다. 마음은 목표에 이르는 길에 어떤 일들이 벌어질지를 알지 못한다. 상황은 외부의도와 가능태 흐름에 의해 형성되는 것이다. 나의 일은 흐름의 벡터(방향)를 정하는 것일 뿐, 그것이 어떤 궤도로 움직일 것인지를 나는 걱정하지 않는다.

어느 날 당신이 거울의 꿈에서 깨어나는 것을 상상해보라. 주변에 뭔가 변화가 일어난다. 익숙한 사건과 무대장치이긴 하지만 당신은 사건의 흐름에서 벗어나 모든 것을 다른 눈으로 바라보고 있는 것이다. 정신을 차리고 보니 문득 커다란 구체로 된 거울의 중심에 서 있게 된 것처럼 말이다. 거대한 만화경이 현실이라는 유리면들로 반짝거리며 당신 주위를 돌고 있다. 당신은 이 현실의 일부분이지만 동시에 개별적이고 독립적으로 존재한다. **꿈에서 깨어나면 당신이 꿈에 매여 있는 것이 아니라 꿈이 당신에게 매여 있는 것임을 깨닫듯이, 당신은 이제 자신의 독자성을 자각하고 있는 것**

이다. 거울의 백일몽에서도 모든 것은 똑같지만 단 하나의 차이가 있다면 거울의 백일몽에서는 현실이 그다지 빨리 반응하지 않는다는 점이다. 하지만 그 완만한 성질을 받아들이고 익숙해지면 놀라운 일을 경험할 수 있다. 현실이 당신이 사념으로써 만들어내는 심상에 따라 부드럽게 변해가는 것이다. 이것은 무엇을 의미할까? 당신은 어디에 있는 것일까?

당신은 이 세계의 밖에 있다. — **거울 밖으로 나온 것이다.**

현실 지배자의 판결

친애하는 독자여, 당신은 이제 현실을 조종하기 위한 모든 것을 알고 있다. 당신이 온 세계를 바꿔놓을 수는 없을 것이다. 하지만 당신의 개별적 현실은 당신의 손안에 들어 있다. **당신이 이중거울의 환상으로부터 자유를 얻고 거울세계의 밖으로 나오면 당신 앞에는 무한한 가능성을 담고 있는 영원이 열려 있다.** 이는 결코 과장된 말이 아니다. 가능태 공간 속에는 세 가지의 소중한 선물이 있다. — 당신이 실현할 수 있는 당신의 미래, 당신을 천재로 만들어줄 수 있는 비밀의 참지식, 그리고 숨 막힐 정도로 놀라운 제3의 뭔가가 저장되어 있는 것이다.

마지막 것에 대해서는 나중에 알게 될 것이고, 우선은 참지식에 대해서 이야기하기로 하자. 당신은 자신의 질문에 대한 답을 어떤 위대한 사람들이 알고 있다고 생각하기 때문에 온갖 자료를 통해서 그 답을 찾고 또 뭔가를 배운다. 이것은 끝이 없는 일이다. 모든 것을 어떻게 해야 하는지를 아는 그런 사람들에게 당신은 평생 도움을 청해야 할 것이다. 그러면 그 사람들은 어디서 그 모든 것을 알게 되었을까? 많은 책을 읽어서 그렇게 똑똑

해졌는가, 아니면 특별한 재주가 있었던 것일까? 둘 다 아니다.

당신이 먼 행성에서 지구로 날아왔다고 상상해보라. 모든 것이 다르고 낯설고 이해할 수 없는 것들이다. 당신과 함께 온 사람들이 여러 그룹으로 나누어져서 서로 다른 방향으로 출발했다고 하자. 그런 후 각자는 저마다 어떤 것을 발견했다. 숲에서는 먹을 수 있는 버섯과 열매를 딸 수 있고, 바다에서는 수영을 하고 물고기를 잡을 수 있으며, 산에서는 스키를 탈 수 있다는 것을 알아냈다. 그리고 지구에는 다양한 생명체들이 살고 있는데 어떤 것들은 무해하고 어떤 것들은 당신을 잡아먹을 수도 있다는 것을 알았다.

이와 마찬가지로 인류는 늘 새로운 것을 발견한다. 이 지식의 흐름은 끝이 없다. 하지만 발견하고 창조해내는 사람들은 극소수이고, 나머지는 '그런 걸 어떻게 생각해냈지?' 하며 놀란 눈빛으로 그들을 바라본다. '저 사람은 선택받은 사람인가보다'라고 생각하면서 말이다. 그렇다면 무엇이 그 사람을 선택된 자로 만들어주는 것일까?

그의 목표와 문은 독특해서 그것이 그만의 특유한 '길'인 것이다. 당신이 자신의 길로 갈 때도 세상의 보물들이 당신 앞에 열릴 것이다. 그러면 다른 사람들은 당신을 쳐다보며, '저 사람은 어떻게 그런 걸 이뤄냈을까?' 하며 놀랄 것이다. 이렇게 간단하다.

이 간단한 원리는 표면에 드러나 있지만 동시에 이해하기 어렵다는 것이 하나의 역설이다. 새롭고 아직 정복되지 않은 것을 얻기 위해 자신만의 길을 가야 한다고 모두들 생각은 하지만, 여전히 다른 사람을 뒤따라가면서 남의 경험을 반복하려고 한다.

어린 시절 어느 날 부모님은 나를 처음으로 숲으로 데리고 갔다. 어머니와 아버지는 버섯을 딸 때마다 기뻐하면서 숲에게 이야기를 건넸다.

그러나 나는 버섯을 못 찾고는, 어른들은 어디로 가면 버섯을 딸 수 있는지 알고 있으니까 그들을 따라가면 버섯을 찾는 행운이 오리라고 생각하면서 어머니와 아버지 사이를 우왕좌왕하고 있었다. 하지만 그것은 모두 헛일이었다. 내가 스스로 다른 쪽으로 갔을 때에야 엄청나게 큰 버섯을 찾을 수 있었던 것이다. 부모님은 나를 부러워했고, 나는 최초의 발견자라는 자긍심에 가슴이 벅차올랐다.

그 순간에 나는 뭔가를 이해한 것 같았지만, 완전히 깨닫지는 못했다. 그 후에 세상은 많은 사람들이 다니는 잘 다져진 길에서 벗어나 자신만의 길을 갈 때 보물을 찾을 수 있다는 것을 여러 차례 보여줬다. 하지만 나는 또 다시 무리 본능에 의해 보통 사람들의 흐름에 합류했던 것이다.

여기서 의식적인 앎과 정보적인 지식 사이에 차이가 나는 것이다. 당신은 어떤 것을 추측할 수 있지만 별 도움이 되지는 않는다. 추측과 정확하게 정리된 지식 사이에는 큰 차이가 있다. 추측은 행동지침으로 삼을 수 없기 때문에 실제로는 가치가 없는 것이다. 이런 경우에 트랜서핑은 무엇을 어떻게 해야 하는지에 대해 모든 것을 정리해주고, 불투명한 추측을 명확한 공식으로 만들어준다.

구체적으로 말하자면, 어느 순간부터 옛 것을 배우기를 중단하고 새로운 것을 창조하기 시작하는 것이다. **더 정확하게 말하면, 창조하는 것이 아니라 모든 발견과 걸작들이 나오는 그곳, 즉 영원으로부터 그것을 가져오는 것이다.** 가능태 공간에 있는 정보에 접속하려면 관심 분야의 기초적인 지식을 갖추어야 한다. 그런 기초지식 없이는 해당하는 가능태 공간의 섹터에 주파수를 맞출 수가 없다. **달리 말하면, 정보은행에 접속할 수가 없다는 말이다.** 기초적인 정보를 습득하고 나면 당신이 지금까지 배웠던 것들은 모두 잊어도 된다. 그 순간부터 당신은 직접 발견하고 새로운 걸작을 창작

253

해낼 준비가 된 것이다.

 책, 그림, 음악 등의 모든 창작물들은 가능태 공간으로부터 꺼내오는 것이다. 가능태 공간의 그 섹터에 '걸개'가 걸려야 하는 것이다. 선율을 얻기 위해서는 두세 개의 특정한 화음이 걸개가 될 수 있다. 그림을 위한 걸개는 분위기(기분)이다. 책을 위해서는 상황이 걸개가 된다. 책을 쓰기 위해서 꼭 줄거리를 생각해내야 할 필요는 없다. 줄거리는 나중에 알게 될 것이다. 자만에 찬 이성을 잠잠하게 만들어놓고 주인공들이 상황 속에서 스스로 해방되도록 허용해주기만 하면 줄거리는 상황에 따라 저절로 구성되어 풀려나오는 것이다. 꾸며낼 필요가 없다. **거기에 모든 것이 이미 존재한다.** 가만히 가능태 흐름을 따라가기만 하면 되는 것이다. 천재적이라는 것은 이처럼 너무나 단순한 것이다. 그리고 가능태 흐름은 바로 이런 단순한 길을 따라 흐른다. 단지 보통 사람들은 그것을 생각해낼 수 없는 것일 뿐이다.

 그런 식으로 아무 계획 없이도 어떤 시발점으로부터 비롯되어 컴퓨터 프로그램도 만들어질 수도 있고 어떤 장비가 개발될 수도 있다. 물론 어떤 경우에는 계획이 꼭 필요하다. 하지만 계획 없이 움직일 수 있는 일부 과정에서라도 가능태 흐름을 따라야 하고 구상이 스스로 실현되도록 허용해야 한다. 마음은 모든 것을 미리 계획하려 들기 때문에 일을 복잡하게 만든다. 하지만 가능태 흐름은 언제나 가장 우아한 최적의 해결책을 제공해준다. 그 때문에 구체적인 설계도 없이 어떻게 모든 일이 그토록 잘 이루어졌는지 어리둥절해하며 놀랄 수밖에 없는 것이다.

 그러니 꾸며내지 말고 그냥 처음부터 끝까지 단순하게 나아가기만 하라. 모든 일의 시발점은 아이디어다. 이것이 중요한 것이고 나머지는 가능태 흐름이 완성시켜줄 것이다. 아이디어도 개발할 필요가 없다. 그러면 그것은 어디에서 오는 것일까? 그렇다. 같은 장소에서 온다. **모든 천재적인**

것들은 영원 속에 있는데, 이들은 영혼을 통해서 마음속으로 들어온다. 마음이 할 일은 아이디어를 개발하는 것이 아니라 그것이 머릿속에 들어올 때 얼른 그것을 인식하는 것이다. **군중의 대열을 벗어나서 가슴의 지시에 따라 자신만의 길을 가다 보면 언젠가는 반드시 이런 일이 일어날 것이다.**

영혼은 가능태 공간에 곧바로 접속할 수 있으나, 마음은 불투명한 추측이나 스쳐가는 영감을 포착하여 그것을 해석한다. 마음은 아무것도 모르지만 영혼은 알고 있다. 그러므로 영혼에게 도움을 청하기만 하면 되는 것이다. 영혼은 겉보기에는 가볍게 주장하는 것처럼 보이지만, 거기에 완전히 의탁해도 좋다. 마음은 법칙을 정확히 깨닫는 것이 아니라 불투명하게 추측하기 때문에 영혼의 주장을 훼방한다. 영혼이 모든 것을 알고 있다는 점에는 누구나 동의하지만 진작 그것을 진지하게 받아주는 사람은 별로 없다. 그것이 별 의미 없는 비유라고 생각하면서 모두가 지나쳐버리는 것이다. '건전한' 이성은 이렇게 말한다. "물론 문득 떠오르는 것이 있지. 내면의 목소리도 있고, 직감도 있지만 이 모든 것은 불안정하고 손으로 만질 수 없는, 신뢰할 수 없는 것들이야."

당신이 어느 한 분야의 기초적인 지식을 갖추고 있다면 영혼이 가능태 공간의 해당 섹터에 맞춰질 때 거기서 어디에서도 알아낼 수 없는 새로운 지식을 얻을 수 있다. 자신에게 질문을 하고, 그 질문을 명확하게 공식화하고 나서는 잠시 잊어버리라. 며칠 후에 해답이 스스로 나타날 것이다. 만약 안 나타나면 수시로 질문을 다시 던져보라. 몇 개월 후에 대답이 올 수도 있다. 하지만 그것은 분명히 나타날 것이다.

고정관념을 깨고 일반적으로 허용된 법칙을 벗어나 펜듈럼의 규칙을 파괴하려는 결단이 충분한지가 유일한 관건이다. 당신은 지식을 알 권리를 행사하는 자부심을 가지고, 다른 사람들의 책에서 답변을 찾기를 멈춰야 한다. **받는 것이 아니라 창조하는 것이라고 단순히 의도의 방향을 바꾸는 것이다.** 당신이 읽고 있는 책의 저자와 당신은 무엇이 다른가? 그들은 의도의 방향을 바꾼 다음, 찾는 것이 아니라 창조하기 시작한 것이다. 그 점이 당신과 다르다. 그들은 인정받는 사람들에게 이끌려가지 않고 용기 있게 자신의 길을 가는 것이다. **당신도 자신의 옳을 권리를 가지라.**

이제 가능태 공간에서 당신을 기다리고 있는 세 번째 선물에 대해서 이야기할 때가 됐다. 어떤 사람이 슈퍼스타일 경우에 그는 무엇을 느낄 것인지를 상상해보자. 팬들은 반짝이는 재능, 찬란한 영광과 부유함, 즉 표면에 있는 것들만을 본다. 그 사람을 보통 사람이 아니라 특별한 재능을 지닌 사람으로 생각하는 것이다. 그의 특별함을 의심하지 않는다면 평범한 사람이 어떻게 그처럼 정상에 올라가서 자신 있게 서 있을 수가 있겠는가?

하지만 선택된 자에게는 이 모든 것이 평범하고 일상적인 것이다. 자신을 신으로 생각하는 사람은 없을 것이다. 왜냐하면 혼자 있을 때는 자신이 다른 사람과 다르지 않다는 것을 자각하기 때문이다. 그러면 무엇이 다른 것일까? 시골 아가씨와 연예 스타, 소심한 학생과 과학의 대가, 평범한 사람과 선택된 사람, 그들을 나눠놓는 것은 무엇일까?

단 한 걸음의 차이다. 어떤 이는 자신의 권리를 가질 용기를 냈고, 다른 이는 아직도 결정을 못 내린 채 자신이 능력 있고 가질 자격이 있다고 믿지 않는 것이다. 소심한 사람들은 선택된 사람들이 특별하기 때문에 사람들이 그들을 선택했다고 확신한다. 하지만 실제로는 그것은 그릇된 고정관념이다. **선택된 사람들은 스스로 자신을 선택했다.** 그들이 그렇게 했기 때문에 다른 사람들의 관심을 받게 된 것이다.

선택된 자가 될 권리를 가지라. **나는 나를 선택했다고 스스로에게 말하라.** 능력 있고 자격이 있어서 이 권리를 가지는 것이 아니라, 이 권리가 그저 당신에게 있기 때문이다. **가능태 공간 속에는 모든 것이 있으며, 거기에 당신을 위해 준비된 가장 중요한 것이 있는데, 그것은 당신의 권리에 대한 판결이다.** 이것은 당신이 영원에 들어갈 수 있게 하는 출입증이고 자신의 현실을 창조할 수 있게 하는 허가증이다.

태어나서부터 지금까지, 그리고 지금도, 사람들은 당신이 어떤 사람이 되어야 하고 무엇을 해야 하고 무엇을 존경하고 무엇을 지향해야 하는지를 가르치고 있다. 이제는 자신의 법칙을 스스로 정하는 당신의 권리를 되찾으라. 당신의 세계의 층을 만들어내는 것은 당신이기 때문에 무엇이 옳고 그른지는 당신이 스스로 결정하면 되는 것이다. 누구에게 해를 끼치지만 않는다면 다른 사람들이 잘못이라고 생각하는 것이라도 당신은 옳다고 결정할 권리가 있다. **자신만의 판결을 내릴 권리를 행사하면서, 자신의 신조에 따라 살라.**

이 세상에 살고 있는 사람의 숫자만큼 다양한 의견들이 있다. 일부는 "희다"고 하고 다른 사람들은 "검다"고 말한다. 누구를 믿어야 하는가? 세계는 거울이며, 거울은 자신만의 판결을 내릴 수 있는 각각의 사람에게 일일이 동의해준다는 사실을 기억하라. 당신은 거울이 아니지 않은가? 당신은 남의 판결을 받는 사람이거나, 아니면 자신의 판결을 내리는 창조자다. 그러니 무엇을 유일하고 옳은 진리로 생각해야 하는지, '흰' 편을 들어야 할지 아니면 '검은' 편을 들어야 하는지 따위의 의문은 자연스럽게 사라진다. **이제 당신은 스스로 자신을 위해 나는 내 현실의 창조자이기 때문에 이렇게 결정했다고 자신만의 진리를 정할 수 있다.** 그러면 그리될 것이다. 당신은 생각하는 그것을 현실로 실현하는 데 필요한 가능태 공간과 이중 거울을 가지고 있기 때문이다.

너무나 쉽고 단순하지 않은가? 단 한 가지 조건은, 당신에게 진정으로 자신의 권리를 행사하고자 하는 자신감이 있어야 한다는 점이다. 스스로 그것을 의심하거나 양심의 가책을 느낀다면 당신의 판결은 효력을 잃고 당신은 법을 만드는 사람에서 피고인으로 전락하고 만다. 어떤 경우에도 의심을 하면 움직임이 틀려지고 만다. **얼마나 정확하게 생각하고 움직이느냐가 중요한 것이 아니라 당신이 옳다는 것에 얼마나 자신감을 가지고 있느냐가 문제다.** 그래서 이 모든 것을 익히 지각하여 영혼과 마음이 일치하게 해야 한다. 이미 설명은 충분히 했다. 이제 추측을 지식으로 만드는 것만 남았다. 어떻게? 자신이 그것을 경험해야 하는 것이다. 행동하고 확인하라.

다만 현실 지배자의 의도가 마음의 독재로 변질되지 않도록 경계하라. 영혼과 마음이 일치할 때만 판결이 효력을 지닌다. **자신의 영혼에 귀 기울이지 않는 사람은 창조하지 못하고 실수만 한다.** 어디에 가도 뭔가를 잘 못하는 사람들을 많이 만날 수 있다. 예를 들어, 청각도 음정 감각도 목소리도 모두 안 좋은데 노래 부르기를 너무 좋아하는 사람이 있다. 간혹 자신이 스타라고 생각하는, 명백히 재능이 부족한 사람들이 있는데 그들은 성공하지 못한다. 그들의 판결은 왜 효력이 없는 것일까? 그들은 가슴속에서는 잘 안 되는 것을 깨닫고 있지만 마음은 그것을 인정하려 하지 않고 온 힘을 다해 그 반대를 보여주려고 애쓰는 것이다. 재능 없는 사람은 없다. 단지 자신의 일이 아닌 것을 하려고 애쓰는 사람들, 남의 길을 걷고 있는 사람들이 있는 것이다.

세 번째 선물은 많은 특혜를 제공해준다. 자신만의 판결을 내릴 권리는 압박받는 상황과 당신의 인생을 침울하게 하고 목표 도달을 방해하는 모든 것으로부터 자유를 얻게 해준다. 이것은 진정한 자신감을 되찾는 데 도움이 될 것이다. **나의 세계는 나를 보살피고 있으며, 나는 자신에게 이 보살핌을 허락할 힘을 가지고 있다.**

당신의 세계에서 무엇이 좋고 무엇이 나쁜지를, 무엇이 옳고 무엇이 그른지를 판결할 수 있는 자신의 권리를 가지는 순간부터 외부로부터 당신에게 강요되는, 트랜서핑을 포함한 모든 견해를 버려도 좋다. 당신이 의심과 망설임과 죄책감을 느끼지 않고, 당신의 판결이 다른 사람들에게 해가 되지만 않으면 되는 것이다.

끝으로 한 마디 하고 싶은 말이 있다. 가능태 공간 속에는 당신의 영혼과 마음이 원하는 모든 것이 다 존재한다. 하지만 당신이 알아야 할 것은, 영원의 문턱에는 영원 속에 있는 것을 지키고 있는 절대적인 법인, 문지기가 서 있다는 것이다. 이 엄격한 문지기는 현실의 지배자인 자신의 권리를 행사할 자신이 있는 사람들만을 들여보낸다. '내가 그렇게 결정했기 때문에 나는 할 수 있고 자격이 있다'는 당신의 판결이 당신의 출입증이 되는 것이다. 당신이 자신의 권리를 가지면 그 문지기는 당신 앞에 있는 영원의 문을 활짝 열어줄 것이다.

요약

- 몸속의 불순물, 잉여 포텐셜, 실현되지 않은 의도 등이
  사람의 에너지 수준을 낮춰놓는다.
- 에너지 자원을 얻으려면 잠들어 있는 의도의 일부를 버리거나,
  아니면 실현시켜야 한다.
- 에너지를 작동시키기 위해서는 최종 목표에 집중해야 한다.
- 집중은 긴장이 아니라 몰입이다.
- 매 순간 자신이 무엇을 하고 있는지를 지켜보는 습관을 키우라.
- 규칙적으로 목표 슬라이드에 주의를 고정시켜야 한다.
- 변명하기를 그치라.
- 자신의 중요성을 입증하려는 노력을 멈추라.
- 아말감을 유지하고 거울의 법칙들을 준수하라.
- 양극성을 줄이기 위해서는 조여진 바퀴살을 느슨하게 풀어줘야 한다.
- 현실을 조종하는 방법들 — 목표 슬라이드, 과정의 심상화,
  에너지 흐름, 프레임, 폭발하는 파동, 외부 구체, 무대장치 정합,
  목표 아말감, 의도의 고정, 통합.

- 당신이 가장 잘 된다고 생각하는 방법이 당신에게 가장 알맞은 방법이다.

- 모든 것을 당신에게 편한 대로 하라.

- 성공의 중요한 조건은 규칙적인 실천이다.

- 거울 밖으로 빠져나오라.

- 기초지식을 갖춘 후, 의도의 방향을 '얻는다'에서 '창조한다'로 바꾸라.

- 아이디어를 생각해내려고 하지 말고
  그것을 인식할 수 있는 능력을 가져야 한다.

- 시발점에서 출발할 때 가능태 흐름을 따라 움직이라.

- 자신이 옳다고 결정하는 독자적 권리를 가지라.

- 군중의 대열에서 벗어나서 현실 지배자의 권리를 행사하는
  당신만의 판결을 내리라.

- 나는 내 현실의 지배자이기 때문에 그렇게 결정하는 것이다.

에필로그 영원의 방문자

친애하는 독자 여러분!

우리는 이제 놀라운 이중거울 세계의 여행을 마친다. 당신은 오랜 고대
의 지혜를 알게 되었다. 이는 항상 존재했었고 여러 가지 해석으로서 세대
를 거쳐 전해내려 왔었다. 해석이 아무리 복잡하다 해도 그 본질은 표면에
드러나 있고 매우 단순한 것이다. 당신은 당신의 사념의 심상이 반영되는
거울 앞에 서 있다는 것이다. 거울 효과는 외부세계가 독립적으로 존재하
며, 그것을 조종할 수 없다는 환상을 만들어낸다. 하지만 고정관념으로부
터 자유를 얻으면 현실은 순순히 당신을 따를 것이다.

당신은 이 기막히게 명백한 비밀을 알게 되었으므로 지금 영원을 방문
한 것이다. 이제 당신은 알고 있다. 언제든지 영원으로 돌아가서 영혼과 마
음이 원하는 모든 것을 가질 수 있다는 것을. 당신의 판결을 보여주면 문지
기는 당신의 입장을 허락할 것이다. 영원으로 들어가는 그 문 안에는 불가
능한 것이 가능하게 되는 세계가 당신을 기다리고 있다.

나는 무엇보다도 당신이 현실 지배자의 뻔뻔스런 자신감을 얻기를 의
도한다. 욕망하지도 않고 바라지도 않으면서. 그리고 당신의 사과가 하늘
을 향해 떨어지기를 의도한다!

부록

용 어
사 전

가능태 공간

가능태 공간은 정보체(informational structure)다. 그것은 일어날 수 있는 모든 사건의 다양한 가능태들이 들어 있는 무한한 정보장이다. 가능태 공간에는 과거에 존재했고 지금 존재하고 앞으로 존재할 모든 것이 들어 있다. 가능태 공간은 시간과 공간 속을 움직이는 물질의 형판, 혹은 좌표시스템의 역할을 한다. 영화 필름에서처럼 과거와 미래는 영구적으로 보존되어 있으며, 현재를 보여주는 프레임들의 연속적인 전환에 의해서만 시간적 효과가 나타나는 것이다.

세계는 손으로 만져볼 수 있는 물질적 현실과, 지각의 한계 너머에 있지만 여전히 객관적인 비물질적 가능태 공간, 이 두 가지 형태로 존재한다. 이 정보장에 접속하는 것이 원리상 가능하다. 바로 거기서 직관적 지식과 투시 능력이 나오는 것이다. 마음은 원래 새로운 것을 창조할 수 없다. 마음은 낡은 벽돌로 새로운 모양의 집을 지을 수 있을 뿐이다. 두뇌는 정보 자체를 저장하고 있는 것이 아니라 가능태 공간의 정보에 접속할 수 있는 주소와도 같은 것을 보관하고 있는 것이다. 모든 과학적 발견과 예술의 걸작들은 마음이 영혼을 통해 가능태 공간에서 얻어온 것이다.

꿈은 일반적인 뜻으로 말하는 그런 종류의 '환상'이 아니다. 마음은 꿈을 상상하는 것이 아니라 실제로 본다. 우리가 현실에서 보게 되는 것들은 실현된 가능태들이다. 꿈속에서는 우리는 실현되지 않은 가능태들을 본다. 즉, 꿈은 가상의 시나리오와 무대장치를 가진 시나리오들인 것이다. 꿈은 우리에게 과거에 있었던 것들이나 미래에 있을 수 있는 것들을 보여 주기도 한다. 꿈은 가능태 공간 속에서 펼쳐지는 영혼의 여행인 것이다.

가능태 공간의 섹터

　가능태 공간의 각각의 지점마다 어떤 특정 사건의 가능태가 존재한다. 쉽게 이해하기 위해서, 가능태는 시나리오와 무대장치로 구성되어 있다고 생각하자. 무대장치는 현실화가 일어나는 외적인 모습과 형태이고, 시나리오는 물질이 이동하는 경로이다. 편의상 가능태 공간을 섹터로 나눌 수 있다. 각 섹터는 자신만의 시나리오와 무대장치를 지니고 있다. 섹터 간의 거리가 멀면 멀수록 시나리오와 무대장치의 차이가 커진다. 사람의 운명은 많은 가능태들로 구성되어 있다. 이론적으로 가능태 공간은 무한하므로, 사람의 운명의 변화에도 아무런 한계가 없다.

가능태 흐름

　정보는 가능태 공간 속에 매트릭스의 형태로 정적으로 보존되어 있다. 정보의 구조는 서로서로 연결된 사슬로 이루어져 있다. 원인-결과의 관계는 가능태 흐름을 생성한다. 불안한 마음은 펜듈럼의 흔들림을 끊임없이 느끼고, 상황을 완벽하게 통제하기 위해 모든 문제를 혼자서 해결하려고 애쓴다. 마음의 인위적인 결정은 대부분의 경우 물살을 거슬러 허우적대는 것과 같이 무의미한 것이다. 대부분의 문제, 특히 작은 문제들은 가능태 흐름을 방해하지 않기만 하면 저절로 해결된다.

　흐름에 저항하여 발버둥치지 말아야 하는 가장 중요한 이유는, 저항할 때 헛되이 또는 자신에게 불리하게 많은 에너지가 소모되기 때문이다. 흐름은 최소 저항의 경로를 따라 흐르므로 문제를 푸는 가장 효과적이고 합리적인 해결책이 거기에 담겨 있다. 반대로 저항은 새로운 문제만 무수히 만들어낸다.

가능태 공간 속에 이미 해결책이 존재하므로 마음의 강력한 지성도 별로 쓸 데가 없다. 휩쓸려 들어가지 않고 흐름을 방해하지도 않는다면 해결책이 스스로 나타날 것이고, 게다가 그것이야말로 최적의 해결책인 것이다. 최적화는 이미 정보장의 구조 속에 내재해 있다. 가능태 공간 속에는 모든 것이 다 있지만, 가장 에너지 소모가 적은 가능태가 실현될 확률이 가장 높은 것이다. 자연은 에너지를 낭비하지 않는다.

균형력

잉여 포텐셜이 있는 곳에는 그것을 제거하기 위해 균형력이 발생한다. 어떤 대상에 지나친 중요성이 부여될 때 사람의 사념 에너지에 의해 잉여 포텐셜이 생성되는 것이다.

예컨대, 두 가지 상황을 비교해보자. 한 상황에서는, 당신은 자기 방의 방바닥에 서 있고, 또 다른 상황에서는 어느 절벽 끝에 서 있다. 첫째 경우는 아무런 걱정이 없지만, 둘째 경우에는 실제 상황이 당신에게 매우 중요해진다. 자칫하면 돌이킬 수 없는 일이 벌어질 것이니까. 에너지 차원에서는, 단순히 사람이 서 있다는 사실은 첫째와 둘째의 경우 양쪽에서 모두 동일한 의미를 지닌다. 하지만 절벽 끝에 서 있으면 두려움이 일어나 당신의 내부에 긴장이 일어난다. 그래서 당신은 에너지장에 불균형을 만들어낸다. 그런 불균형을 제거하기 위해 균형력이 생기는 것이다. 당신은 그 힘을 실제로 느낄 수 있다. 즉, 한편에서는 설명할 수 없는 어떤 힘이 당신을 절벽 아래로 끌어당기고 있고, 다른 편에서는 어떤 다른 힘이 당신을 절벽 끝에서 벗어나게 하려고 잡아당기고 있는 것이다. 결국 두려움에 의한 잉여 포텐셜을 제거하기 위해, 균형력은 당신을 절벽 끝에서 멀어지도록 잡아당기거나, 혹은 당신을 절벽 아래로 떨어뜨려 그 상황을 종료시켜야 한다. 그러니까 당신이 절벽 끝에 서 있는 동안 느끼는 것은 이 균형력의 작용인 것이다.

대부분의 문제를 일으키는 것이 바로 이 잉여 포텐셜을 제거하기 위한 균형력의 작용이다. 사람들은 종종 의도와는 완전히 반대되는 결과를 얻는데, 그만큼 이 힘은 교활한 것이다. 게다가 사람들은 무슨 일이 일어나고 있는지를 전혀 이해하지도 못한다. 바로 여기서 '머피의 법칙'과 같은 설명할 수 없는 일종의 악의적인 힘이 작용하는 것처럼 느껴지게 되는 것이다.

목표와 문

사람에게는 각자 자기의 삶에서 진정한 행복을 누릴 수 있는 자신만의 고유한 길이 있다. 펜듈럼들은 성취하기 어려운 목표와 특권으로써 욕망을 부추기면서 사람들에게 낯선 목표를 강요한다. 당신은 잘못된 목표를 쫓아다니다가 아무것도 이루지 못하거나, 혹은 이루고 나서야 그것이 자신에게 필요없었다는 것을 깨닫게 될 것이다.

당신의 목표는 당신의 삶을 잔치로 바꿔놓을 무엇이다. 당신의 목표에 도달하면 다른 모든 소망은 덩달아서 이루어질 것이고, 그 결과는 당신의 모든 예상을 능가할 것이다. 당신의 문이란 당신의 목표로 당신을 데려다주는 길이다.

당신의 문을 통해서 당신의 목표를 향해 가고 있다면, 당신 영혼의 열쇠는 당신의 길의 자물쇠에 꼭 들어맞기 때문에 아무도 당신을 방해할 수가 없을 것이다. 당신의 것은 그 누구도 빼앗을 수 없다. 당신의 목표를 이루는 데는 아무런 문제도 있을 수 없다. 단지 문제가 있다면 당신의 목표와 당신의 문을 찾아야 한다는 것이다. 트랜서핑은 그것을 찾는 법을 가르쳐준다.

물질적 실현

가능태 공간의 정보체는 특정한 조건이 갖춰지면 물질화된다. 가능태 공간의 각 섹터처럼 모든 사념은 일정한 매개변수를 가지고 있다. 방사되는 사념은 거기에 상응하는 해당 섹터를 '조명'하여 그 가능태를 실현시킨다. 따라서 사념은 사건의 전개 과정에 직접적인 영향을 주는 것이다.

가능태 공간은 형틀의 역할을 하여 물질의 형태와 운동 궤적을 결정한다. 물질적 실현 양태는 시간과 공간 속에서 변천하지만 가능태들은 그 자리에 그대로 남아 영원히 존재한다. 각 생명체는 자신의 사념을 방사함으로써 자기 세계의 층을 형성한다. 세상에는 많은 생명체들이 살고 있으며, 그들은 현실의 형성에 저마다 자신의 몫을 기여하고 있다.

보호구역 감시인의 수수께끼

'사람은 누구나 원하는 모든 것을 선택할 자유를 얻을 수 있다. 그러한 자유를 어떻게 얻을 수 있는가?' 사람들은 원하는 것을 '성취하는' 것이 아니라 단순히 '가질' 수 있다는 것을 모르고 있다. 그것은 정말 믿기 어렵지만 그럼에도 불구하고 사실이다. 당신은 《리얼리티 트랜서핑》이라는 시리즈의 책을 끝까지 읽어봐야 이 수수께끼를 풀 수 있다. 곧바로 마지막 장을 들춰볼 생각은 하지 말라. 그래 봤자 이해되지 않을 테니까.(보호구역 감시인의 수수께끼는 제1권의 첫 장에 속한 단락의 제목으로 트랜서핑 그 자체를 상징한다.)

선택

트랜서핑은 목표를 달성하기 위한 새로운 원칙과 방법을 제시한다. 어떻게 목표를 달성할지를 걱정하지 않고 마치 식당에서 음식을 주문하는 것처럼 그저 선택하는 것이다. 그 결과는 목표가 주문자의 직접적인 행동과 무관하게 스스로 실현되는 것이다. 당신의 희망은 이루어지지 않고, 꿈은 실현되지 않을 것이다. 하지만 당신의 선택은 불변의 법칙이며 그것은 필연적으로 실현될 것이다. 선택의 본질을 한두 마디로 설명하기는 어렵다. 트랜서핑은 선택이란 무엇인지, 그러한 선택을 어떻게 해야 하는지에 대해 이야기할 뿐이다.

성공의 물결

당신에게 유리한 인생트랙들이 이어질 때 성공의 물결이 형성된다. 가능태 공간에는 이러한 금광맥을 포함하여 모든 가능성이 다 존재한다. 만약 이런 특별한 종류의 트랙들의 가장자리로 진입해서 성공을 붙잡는다면, 당신은 관성의 힘으로 다른 행복한 일들이 놓여 있는 새로운 트랙으로 미끄러져 들어갈 수 있다. 하지만 첫 번째 성공 이후에 또다시 불운한 시기가 시작된다면 당신은 파괴적인 펜듈럼에 걸려든 것이며, 그것이 당신을 성공의 물결에서 벗어나게 한 것이다.

세계의 층

각각의 유기체는 사념 에너지로써 가능태 공간의 특정 섹터를 실현시켜서 자기 세계의 층을 창조해낸다. 이 모든 세계의 층들이 서로 겹쳐서 하나를 이루므로, 각 유기체는 현실의 형성에 저마다 자기 몫의 기여를 하고 있는 것이다.

사람은 자신의 세계관으로써 개인적인 세계의 층을 형성하는데, 그것은 독립된 별개의 현실이다. 이 현실은 그 사람의 태도에 따라 고유한 뉘앙스를 가지게 된다. 비유적으로 표현하자면, 그곳에는 특정한 기상 조건이 설정된다. 즉, 햇빛 눈부신 신선한 아침이 있는가 하면 흐리고 비 오는 날씨도 있으며, 때로 사나운 태풍이 불 때도 있고 심지어는 자연재해가 일어나기도 한다.

개인적 현실은 물질적인 방식과 비물질적인 형이상학적 방식 두 가지로 형성된다. 달리 말하면, 사람은 자신의 행동과 생각으로써 자신의 세계를 구축하는 것이다. 여기서 사념체(thought form)가 중요한 역할을 하는데, 바로 이것이 사람들로 하여금 대부분의 시간을 골몰하게 만드는 물질적 문제들을 일으키기 때문이다. 트랜서핑은 문제의 형이상학적인 측면만을 다룬다.

신호들

다가오는 가능태 흐름의 물굽이를 가리켜 보여주는 것들은 안내 신호다. 어떤 사건에 상당한 영향을 미칠 뭔가가 다가올 때, 이를 알려주는 신호가 생기게 마련인 것이다. 가능태 흐름의 방향이 바뀔 때 당신은 또 다른 인생트랙으로 옮겨 탄다. 각각의 트랙은 그 성질이 서로 어느 정도 균일하다. 가능태 흐름의 급류는 여러 트랙을 건너갈 수 있다. 인생트랙들은 서로 간에 매개 변수가 다르다. 그것은 사소한 변화지만 차이를 느낄 수 있다. 이 질적인 차이를 당신은 의식적으로, 또는 무의식적으로 '뭔가가 달라졌다'고 느끼는 것이다.

안내 신호는 당신이 다른 인생트랙으로 옮겨가기 시작할 때에만 나타난다. 그 개별적인 현상들을 당신은 알아채지 못할 수도 있다. 예컨대, 까마귀가 울었는데 당신은 주의를 기울이지 않는다. 만약 당신이 질적인 차이를 못 느꼈다면 아직도 이전의 트랙에 머물고 있는 것이다. 하지만 만약 그 현상이 당신의 경각심을 높여놓았다면 그것이 바로 신호인 것이다. 신호는 항상 본질적으로 다른 인생트랙으로 전환이 시작되었다는 것을 알려준다는 점에서 보통의 현상과는 구별된다.

슬라이드

우리 자신과 주변세계에 대한 우리의 인식은 종종 사실과는 한참 동떨어져 있다. 그러한 왜곡을 초래하는 것은 바로 우리가 가지고 있는 슬라이드다. 예를 들어, 당신은 자신의 단점 때문에 걱정하고 그 때문에 열등감을 느끼며, 따라서 다른 사람들도 당신의 단점을 좋아하지 않는 것 같다고 느낀다. 이 경우, 당신은 사람들을 대할 때마다 자신의 '영사기'에 열등감의 슬라이드를 끼워 넣어놓고 모든 것을 왜곡된 모습으로 바라보고 있는 것이다.

슬라이드는 당신의 머릿속에 들어있는 왜곡된 현실이다. 부정적인 슬라이드는 대개 마음과 영혼을 일치시켜서 그것이 현실로 이루어지게 한다. 그리하여 불길한 우려가 결국 현실이 되고 마는 것이다. 부정적인 슬라이드를 긍정적인 것으로 바꾸어 그것이 당신을 위해 일하게 만들 수 있다. 의도적으로 긍정적인 슬라이드를 만들어 가지면 그것은 당신 세계의 층을 놀랍게 변화시킬 것이다. 목표의 슬라이드는 목표가 이미 이루어진 것처럼 상상하는 마음속의 그림이다. 슬라이드를 심상화하는 체계적인 방법을 실천하면 그에 상응하는 가능태 공간의 섹터가 실현된다.

양극화

어떤 특질에 지나친 중요성이 부여될 때 잉여 포텐셜이 발생한다. 사람들 간의 의존적인 관계는 '네가 그렇게 하면 나는 이렇게 할 것이다'와 같은 조건을 내세워 서로 비교, 대비하기 시작할 때 생기게 된다. 왜곡된 평가가 다른 것과 아무 관계 없이 혼자서만 존재할 때는 잉여 포텐셜은 그 자체로서는 위험하지 않다. 하지만 어느 한 대상에 대해 인위적으로 지나친 평가가 부여되어 다른 것과 비교될 때 양극화가 생겨서 균형력의 바람이 일어나는 것이다. 균형력은 양극성을 제거하려고 애쓰는데, 그것의 활동은 대부분의 경우 양극성을 만든 사람에 반대되는 방향으로 움직인다.

연결점 (assemblage point)

카를로스 카스타네다의 책《The Fire from Within》에 나오는 개념. 카스타네다에 따르면, 인간의 몸은 빛나는 알 모양의 에너지 거품으로 둘러 싸여 있는데, 그 알 표면에는 어셈블리지 포인트라는 것이 있어서 거기에서 외부와 내부의 에너지 방사를 연결한다. 우리는 그 지점을 통해서 외부의 현실을 인식한다. 이 포인트를 이동시키면 현실 인식점이 변화되므로 다른 차원을 경험할 수 있다. 지구상에 존재하는 모든 존재들은 이 포인트가 연결되어 있어서 서로 같은 현실을 공유할 수 있는 것이다. 보통 동그란 원으로 이루어져 있는 이 포인트의 모양을 타원형으로 변형하여 길게 폭을 넓히면 다른 차원에 접속해서 그 차원의 존재와 차원을 공유하게 된다고 한다. 어셈블리지 포인트는 일반적으로 알의 4분의 3 높이의 위치에 존재하며 의도의 힘으로 위치를 변경할 수 있다. 객관적인 현실은 없으며, 우리는 각각 자신의 포인트가 어떤 에너지 방사선들을 연결하여 정렬하는가에 따라 조금씩 다른 세상을 경험한다. 그런 의미에서 이 개념은 트랜서핑의 원리와도 통한다고 하겠다.

영혼과 마음의 일치

마음은 의지를 가지고 있지만 외부의도를 조종할 수는 없다. 영혼은 외부
의도와 일체감을 느낄 수 있지만 의지를 가지고 있지 않다. 영혼은 가능태 공
간 속을 조종이 불가능한 연처럼 날아다닌다. 외부의도를 의지에 복종시키려
면 영혼과 마음의 일치를 이루어야 한다. 이것은 영혼의 느낌과 마음의 생각
이 하나로 합쳐지는 상태다. 예를 들면 사람이 기쁜 영감으로 가득 차 있을
때 그의 영혼은 '노래를 부르고' 마음은 '만족스러워 손뼉을 친다.' 이러한
상태에서 사람은 창조를 할 수 있는 것이다. 하지만 대개는 영혼과 마음이 불
안과 두려움, 혹은 혐오 속에서야 일치를 본다. 이런 경우에 최악의 우려가
실현되는 것이다. 그리고 마지막으로, 합리적인 이성이 어떤 것을 고집하는
데 가슴은 그 반대의 것을 원한다면 그것은 영혼과 마음이 일치하지 않는 것
을 의미한다.

유도전이

재난, 자연재해 및 재앙, 무력 분쟁, 경제 위기 등은 나선형으로 전개된다.
제일 먼저 사건 발생이 시작되고 그다음에는 상황이 전개되면서 긴장감이 고
조되며, 그 뒤에 절정에 이르러 감정이 최고조로 불타오르고, 마지막으로 결
말을 맺으면서 모든 에너지는 공간으로 흩어지고 일시적인 평온이 찾아온다.
이는 소용돌이와 비슷한 깔때기 모양을 하고 있다.
사람들의 주의는 펜듈럼의 올가미 속으로 끌려들어가고, 펜듈럼은 세차게

흔들리면서 사람들을 불행한 인생트랙으로 끌고 간다. 사람은 펜듈럼의 첫째 자극, 예컨대 부정적인 사건에 반응한다. 그는 처음부터 거기에 말려들면서 나선형의 소용돌이 중심에 빠지고 나선은 빠르게 전개되면서 깔때기처럼 그를 빨아들인다.

그렇게 깔때기 속으로 빨려드는 현상을 지지자가 파괴적 펜듈럼의 희생자가 되는 인생트랙으로 유도되게 하는, '유도전이'라고 정의한다. 펜듈럼의 자극에 반응하고 그 자극의 에너지를 받아먹기 때문에 그는 펜듈럼의 진동수에 가까운 인생트랙으로 유도된다. 그 결과 부정적인 사건들이 그의 세계의 층에 포함되는 것이다.

의 도

의도는 대략, '가지겠다는, 그리고 행동하겠다는 결정'이라고 정의할 수 있다. 실현되는 것은 욕망이 아니라 의도다. 팔을 들어올리기를 소원해보라. 당신의 생각 속에 욕망이 형성되었다. 곧, 당신은 팔을 올리고 싶어한다는 사실을 의식한다. 하지만 욕망이 팔을 들어올려주는가? 아니다. 욕망 그 자체는 어떤 행동도 만들어내지 못한다. 팔을 들고 싶다는 생각이 처리되어 행동하겠노라는 결정이 남게 되었을 때 팔을 들 수 있는 것이다. 그러면 행동하겠다는 결정이 팔을 들어올리는 것일까? 그것도 아니다. 당신은 팔을 들어올리기로 결정을 내리지만 팔은 아직 움직이지 않는다. 그러면 대체 무엇이 팔을 들어올려주는가? 결정 다음에 무엇이 따라오는 것일까?

의도가 정말 무엇인지를 마음이 분명히 설명하지 못한다는 사실을 깨닫게 되는 것이 바로 이 대목에서다. '가지겠다는, 그리고 행동하겠다는 결정'이라는 의도에 대한 우리의 정의는 단지 실제로 행동하는 힘을 소개해주는 선에서 그친다. 남겨진 유일한 것은 다음 사실을 말하는 것이다. — 팔은 욕망이나 결정으로써 올려지는 것이 아니라 의도로써 올려진다.

의도는 외부의도와 내부의도로 나누어진다. 내부의도는 주변세계에 직접적인 영향력을 행사하려는 것을 의미하며, 이는 행동하겠노라는 결정이다. 외부의도는 가지겠노라는 결정으로서, 이때 세상은 스스로 사람의 의지에 복종한다. 내부의도는 목표를 향해 움직여가는 자신의 활동 과정에 주의를 집중하는 것이다. 외부의도는 목표가 스스로 실현되는 이치에 주의를 집중하는 것이다. 내부의도는 목표를 성취하는 반면에 외부의도는 목표를 선택한다. 모든 마법과 초자연적 현상과 관련된 것들은 외부의도에 속하는 것들이며, 일상적 세계관 안에서 성취할 수 있는 것들은 내부의도로써 얻어내는 것들이다.

의도의 조율

부정적인 경향을 지닌 사람들이 가장 두려워하는 일들이 실제로 일어나는 것을 살펴보면 누구나 사건의 진행 과정에 영향을 미칠 수 있다는 것이 입증된다. 가능태 공간에서 인생트랙 위의 모든 사건은 두 개의 갈래를 가지고 있다. — 한 갈래는 바람직한 쪽을, 다른 갈래는 바람직하지 않은 쪽을 향해 있다. 어떤 사건을 맞이할 때마다 당신은 그것을 어떻게 볼 것인지를 선택한다. 그 사건을 긍정적인 것으로 본다면 당신은 인생트랙의 바람직한 갈래에 오른다. 그러나 비관적으로 기울기 쉬운 인간의 성향은 그에게 불만을 토하게 하고 바람직하지 않은 갈래를 선택하게 한다.

뭔가가 당신을 귀찮게 하기 시작하자마자 새로운 문젯거리가 생겨난다. 그것이 '불행이 혼자 오지 않는' 이치다. 하지만 꼬리를 물고 일어나는 말썽거리들은 실제로 불운을 따라오는 것이 아니라 그에 대해 당신이 만들어내는 그것을 따라온다. 패턴은 갈림길에서 당신이 내리는 선택에 의해 결정된다. 인생에서 이처럼 부정적 갈래가 연속되던 시기에 당신이 어디로 가고 있었는지, 이제 상상이 가는가!

의도 조율의 기본 원리는 바로 이렇다. ― 시나리오에서, 비관적으로 보이는 변화를 낙관적인 것으로 바라보기를 의도하면 그것이 그대로 이루어진다. 이 원리를 따르면 비관주의자들이 가장 두려워하는 것을 성취해내듯이, 당신은 낙관적인 일에도 똑같은 성공을 거둘 수 있게 될 것이다.

의존적 관계

의존적 관계는 "당신이 ~를 해주면 나는 ~를 해주겠다"는 식의 조건으로 정의된다. 이와 유사한 예를 많이 찾아볼 수 있다. "나를 사랑한다면 모든 것을 버리고 나와 함께 세상 끝까지 가야 해.""나와 결혼하지 않겠다는 건 나를 사랑하지 않는다는 거야.""나를 칭찬해주면 너의 친구가 되어줄게.""너의 장난감 삽을 내게 주지 않으면 이 모래상자에서 못 놀게 할 거야." 등등.

사랑이 의존적인 관계로 변하면 균형이 깨지면서 양극화가 생겨난다. 조건 없는 사랑이란, 소유나 숭배를 바라지 않는 찬탄이다. 달리 말하면 무조건적 사랑은 사랑하는 사람과 사랑받는 사람 간에 의존적인 관계를 형성하지 않는다.

뭔가가 다른 것과 대비되고 비교될 때에도 균형이 깨진다. "우리는 이렇게 하는데, 저 사람들은 방식이 다르군!" 자기 나라에 대한 자부심이 그 예다. 자기 나라와 다른 나라를 비교하는 것이다. 열등감도 그렇다. 자신과 다른 누군가를 비교하는 것이다.

어떤 것이 다른 것과 비교, 대비되기 시작하면 어김없이 균형력이 나서서 그 포텐셜을 제거하기 시작한다. 그 포텐셜이 긍정적이든 부정적이든 상관없다. 그리고 포텐셜을 만들어낸 사람은 바로 당신이기 때문에 균형력은 무엇보다도 당신을 겨냥하여 작용할 것이다. 그 작용은 서로 반대되는 부분들을 떼어놓거나, 아니면 쌍방 합의에 이르게 하거나 서로 부딪히게 해서 하나로 합쳐지는 쪽을 지향한다.

인생트랙

인간의 삶은 여타 물질의 움직임과 마찬가지로, 원인과 결과의 사슬에 지나지 않는다. 가능태 공간에서 결과는 항상 원인에 가까이 배치되어 있다. 원인 다음에는 곧 결과가 따라 나오는 것처럼, 가능태 공간의 가까운 섹터들이 인생트랙에 차례대로 나란히 정렬한다. 동일한 인생트랙의 시나리오와 무대장치는 그 성격들이 비슷하다. 시나리오와 무대장치를 본질적으로 변화시키는 사건이 일어날 때까지 한 사람의 인생은 하나의 트랙을 타고 평이하게 흘러간다. 그러다가 운명이 커브를 틀면 다른 인생트랙으로 넘어가는 것이다. 당신은 언제나 당신이 방사하는 사념의 매개변수(parameter)에 일치하는 인생트랙에 머문다. 세상에 대한 당신의 태도, 즉 세계관을 바꾸면 당신은 또 다른 사건 전개의 가능태들이 기다리는 다른 인생트랙으로 갈아타게 되는 것이다.

잉여 포텐셜

잉여 포텐셜은 균일한 에너지 장 속에 일어나는 긴장, 국소적인 교란이다. 이런 불균일은 어떤 대상에다 지나친 중요성을 부여할 때 사념 에너지에 의해 형성되는 것이다. 예를 들면, 소망은 원하는 대상을 그것이 없는 곳으로 끌어당겨오려고 애쓰는 것이기 때문에 잉여 포텐셜이다. 가지고 있지 않은 것을 가지려 하는 힘겨운 욕망이 에너지적인 '기압차'를 형성해서 균형력의 바람을 일으킨다. 잉여 포텐셜의 다른 예는 분노, 비난, 열광, 이상화, 숭배, 과대평가, 경멸, 허영심, 우월감, 죄책감, 열등감 등이다.

중요성

어떤 것에 큰 의미를 부여할 때 중요성이 생겨난다. 이것은 순수한 형태의 잉여 포텐셜이며, 이 포텐셜을 제거하려 나서는 균형력은 포텐셜을 만들어낸 사람에게 문제를 일으킨다. 중요성에는 두 종류가 있는데, 외적 중요성과 내적 중요성이 그것이다.

내적 중요성, 즉 자기 중요성은 자기의 장점이나 단점을 과대평가할 때 나타나는 것이다. 내적 중요성의 형태는 다음과 같다. '나는 중요한 사람이다.' 또는 '나는 중요한 일을 한다.' 중요성의 바늘이 저울의 기준 눈금을 벗어나면 균형력이 작용하여 그 결과로 중요성을 가진 거만한 자는 큰 코를 다치게 된다. '중요한' 일을 하는 사람도 좌절을 겪는데, 그가 했던 일이 아무에게도 도움이 안 되거나, 아니면 일이 실패로 끝나거나 둘 중 하나다. 또한 그 반대면도 존재한다. 자신의 장점을 과소평가하여 자기 자신을 비하하는 것이다. 잉여 포텐셜이라는 점은 동일한데 플러스, 마이너스로 방향에만 차이가 있는 것이다.

대상이나 외부 세계의 어떤 사건에 큰 의미를 부여할 때도 마찬가지로 외적 중요성이 사람에 의해 인위적으로 형성된다. 외적 중요성은 이런 형태를 띤다. '나에게 이것은 큰 의미를 가진다.' 또는 '나는 이것이 중요하기 때문에 꼭 해야 한다.' 이 경우에도 잉여 포텐셜이 만들어지면서 그 일은 실패하고 말 것이다. 당신이 땅 위에 놓여 있는 널빤지 위를 걸어간다고 상상해보라. 아주 쉬운 일이다! 그럼 이번에는 이 널빤지가 쌍둥이 빌딩의 옥상 난간 사이에 걸쳐져 있다고 상상해보라. 그것은 당신에게 중요성을 띠기 때문에 당신은 그것이 땅에 놓여 있는 것이나 다름없다고 자신을 설득할 수가 없을 것이다.

중요성의 조율

그 어떤 것에도 중요한 의미를 부여하지 말라. 당신의 중요성은 당신이 아니라 펜듈럼들에게나 필요한 것이다. 펜듈럼들은 중요성의 줄로 사람들을 매달아 꼭두각시 인형처럼 갖고 논다. 사람은 중요성의 줄을 놓기를 겁낸다. 왜냐하면 그는 자신감과 지지받는 느낌이라는 환영을 만들어내는 '의존의 주술'에 사로잡혀 있기 때문이다.

자신감은 극성만 반대인 불안의 잉여 포텐셜이다. 깨어 있는 의식과 의도를 지니고 있으면 펜듈럼의 게임을 무시해버리고 싸우지도 않고 당신의 것을 가질 수 있다. 그리고 자유를 얻어 싸울 필요가 없게 되면 자신감 따위는 쓸데가 없다. 자신감의 근원은 중요성, 이 하나뿐이다. 중요성에서 자유로워지면 아무것도 지킬 필요가 없고 정복할 것도 없다. 그냥 말없이 가서 나에게 필요한 것들을 선택할 뿐이다.

펜듈럼으로부터 자유로워지려면 내적, 외적 중요성을 거부해야 한다. 목표를 성취하고자 할 때, 중요성의 잉여 포텐셜에 의해서 문제와 장애물이 발생하는 것이다. 장애물은 중요성에 근거하고 있다. 의도적으로 중요성을 벗어던져버리면 장애물은 스스로 무너져 내릴 것이다.

트랜서핑

트랜서핑이라는 단어는 이 책의 저자인 내가 만들어낸 것이 아니다. 그것은 그 밖의 모든 용어와 이 책의 모든 내용이 존재하는 그곳으로부터 나에게 떨어져 내려온 것이다. 나도 처음에는 이 단어의 의미를 이해하지 못했었다. 심지어 그것을 어떻게 연상해야 할지도 몰랐다. 이 단어의 의미는 '가능태 공간 속을 활주하기' 또는 '잠재된 가능태를 현실로 변환하기' 또는 '인생 트랙을 건너가기'라고 해석할 수 있을 것이다. 하지만 일반적인 의미에서 트랜서핑은 성공의 물결 위에서 균형을 유지하는 것을 뜻한다. 트랜서핑은 러시아어 글자 그대로(러시아에서는 '뜨란쎄르핑그'라고 읽음 - 역주) 읽으면 된다. 영어식으로 발음하고 싶으면 그렇게 하라. 영어에는 '예'라는 발음이 없다는 것을 염두에 두면 되겠다.

펜듈럼

사념 에너지는 물질적인 실체이며, 그래서 흔적 없이 그냥 사라지지 않는다. 사람들의 집단이 한 방향으로 생각하기 시작하면 에너지 바다에서 그들의 사념의 파도들은 서로 겹치면서 보이지는 않지만 실제로 존재하는 에너지 — 정보체, 곧 펜듈럼을 형성한다. 이런 구조체들은 독자적으로 발달하면서 사람들을 자기의 법칙에 복종시킨다. 파괴적인 펜듈럼의 영향을 받는 사람은 큰 기계 장치에 부속된 작은 나사 같은 신세가 되어 자유를 빼앗기고 만다.

자신의 에너지로 펜듈럼을 충전해주는 지지자들이 많으면 많을수록 펜듈럼은 더욱 세차게 흔들린다. 모든 펜듈럼은 고유의 특징적 주파수를 가진다. 예컨대, 그네를 일정한 간격(주파수)으로 밀어야 흔들리게 할 수 있는 것이다. 이 주파수를 공명 주파수라고 부른다. 펜듈럼 지지자들의 수가 줄어들면 펜듈럼의 흔들림은 잠잠해진다. 지지자들이 다 사라지면 펜듈럼은 흔들림을 멈추고 결국 죽음을 맞이한다.

펜듈럼은 사람의 에너지를 빨아먹기 위해 다음과 같은 감정에 걸려들게 한다. ― 분노, 불만, 증오심, 격분, 불안, 근심, 위축감, 혼란, 절망, 공포, 동정심, 애착, 황홀, 이상화, 숭배, 감탄, 실망, 오만, 자긍심, 자만, 멸시, 혐오감, 모욕, 의무감, 죄책감 등등.

파괴적인 펜듈럼의 가장 주된 위험성은 그것이 자신의 영향 아래 희생자가 된 사람을 행복을 누리는 인생트랙으로부터 벗어나게 만든다는 것이다. 사람은 강요된 목표를 달성하기 위해 자신이 가야 할 길로부터 멀어지는데, 그러한 강요된 목표에서 해방되어야 한다. 펜듈럼은 그 본질상 '에그레고르 egregor' (심리학이나 은비학에서 사용하는 용어로서, 염체念體 혹은 집단적인 상념을 의미한다. - 역주)라고 부를 수 있다. 그러나 이 개념이 펜듈럼의 모든 것을 말해주는 것은 아니다. '에그레고르'라는 개념은 사람과 에너지 기반의 정보체 사이에서 일어나는 상호작용의 전반적인 뉘앙스를 반영해주지 못한다.

프레일링

프레일링은 인간관계의 효과적인 기법이며, 트랜서핑의 필수적인 일부분이다. 프레일링의 주된 원칙은 다음과 같이 공식화할 수 있다. 받고자 하는 의도를 거부하고 그것을 주고자 하는 의도로 바꾸면, 당신은 스스로 사양했던 그것을 얻는다.

당신의 외부의도는 상대방에게 피해를 주지 않고 그의 내부의도를 사용한다는 것이 이 원칙의 원리다. 결과적으로 당신은 내부의도가 쓰는 기존의 방법으로 얻을 수 없었던 것을 그 사람한테서 얻게 되는 것이다. 이 원칙을 따르면 당신은 개인적인 인간관계나 사업관계에서 놀라운 결과를 얻을 수 있다.

번역 교정을 마무리하던 날 올림픽 무대에 선 어느 피겨스케이터를 텔레비전 화면에서 보게 되었다. 그의 얼굴에는 긴장이 역력했다. 앞서 나선 라이벌 선수가 예상 밖의 훌륭한 연기로 큰 박수를 받은 직후라서 더욱 그랬을 것이다. 그러나 자신의 연기를 시작하기 직전 아주 짧은 순간 그의 표정이 바뀌면서 나는 뭔가를 느낄 수 있었다. 나는 제6감이라고 말할 수 있는 정묘체의 감각으로 분명히 보고 느꼈다. 그의 에너지장이 바뀌는 것을.

그는 결정한 것이다. 그것은 그의 의도이자 현실 지배자의 판결이었다. – '나는 훌륭하게 해낸다'는 결정. 그 순간 그의 몸 전체에 감응하는 자유 에너지는 그의 사념 주파수에 일치하는 에너지장으로 교체되었다. 그것을 보는 것은 화면을 통해서였지만 시간과 공간에 매이지 않는 가능태 공간을 거쳐서 그 변화는 먼 거리에 떨어져 있는 나의 몸에까지 전달되었다.

행동하겠다는 결정은 에너지 차원에서 즉각적인 변화를 가져온다. 그것이 물질화하는 데는 경우에 따라 시간이 걸리지만, 에너지를 민감하게 감지하는 사람은 이미 뭔가가 변화했다는 것을 알아차린다. 그러므로 정묘체 수준에서 의도는 즉각 실현되는 것이다.

내가 오랫동안 익숙하게 접해온 세계인 에너지적 치유의 영역에서는 의도가 정확히, 그것도 즉각적으로 실현되는 것을 본다. 그러나 의도가 잘 실현되지 않는 영역도 있다. 왜 그럴까? 그것은 내 안에 숨겨진 뭔가 다른 결정이 있기 때문일 것이다. 나는 그것을 컴퓨터 세계의 용어로 디폴트값(초기값)이라고 부른다.

컴퓨터를 켜면 스스로 부팅 과정을 진행하는 것처럼 우리도 아침마다 눈을 뜰 때 부팅을 한다. 그때 우리는 컴퓨터처럼 초기 설정값을 참조해서 우리의 자아상을 만드는 것이다. 내가 나를 어떤 사람으로 결정할 것인지를 판결할 때, 매일 우리는 이전에 미리 만들어둔 디폴트값을 참조한다. 만일 눈을 뜨자마자 일어나는 이 부팅 과정을 알아차리고 그 순간 참조하는 초기 설정값을 바꾸어버린다면, 우리는 그에 따른 에너지의 변동을 강렬하게 체험하게 될 것이다. 민감한 사람은 그 에너지 변동을 확인하고 더욱 확신에 찬 자기결정을 할 수 있다.

초기 설정값을 바꾸는 일은 이 책에서 언급된 카를로스 카스타네다의 '연결점(assemblage point)' 변경하기와 유사한 것이다. 카스타네다는 연결점을 바꾸면 보이는 세계가 달라진다고 말한다. 세상을 바라보는 눈의 위치가 달라진다고 말할 수도 있을 것이다. 트랜서핑은 기법이 아니라 태도의 변화라고 저자는 말하고 있지만, 트랜서핑 시리즈의 번역을 마치면서 역자 나름으로 하나의 기법을 소개해드리고 싶다.

일명 '눈 위치 바꾸기' 기법이다. 요즘 많이 알려지고 있는 신비지혜

가운데 하나가 차크라 시스템인데, 우리 몸에 대략 일곱 개의 에너지 센터가 있다는 가르침이다. 정묘한 감각을 깨운 사람은 그 차크라들이 회전하는 모양을 눈으로 확인할 수도 있다. 눈 위치 바꾸기 기법은 이 차크라들의 위치와 관련이 있다.

차크라들을 눈이라고 생각해보자. 우리의 육안에 가장 가까운 차크라는 제6센터에 해당하는 아즈나 차크라로서 두뇌의 중심에 그 위치가 있다. 대상을 바라보는 중심이 육안보다 더 뒤로 들어가서 두뇌의 가운데에 있다고 상상하고 느껴보라. 그러면 눈앞에 보이는 사물들이 달라지기 시작한다. 이전에 알던 것과는 다른 세상이 펼쳐지는 것이다.

이제 눈이 위로 올라가 머리 꼭대기에 있다고 생각하며 느껴보자. 그곳은 제7센터에 해당하는 크라운 차크라다. 당신은 자신의 의식의 중심이 세상 밖으로 빠져나온 듯한 느낌이 들 것이다. 책에서 말하는 대로라면 이 중거울 밖으로 빠져나온 것이다. 이처럼 눈의 위치를 바꾸는 것 또한 연결점 변경과 동일한 효과가 있다. 다른 차크라들로 바라보는 중심을 옮겨보면 그때마다 역시 또 다른 감각의 세상이 느껴질 것이다.

트랜서핑을 실천하는 가운데 의도대로 잘 되지 않는 일이 있다면, 거기에는 반드시 그 의도에 충돌하는 다른 결정이 이미 존재하고 있으리라고 짐작할 수 있다. 그것은 숨어 있는 의도다. 자신이 이전에 내린 결정이지만 이제는 잠재의식 속에 파묻혀 드러나지 않는다. 그런 과거의 결정들이 변하지 않으면 거기에 상충하는 새로운 결정들이 힘을 발휘하지 못하는 것이다. 특히나 부정적인 경험에 의해 만들어진 결정들은 바꾸기가 더욱 힘들다. 그런 것을 책에서는 부정적인 슬라이드라고 부르고 있다. 그래서 의도를 실현하기 위한 조건으로 부정적인 슬라이드를 제거하는 일이 우선시될 수밖에 없는 것 같다.

그런 구체적인 트랜서핑의 실천법들을 공유하고 경험을 나눌 수 있는 공간으로 트랜서핑 카페가 열려 있다.(http://cafe.daum.net/transurfing) 독자 여러분들의 참여가 많을수록 체험은 더욱 풍성해질 것이고, 그러는 가운데 현실을 지배하는 마법사들이 많이 탄생하리라고 확신한다. 《리얼리티 트랜서핑》 시리즈의 역자로서 더욱 많은 트랜서퍼들이 깨어나 더 풍요롭고 행복한 세상을 공동창조하기를 의도하며, 그동안 보내주신 성원과 앞으로 보여주실 사랑에 깊이 감사드린다.

여러분의 사과가 하늘로 떨어지기를……

새봄 오는 소리 들리는 어느 날에
박인수